修訂四版

教育心理學

溫世頌 著

Educational psychology

三民書局

國家圖書館出版品預行編目資料

教育心理學／溫世頌著. －－修訂四版三刷. －－臺北
市：三民，2020
　　面；　公分
　　參考書目：面
　　含索引
　　ISBN 978－957－14－6383－4　（平裝）
　　1.教育心理學

521　　　　　　　　　　　　　　　　106024639

教育心理學

作　　者	溫世頌
發 行 人	劉振強
出 版 者	三民書局股份有限公司
地　　址	臺北市復興北路 386 號 (復北門市)
	臺北市重慶南路一段 61 號 (重南門市)
電　　話	(02)25006600
網　　址	三民網路書店 https://www.sanmin.com.tw
出版日期	初版一刷 1978 年 10 月
	修訂四版一刷 2018 年 1 月
	修訂四版三刷 2020 年 10 月
書籍編號	S520220
I S B N	978-957-14-6383-4

三民書局

修訂四版序

　　本書增訂三版於 2007 年出版，它為教育界及一般讀者服務又持續了十年。十年來在國內外，不僅政經有重大的改變，教育與文化也不斷地有所進展，為適應改變與進展，乃決定修訂本書，使它更符合讀者與時代雙方的需求。

　　主要修訂的章節在第十二章教學計畫與教學策略及第十五章學業成就的評量與報告，其餘章節也在內容上增添較新的論述或資料，並且在文詞上做適度的調整。第十二章第三節介紹「翻轉教室」，它是一種較新近的、反傳統的教學策略，希望有興趣的師生去嘗試並檢討其效用；第四節改為「科技與教學」，其內容做了大幅度的改寫；第五節改為「發展潛能使無人落後的教學」。

　　在班級教學裡，總有幾位同學在學習成就上老是趕不上他人，總是流落在後。在競爭的社會裡，他們是常被忽略的一群人。他們的成就雖然落後，但是他們仍具有尚待開發的潛能。「使無人落後」是現今世界教育界責無旁貸的新任務，因此本書特別予以介紹。希望那些成就落後但願趕上的同學，有「出頭」的一天。

　　第十五章第三節評量成就的新趨勢中，深入介紹實作評量與檔案評量。第十三章個別與團體差異的適應及教學中，於第二節身心缺陷學生的教育與保護，介紹美國 2004 年通過的 PL108-446 號公法，以取代 1990 年通過的 PL101-476 號公法。

　　此次修訂承蒙三民書局編輯部同仁的大力協助，謹此致謝。希望修訂後的本書對讀者有更多、更實用、更長遠的助益。

溫世頌謹序

2018 年 1 月

增訂三版序

　　本書於 1978 年問世，經二度修訂，為教育界服務幾達三十年，可以說是「資深」了。教育心理學是我的專業，是我樂於學習與貢獻的園地，因此於 1997 年第二次修訂本書後便開始做次一修訂的準備。去年春季返臺時，三民書局的劉董事長振強先生希望本書能繼續對師資訓練做出貢獻，也希望正在教養子女的父母亦能因此受惠，乃提出修訂本書的建議。由於在此十年間，我陸續撰寫與出版《心理學》、《心理學辭典》與《心理學導論》，此一提議，在時間上頗有「打鐵趁熱」的鼓勵作用，在寫作上也符合定期修訂以滿足時代需求的功能。

　　本書由原來的十四章擴增為十六章。第一章的「緒論」，增加「教育心理學與有效教師的培養」一節，以彰顯兩者不可分割的關係。第二章的「認知與語言發展」，保持原有的皮亞傑與維克次基的認知發展理論，與皮亞傑與詹士基（改稱喬姆斯基）的語言發展理論，並添加「認知與語言發展的教學涵義」一節。第三章的「人格發展」刪除與教學缺乏明確相關的「佛洛伊德的人格發展理論」，移除理論薄弱的「海斯的國家意識發展理論」，增添「布朗荼布列納的人格發展理論」、「皮亞傑的道德發展理論」、「影響人格發展的個人與社會文化因素」與「人格發展的教學涵義」等四節。第四章的「分期生長與發展的特徵與教學涵義」則維持原有的架構，但在內容上做必要的修訂。第五章是一個新的章節，介紹能力、認知類型、社經階層、性別等個別與團體差異及其教學涵義。

　　鑑於學習是教學的焦點，原第六章的「基本學習性質與歷程」，擴充成四章撰寫，分別是第六章的「行為學習論」、第七章的「社會

認知論與社會建構論的學習論」、第八章的「資訊處理學習論」與第九章的「複雜的心理歷程」（原第八章的「分類教學的性質與原則」改寫在此一章裡）。其中，「社會認知論與社會建構論的學習論」一章，內容相當新穎，值得細讀與應用。第十章「學習的動機」，包括原第九章「教學效果的增進」的主要內容，統整有關學習的動機觀，並加入成就動機、興趣、教師的期待與人際關係等動機因素。第十一章，以「開創增進學習的教學環境」取代原第十章的「教室管理與紀律」。

　　第十二章的「教學計畫與教學策略」，將原第五章的教學目的之功能、種類及敘述合併成一節，並將原第七章的教學策略改成「教師為中心」、「學生為中心」與「教師與學生互動」三個教學策略來介紹，並另加「技術與教學」以分享新的教學技術。第十三章的「個別與團體差異的適應與教學」是由原第十四章「不同能力與心理的適應與教學」重新改寫並增添內容而成。第十四章「評量的基本概念」的主要內容來自原第十一章「評量的基本概念」各節，與第十二章「有關評量的基本統計概念」的第一節（評量使用的尺度）。第十五章的「學習成就的評量與報告」，部分來自原第十三章的第三節（學習成就的評量），並增加實作評量與檔案評量。第十六章簡介初級敘述統計概念，其材料取自原第十二章的「有關評量的基本統計概念」。

　　我在小、中、大學所累積的四十二年教學與研究經驗，使我深深體會到有機會與讀者探討教育心理學的榮幸與價值。此次修訂，除保持原書所具備的理論與實際並重、內容與時俱進、理念與見解一貫、可讀性高等特點之外，在寫作上盡量採取與讀者談話的方式，希望拉近與你的溝通距離，提升你的教學知能與熱忱，使你對教學更具信心、更加投入。希望你因閱讀、應用與評論本書而在教學上

受益，在專業上獲得充實。

　　本書的修訂能順利地完成，要感謝三民書局編輯部同仁在寫作、內容與編排上所提供的具體而寶貴的建議，也要感謝內子張天保女士在生活與精神上所給予我的大力支持。當然，我更要感謝本書的所有讀者及其反饋（如「我拜讀過你的書」、「那是我時刻參考的一本好書」、「你是我教學上的老師」、「希望你下次舉出更多的實例」等等），因為我對未來教師的積極期待及本書對他們在專業上的必然助益，是我寫作及修訂本書的無限動力。寫作本書受時空與能力的限制，缺失在所難免，請大家不吝賜教。

溫世頌　謹序

2007 年 9 月

初版自序

教育為百年樹人的大業，因此如何辦好教育以培養健全的公民，為教育學術界、教育行政人員、教師、父母與學生等所共同關切的問題。教育心理學仍試圖從心理學的方法上、觀點上與解釋上提供可資教學人員遵循的教學原理原則，並不斷提示有待大家繼續研究改進或更新的教學問題。

教育心理學的演進趨勢有下列四個特徵：㈠它從僅重視如何「學習」進展到「教與學」並重；㈡它從借用各科心理學的研究發現予以直接應用或推論改善，到嘗試在自己的教學園地裡不斷地耕耘與研究、實驗；㈢它從偏重發現所有動物（包括人類）的行為的共同法則，到逐漸重視辨別低等動物學習與人類學習的差異性；與㈣它亦從端賴教學的共同原則，到逐漸強調適應個別差異的教學知能。

寫一本名為《教育心理學》的書，不僅須注意前述教育心理學的任務與功能、教育心理學演進的特徵，而且應該是一本在觀點上、方法上與解釋上前後一貫、體系嚴明的著作。唯有滿足此等條件的著作，方能使將為（或身為）教師者或其他讀者，閱讀時有所領會而獲益，亦從研討中有所啟迪。本書的撰寫乃是根據上述原則而竭力以赴、審慎而為。

尤有進者，教學是專業，因此寫本協助教師教導學生如何學習的書，便不能也不該只提「空洞」的原理原則。本書的特點是理論與實際兼顧，並盡量提供適當的例子，以闡釋原則，並說明如何運用原則。相信，讀者將從本書獲得最大的效益。

本書共十四章，首章為緒論，二至四章涉及個體的發展，五至九章為教學歷程與類別的闡釋，十、十一章分析影響教學效率增進

的因素，十二、十三章介紹評量的基本概念與評量工具，末章簡介
納入主流特殊教育的教學原則。

　　本書的撰寫承三民書局劉振強總經理的鼓勵、支持與協助，特
此致謝。因作者擔任大學教職並從事教學研究，寫作本書頗受時間、
資料整理與人力等的限制，因此疏漏與未盡之處，難以避免，尚祈
讀者不吝指正。

　　　　　　　　　　　　　　　　　　　　　溫世頌　謹序

　　　　　　　　　　　　　　　　　　　　　　1978 年 9 月

教育心理學 Educational psychology

修訂四版序
增訂三版序
初版自序

目　次

Contents

Contents

第 1 章 | 緒　論

本章大綱

Good Teacher

©iStockphoto

歡迎你踏進「教育心理學」這塊園地。你打開這本介紹教育心理學的主要課本，是因為這是師資訓練的必修讀物？為了改善你的教學效率？為了更懂得如何教育自己的子女？或為了參加教師資格甄試？不論你的目的是什麼，一個肩負教學職責的人，面對那些正在求知的學生或子女，如能掌握本書所提供的教學的原理原則與實用技巧，必能逐步達成你的願望。

　　世界萬象再複雜，也依循一定的理則在運行，如四季的變化，生命從開始到結束，教學何曾不是如此。教學因涉及學習者、教材、教師、學習的物理與社會環境，以及學習與訓練歷程等交互作用而顯得非常複雜，但是正常的學習也循一定的原理原則在進行。因此，現代的教育心理學試圖找出有效教學的原理原則，並提供已證明有效的實用技巧，以協助教師進行教學。為人師表者若能充分地瞭解教育心理，也將所學靈活地應用在日常教學中，並且進一步把教學及研究心得提供大家分享，不僅能達成研讀本書的目的，也能使這個園地因你的參與、也因你的貢獻，而更加豐富、實用。

　　本章先就教育心理學的意義、目的、內容、研究法、教師的角色、理念、決策、有效教師的特徵，以及教學與研究等做簡扼的介紹。

第一節　教育心理學的意義、目的與內容

一、教育心理學的意義

　　教育心理學 (educational psychology) 是一種應用心理學。心理學是以科學方法研究行為及其認知歷程的一門科學。教育心理學集中研究「教與學」的行為本身以及影響教學的主要因素，以協助教師與學生做最有效的教導與學習。我們知道，學生無時無刻不在進行有意或無意的學習，只是他們在不同情況下所做的各項學習，其內容或效果並不一定完全令人滿意。教育心理學試圖瞭解各種學習的策略、條件、特徵與歷程，從而研究並提供最佳的指導與學習方策，以獲得最有效而深富意義的教學效果。它並不是由普通心理學推論或延伸而成，而是專為服務教育以增進教學效率的一門心理學。因此柏林納 (Berliner, 2006) 在回顧與展望教育心理學此一領域時，認為教育心理學是教育實務的心理化歷程，研究在教師、學生、任務與情境互動下 (teachers × students × task × setting) 的教學問題。

二、教育心理學的目的

　　教師的主要職責是教導與協助學生學習。教導是一個人試圖影響另外一個或一群人行為的歷程。學生的主要任務是學習。學習是經由經驗而產生的相當持久性的行為改變的歷程。如何令學生因引導而學，如何令正在進行的學習因教導或從旁協助而改善或加速，如何因觀察、瞭解與評鑑學生的學習而修改教師的教導策略，教育心理學希望在這些重要課題上提供有效的指南。簡而言之，教育心理學旨在研究教與學的歷程與影響教學的因素，以協助教師達成其教學目的。

三、教育心理學的內容

　　教育心理學既為教育而服務，它所牽涉的心理範疇非常廣闊。我們可以廣泛地說，它包括影響教學的所有因素：人、物、事、時與價值等。「人」是教育的核心：主要包括學生與教師。瞭解學生的身心發展歷程與其特徵，教學便可以「打鐵趁熱」並且「因材施教」；瞭解教師的效能、角色、影響力與其專業道德，有助於評斷教學的良莠與效率。同時，師生之間的人際關係也無疑地影響學生的學習動機與教師的教學熱忱。「物」是指教育的物質環境與媒介。教師必須瞭解並適當地安排最有助益教學的環境，以刺激、引導與協助學生學習。「事」可以泛指教學目的、學習歷程與記憶、教學策略、教學技巧、教室管理、學習能力和教學成就的評鑑等。「時」指時間因素與時代潮流。學習是經驗或練習的歷程：必須注意何時是某經驗的最佳學習時機，需要多少的練習時次，與如何使學習與生命歷程和時代潮流同步而更富含意義。「價值」指有用的程度。教學成效的評斷不僅是指效率本身而言，而且應該指所學對個人、社會與國家的需求與目標所做的貢獻程度。從以上的分析，可見教育心理所涉及的範圍相當廣闊。

　　本書將教育心理學的內容大體依序分為以下三大領域：

◆學生身心發展特徵的敘述、解釋與其教學涵義（本書第二章至第五章）。

◆學習與記憶歷程的分析、解釋與其教學涵義（本書第六章至第九章）。

◆教學策略與教學效果的增進、評鑑與溝通（本書第十章至第十五章）。

第二節　教師的角色、理念、決策與有效教師的特徵

許多人想當老師、想教書或當教育家。這個專業跟其他專業一樣，就業者必須瞭解該專業在社會與國家中扮演什麼角色，他們應秉持何種理念與態度去工作才能稱職與滿意，他們是否在必要時能做重要的決策與選擇，他們憑什麼比別人更適任其職？

一、教師所扮演的角色

決定教師角色的因素很多：如教師個人的人生觀與其對職責的認知，國家的政治意識型態與宗教色彩，社區文化的需求，學生家長的期望，學生身心發展的階段特徵等。世界各國、各地區的教師便因上述因素的差異分別扮演不相同的角色。教育心理學所特別關注的是，教師在複雜的教育制度與教學環境中，如何對其角色予以定位並誠心地扮演之。

教師可能把自己的職責看作「傳遞文化」、「啟發心智」、「激勵創造」、「誘導學習」、「身為楷模」或「強化學習」。在教學中，有人偏重「國家社會的認同」，有人則強調「學生的自我實現」。這些不同的角色，不僅影響師生的關係，也產生不同的教學品質。例如，我們大多經驗過或親自看過許多老師在課堂裡進行「我教你學」、「我講你聽」、「我寫你抄」、「我問你答」、「我做你仿」等活動。這類活動代表一些教師在扮演他們認為正確的專業角色。我們不禁要問：「教師是否有更適當的角色有待扮演？」這個問題是每個教師必須面對與抉擇的。

二、教師所持的理念

不論教師所扮演的角色是什麼，他對學生的學業、言行、品德與人際關係等均有深遠的影響。教育是一種專業，在這行業裡，從初次進入

以至功成身退，教師總得對自己的人生有個合理與合情的交代，教師對自己的期待與對學生的盼望，教師對教育的效能與其終極目標的看法，便顯出教師所持「理念」的重要性。到底教師希望被學生、家長與社會大眾惦記與尊崇的是什麼？到底薪津、職位、名望、成就，孰重孰輕？如果此等不能令人滿意地兼而有之，則應何去何從？

　　教育的對象是學生。教師對不同年齡、性別、家庭背景與社會地位的學生的看法與期待是什麼？到底從家長手中接過來的學生是在哪一個情況之中？教師準備把他們帶到哪一種情況之中？何種策略、方式、手段與工具可以有效地完成其任務？換言之，到底哪一方面的學生成就最令教師引以為傲？

　　教育是一種歷程。教師對此一歷程的功能持何種看法？採何種態度？最理想的教學歷程是什麼？它有何種特徵？哪一類師生最受益於此一歷程？如何利用此一歷程，使每個人都能充分地發展其潛能？

三、教師的決策

　　教學既是非常複雜的行為，教師千萬不可將師資培訓中所學的一切，一成不變地搬進教室裡使用。教學可以說是相當科學性的歷程，但它也是一種藝術。所謂「運用之妙、存乎一心」是指教學是藝術的最佳寫照。世界上沒有完全相同的個人，也沒有完全相同的教學過程。人類的行為，包括心理歷程，瞬息變動；教材與教法，交錯縱橫；教師與學生，互依互動；動機與興趣，時現時隱。最好的教學就端賴教師在錯綜複雜、瞬息萬變、互依互動、時現時隱的歷程中做出最佳的決定。做決定不僅是時機，也是挑戰。

　　不論做決定 (decision making) 的能力是來自天賦，抑或得自學習，身為教師應該把握時機，從經驗中考驗與學習。在教學過程中，只有勇於做決定的師生，才會對其所做所為負起責任。教師對由自我決定而獲得的成就，有高度的榮譽與滿足感，而沒有僥倖心；若由自我決定而導致誤失，教師會有懇切的自省，而無怨天尤人的傷痛。可見，教師在面對有做決定的需求時，責無旁貸，但應時刻惕勵，善自為之，以利教學的進行。

圖 1~1　一位學生在筆記本上的隨筆塗鴉。請回想一下，在你從小到大的學習歷程中，哪些老師令你印象深刻？他們各具有哪些特徵？你心目中理想的教師圖像又是如何？

四、有效教師的特徵

　　從事教育，尤其是教學人員，是走進「百年樹人」的大業。有人當老師，愈幹愈好，愈做愈起勁，愈來愈喜愛他的專業；可惜，有些人當老師，每況愈下，愈來愈提不起勁，常有求去的意念。雖說如此，人人在事業上都有進取的動機，有求成功的意願。如果可能，人人都想當個好老師，甚至被表揚為優良教師。

　　我們的社會喜歡用好老師或優良教師來稱呼稱職的或表現優異的教學人員，稱呼他們的教學為優質教學。「好」、「優良」、「優質」雖是令人歡迎的價值判斷，卻不能提供明確屬性的敘述。換言之，我們不禁要問：「好老師好在哪裡？」、「優良教師哪裡優良？」、「哪一種教學才配稱優質教學？」為了避免籠統，為了傳遞客觀、明確的訊息，本書採用「有效教師」(effective teacher) 以取代「好老師」或「優良教師」。「有效」代表目標的達成，因此「有效教學」表明教學目的的達成，「有效教師」顯示達成專業目標的教師。能順利地達成教學目的，成功地完成專業目標的教師就是本書所標榜的「有效教師」。

　　到底有效教師有哪些特徵呢？一般而言，有效教師有下列幾項特徵：

㈠具備豐富的專業知識與技能

1. 熟悉本科知識及其教學技術（如英語教師熟悉英語教材與英語學科的教學）。
2. 善於設計與執行一般教學的單元目標、教學策略、教學歷程與成就評量。

㈡注意學生的身心發展進程

1. 注意個別學生的身心發展特徵、需求與個別差異。
2. 確信自己必能影響學生的成就與福祉。
3. 瞭解並善用影響學生身心發展的個人、社會及文化因素。

㈢創造有利於學習的內在與外在條件

1. 擅長引起學生自動學習的興趣與自律學習的習慣。
2. 運用高效率的教室管理技巧。
3. 具備有效的語文與非語文溝通能力。
4. 能與學生、同事及家長維持和諧互動的人際關係。

㈣展現高度的敬業精神

1. 保持積極、樂觀、堅忍、進取與投入的工作態度。
2. 維持深思熟慮的工作習性。
3. 積極參與提升教學效率的專業講座或學術活動。
4. 進行改善教學的實驗或研究。

　　上列有效教師的特徵對一個準備為人師表者，是一個重大的挑戰。如果你已具備上列中的一些特徵，恭喜你了！反過來說，你想知道學生們認為「最糟」教師的特徵嗎？請看下列各點 (NASSP, 1997)：

教師特徵	占比 (%)
上課很無聊	79.6
解釋不清楚	63.2
偏愛某些學生	52.7
態度不好	49.8
對學生要求過多	49.1
不能與學生來往	46.2
指定太多家庭作業	44.2
太嚴格	40.6
不協助需要幫忙的個別學生	40.5
控管無方	39.9

這本教育心理學就是為了協助你接受教師這一專業的挑戰而寫的。如果你瞭解本課文的內容，記住書中所提的主要原理原則，並彈性地應用在實際的教學活動上，必要時做適當的調適，則你將對未來的專業勝任愉快。

第三節　教學與研究

教育心理學既是一門應用科學，它便需要不斷充實、力求進步。求進步必須從研究著手。教育心理問題的研究跟其他心理學一樣，為求有系統、客觀、可觀察、精確與可重複驗證的特徵，必須遵循合乎科學研究的步驟，並依研究的性質與目的，選擇適當的研究方法。

一、科學研究的步驟

科學研究有一定的常軌或步驟，一般的研究包括假設的形成與陳述、方法的選擇、使用與說明、資料的分析與報告，以及結果的解釋與建議等四大步驟。

㈠假設的形成與陳述

　　研究科學是嚴肅的，它既不是毫無見解地瞎猜，也不是完全根據自己的主見武斷地去判定。科學研究的應有態度是對事理存疑，然後提出支持該事理的實證資料。清楚而精確地敘述有待證驗的事理或變項間的關係，便是假設 (hypothesis)。由於假設是有待驗證的，我們不能花費龐大的人力、物力、財力與時間，去證驗未成熟的揣測，因此它必須事先審慎形成。為了使提出的假設能成功地被驗證與支持，研究者須對已經存在的相關研究報告或文件做有系統的評閱、分析與歸納。唯有如此，所形成的假設才有被驗證的價值。假設得以肯定方式直敘，也可以問題方式表達。例如，「國中九年級學生，在平面幾何的學習成就上，男生比女生有較佳的表現。」便是直敘式的；「國中九年級學生，在平面幾何的學習成就上，男生抑或女生有較佳的表現？」則是問題式的。

㈡方法的選擇、使用與說明

　　同一假設可能有不同的研究方法，不同假設可能使用同一方法（主要的研究方法於稍後介紹）。事實上，假設一旦形成，選擇適當的方法異常重要。為了獲得證驗假設的最適宜的資料，有些研究方法可能比其他方法更為有用。因此，研究人員在選擇方法之前，對各研究法的特徵及其適用性應有充分的瞭解。若教師對某些研究方法缺乏應有的認識，或有疑問，應該求教於從事研究的專業人員。

㈢資料的分析與報告

　　從研究歷程中獲得的數據或資料必須採用適當的統計技術予以分析，以研判先前所敘述的假設是否獲得資料的支持。熟悉統計技術，尤其是推論統計，對判斷假設是否獲得支持異常重要。通常，研究者期待其假設因受資料的支持而被肯定，因未受資料的支持而被否定。若結果並不支持假設，研究者應坦然面對，否則「研究」便毫無意義可言。事實上，證明一假設未獲得所搜集資料的支持，也可以說是一種研究上的貢獻。「假設」畢竟是假設，它不應該是研究者的成見或偏愛。我們常

說，從事科學研究的人應尊重事實與講求真理，便是這個意思。只可惜，有些人對進行的研究，抱著只許成功（支持論斷或政策）、不准失敗（否定論斷或政策）的錯誤態度。

㈣結果的解釋與建議

研究結果只指明先前的假設已因資料的支持而被接受，或因資料並未支持它而被拒絕。至於為何某一假設被接受或拒絕，研究者必須做合理的解釋。研究者可以討論假設成立的理論根據，並且進一步提出做相關研究的建議，以便拓展這方面的研究與應用。如果一假設未被接受，研究者應提出最令人信服的解釋，到底是由於理論的瑕疵、資料的欠缺或方法的失當所致？並藉機提供進行類似研究時應注意的事項，以供同業參考。

二、研究的通則

進行一研究，不論採用何種方法，必須遵循一些共同的原則以達到研究的目的。茲介紹幾個重要通則。

㈠明確界定有關變項

變項 (variable) 是指可以賦予不同數值的屬性 (attribute)。天地之間的人、物、時、事，除了恆數 (constant) 以外，均可被視為變項，如年齡、智力、學業成就、學習時數、練習次數、班級人數、社會階級等都是變項。做研究旨在發現或肯定變項間的因果或相關關係。因此，研究者必須清楚地界定其所欲研究的變項。如果將「國中九年級學生」泛稱為「國中生」便是犯了沒有把這一變項界定清楚的弊病，它容易令人誤指為包括七、八、九三個年級的國中學生。與此同時，何者是自變項，何者為依變項，也必須界定清楚。一變項（甲變項）的呈現或改變引起另一變項（乙變項）的改變，則甲變項被稱為自變項 (independent variable) 或獨立變項，乙變項被稱為依變項 (dependent variable)。可見自變項是因，依變項是果。多數研究旨在研究變項間的因果關係，例如研究練習次數（自

變項）對記憶程度（依變項）的影響。

(二)樣本需具代表性

選取研究對象叫做抽樣 (sampling) 或取樣。樣本 (sample) 是研究資料的來源。在教育心理學裡，它可能是人（教師、學生或家長等）、學生身心狀況的記錄、測驗所得的分數或成績，或進行實驗時所得的反應速度、次數、時間與正誤分數等資料。樣本取自母群 (population)，只要取樣方法恰當與樣本大小足以代表母群，則研究所得便有為母群「說話」的價值。否則，所取樣本既不能代表母群，其研究結果的應用也只局限於被研究的對象了。一般而言，在情況許可之下，隨機抽樣最能取得具有代表性的樣本。

(三)觀察必須客觀

任何研究均需觀察，有的靠肉眼，有的靠儀器。肉眼比較靈活，但它缺乏精確性與穩定性；儀器比較精確與客觀，但它常失之於固板與機械。若觀察人員對研究課題先存主見，則其觀察容易被其主見所左右而陷於主觀，無從達到客觀取材的目的。客觀是尊重事實，擺在眼前的事實不論由何者去看，其結果都是一致的；主觀則是指「我」認為它應該如此，在我看來它的確如此。研究科學，如教育心理學，經由客觀觀察的結果，較能被信賴、被引用。

(四)遵守心理研究的專業道德規範

學校教學的對象是人。進行教學研究的目的是增進教學效率，以充分發揮學生的潛能。果如此，任何足以傷害參與者的身心健康，或侵犯其應有的個人權益或損害其福祉者，均為道德或法律所不允許。美國心理學會 (American Psychological Association) 於 2002 及 2016 年修訂其「心理學者的道德準則與行為規範」(Ethical principles of psychologists and code of conduct)。關係研究的部分包括：免於傷害 (protection from harm)、誘引參與 (inducement)、隱私 (privacy)、守密 (confidentiality)、隱瞞 (deception)、事後簡報 (debriefing) 與簽署同意 (informed consent) 等。

例如，讓學生長期服用鎮靜劑以控制其亢進行為，並觀察它對一般學業的影響，這就很有可能導致對健康的傷害。若一研究強迫學生做違反他們意願的事，或要求學生報告或洩露他們平時不願或不敢告人的祕密，或以不當的金錢或加分來誘引學生參與研究，則不僅使他們事後覺得後悔，甚至心理不安。

為了確保參與研究人員的身心健康與個人的權益和福祉，進行研究之前應將研究目的告訴他們，請他們簽訂同意書，並且向他們保證守密；於研究進行時，盡量減少研究作業對身心的可能傷害，若參與者於中途改變初衷而請求放棄，研究者應允其所求；研究完成之後，應將研究的原意及成果對有興趣的參與者做簡扼的報告。一般大學或研究機構均設置內部評審委員會 (Internal Review Board)，事前評審與批准校內的研究計畫，以確定其研究對人類或動物盡到保護的責任。

三、研究方法

研究教學，受其目的、假設、題材、抽樣與研究情境等影響而使用不同的方法。各種研究方法各有其優點，也各有其限制。茲分別介紹幾種常用的研究方法於下。

㈠個案研究法 (case study method)

選擇少數個人作相當長期、深入與詳盡的調查、觀察與資料分析，是個案研究的特點。一個人有特殊事蹟，有令人不解的行為症候，或有驚人的心智能力，都可能成為個案研究的對象。在學校裡，可能有幾位學生或者成就超群，或者無法與他人相處，或者有驚人的記憶表現。教師為深入瞭解此等獨特行為的遺傳、環境與發展因素，因而做個案研究。個案研究常常是逆溯性的，因此它不僅對個人的現存測驗分數、言行的觀察記錄、本人的日記或社區機構的案卷感到興趣，而且對其傳記史蹟也不輕易錯過。因此，做個案研究常訪問個人出生地、家屬親人、鄰居好友與學校師生等，以便對其生長與發展背景及過程有所瞭解。此法最大的限制在於：⑴追蹤探訪所得的資料多憑他人的片面觀察及記憶，其

可靠性常有問題；⑵從研究獨特個人所得的結果，其應用的對象與範圍相當有限。

㈡觀察法 (observational method)

　　將研究的行為對象在布置的或自然的情境下進行系統的觀察與記錄便是觀察法。教師從旁觀看學生如何解答數學試題，如何推選班長，如何在籃球場上競賽與合作，這些都是觀察。但是系統化的觀察就比較嚴謹多了，它必須事先選擇所要研究或觀察的變項，並決定行為有無的記錄標準，然後訓練觀察人員做實況或模擬演練。只有經由這些程序，觀察所得的資料才有使用價值。觀察貴在自然，被觀察者最好不知有人在旁觀察或記錄，否則可能使當事人顯得不自然或做作。為避免做作或表演，可以使用錄影設備以代人力，然後播放影帶以供觀察、記錄與分析。觀察的可能缺點是，不同觀察人員對同一行為常看法互異。因此，事先嚴格訓練觀察人員可以彌補此一缺陷。

㈢相關法 (correlational method)

　　相關法旨在發現兩變項間的既存關係，並以統計學上的相關係數 (correlational coefficient) 代表其關係的方向與程度。相關係數不僅有高低之分，而且有正負之別。一變項的數值往上升時，若另一變項的數值也相對地往上升，這是正相關；若另一變項的數值反而相對地下降，這便是負相關。例如英文成就測驗中的兩個子測驗，字彙與閱讀理解能力，便有正相關；反之，在打字作業上，練習的次數愈多，錯字字數便相對地減少，這是負相關。

　　若兩變項彼此有顯著的相關，這不能用以肯定兩變項有因果關係。這兩變項可能相互影響，可能是一因一果，也可能是第三變項（例如智力）居間作用所引起。相關法多應用於已經獲得的記錄，例如學生的身高、體重、視力、年齡、家庭背景資料、各項主要測驗成績或問卷調查的結果等。使用此法，其資料必須來自高效度與高信度的評量工具。否則，即使變項間有高相關，它並沒有實質意義。

㈣實驗法 (experimental method)

研究變項間因果關係 (cause-and-effect) 最有效而且最令人信服的方法是實驗法。教育心理學家如同其他科學家，認為一切行為的發生由來有自。行為是一連串因果交互反應的歷程。因果關係常循可資探知的一定法則進行。一旦確定某行為的因果法則，我們可以由因而求其果，也可由果而溯其因。教學雖是複雜的行為改變的歷程，由於實驗法的使用，使變項因操縱、控制與評量而能被系統地研究。

實驗的設計與進行，均假定依變項值的改變（果）是來自自變項值的變化（因）。若自變項受操縱而系統地變化並因而顯著改變依變項，則兩變項的因果關係被肯定。因此，所謂實驗，乃是確定有關變項，操縱自變項，以觀察其對依變項影響的歷程。為確保實驗的成功，應盡量排除非實驗的無關因素的干擾，無關變項的控制與實驗變項的操縱同等重要。

1.實驗控制 (experimental control)

實驗控制可採與個體自我比較 (within-subject comparisons) 與個體之間比較 (between-subject comparisons)。為使實驗結果便於解釋，研究者常設實驗組 (experimental group) 與控制組 (control group)。若採用個體自我比較法，個體在實驗之前便被視為控制組。待實驗之後，將依變項在實驗前的先測 (pretest) 與實驗後的後測 (posttest) 所得相比，其差異量便是實驗效果推論依據。此法的優點在於實驗與控制都在同一組個體上，可以避免人際間相比在許多變項上互異的影響。但其缺點在於生長與發展本身可能影響依變項的變化而被誤解為來自變項的影響。若採用個體之間的比較，則於進行研究之前，兩組在能力與經驗上應該相等或近似，一組接受實驗操縱作業，另一組接受表面與實驗類似但實質上無關的作業（亦稱安心劑 "placebo" 或充數作業 "filler-task"）。兩組在實驗後測得的依變項的比較差異量，便是解釋實驗效果的依據。此法的優缺點與個體自我比較法恰恰相反。為求得兩組人員在實驗之前是等組，使用隨機抽樣 (random sampling) 與隨機分派 (random assignment) 是最佳的取樣方式。

2.統計控制 (statistical control)

如果研究人員懷疑在取樣上有偏倚或某些無關變項可能影響依變

項，則可以使用共變項分析 (covariance analysis)。例如，教師指定甲班為實驗班，乙班為控制班，以研究電腦教學對學習三角的影響。後來發現甲班學生的家長有較高的平均學歷與收入，因此決定採用共變項分析，以統計上移除高學歷與高收入部分對學習三角的影響。當然，統計控制是「亡羊補牢」之計，並不如實驗控制直接而有效。

　　實驗進行時，應避免實驗研究者偏見的介入與實驗參與者無關反應的干擾。例如，認為實驗一定依預期的結果進行，是常見的實驗研究者偏見；實驗時感到特別興奮或不快，或試圖迎合實驗者的需求，也是實驗參與者有待避免的。為了同時避免實驗者與參與者雙方的不當影響，可以採用雙方都不知研究目的之雙掩法 (double-blind method)。

第四節　教育心理學與有效教師的培養

　　你我都會同意，當老師必須具備一定的專業條件，要當個有效教師還有更高的要求。

一、新教師的專業條件

　　在新教師的任用方面，美國有比較制度化的措施，以確保健全師資的培養與聘用，值得作為我們的借鏡。美國是聯邦 (United States)，教育是各州的職責，因此師資的培養與聘用由各州立法、執行與支付，中央政府則扮演監督與財務支援的角色。目前教師資格的鑑別與認定主要是採取證書制 (certification) 或執照制 (license) 兩類。雖然各州對教師資格的鑑別與認定並不全然相同，但大多數規定欲取得教師證書或執照者，必須：⑴至少獲得相關科系的大學學士學位；⑵修滿規定的教育學程學分；⑶通過實地教學實習；⑷通過教師資格鑑定考試。

　　現今美國有三種教師資格鑑定考試：教育測驗服務中心 (Educational Testing Services, ETS) 所編製的教師實力測驗 (PRAXIS)；州際新教師評鑑聯盟 (Interstate New Teacher Assessment and Support Consortium,

INTASC) 所編製的教學知識測驗 (Test for Teaching Knowledge, TTK)；與類似上列測驗的州內自編教師證書測驗。目前有 35 個州選用教師實力測驗，一些州採用教學知識測驗，另有一些州（如加州、德州、佛州、紐約州等）則使用州內自編教師證書測驗。可見除了學位、師資訓練之外，還得通過證書或執照測驗。請注意，各州依其對師資的需求而決定測驗通過的標準，因此各州的標準略有差異。

　　上述三類考試，是根據其共同認定的新教師應具備的條件而編製。現在摘要介紹教育測驗服務中心的教師實力測驗 (PRAXIS II) 的四大試題領域，與州際新教師評鑑聯盟的教學知識測驗 (TTK) 的十項原則。

㈠教師實力測驗 (PRAXIS II) 的四大試題領域

1.認清學生是個學習者（35% 試題）

⑴瞭解身心發展與學習歷程。

⑵瞭解學生是多樣的學習者。

⑶引起學習動機並創造學習環境。

2.具備教學與評量的知識與技能（35% 試題）

⑴熟悉不同的教學策略。

⑵提供教學計畫。

⑶具備基本的評量知識與能力。

3.運用有效的溝通技巧（15% 試題）

⑴善用語文與非語文溝通技巧。

⑵瞭解文化與性別對師生溝通的影響。

⑶使用最能引發討論的發問技巧。

4.重視專業與社區發展（15% 試題）

⑴成為深思熟慮的專業人員。

⑵視社區為資源並扮演社區成員的責任。

㈡教學知識測驗 (TTK) 的十項原則

1.教師瞭解所教學科的中心概念與結構，使學生覺得所學具有意義。

2.教師瞭解學生如何學習與發展，並提供促進心智、社會、個體發展的

學習機會。

3. 教師瞭解並適應學生在學習策略上的個別差異。

4. 教師採用各種教學策略以發展學生的評判思考、解決問題與操作能力。

5. 教師瞭解學生的學習動機，並創造有利於人際互動、積極與自發的學習環境。

6. 教師使用有效的語文、非語文與媒體等溝通技巧，以培養好問、合作與互助的學習活動。

7. 教師依其對教材、學生、社區與課程目標的瞭解而準備其教學。

8. 教師瞭解並使用正式與非正式評量策略，以求學生的心智、社會與個體的持續發展。

9. 教師是個深思熟慮的實踐者，不斷地評估自己的決定與行動對他人的影響，並積極尋求專業的成長機會。

10. 教師培養與同事、學生家長、社區機構的關係，以支持學生的學習與福祉。

　　兩個測驗內容所根據的原則非常近似，顯示美國各州教育界對新教師的要求也相當一致。欲擔任教職者，有了學位與師資訓練課程，便可準備應試與應聘。

二、期許並打造自己成為一位有效教師

　　教育心理學的課程目標與前述教師的專業條件有許多重疊之處，因而成為師資訓練的必修課程之一，以擔負培養有效教師的重任。修習教育心理學，會讓你對學生的身心發展歷程與個別差異有深入的瞭解，對學習的歷程與影響學習的因素有更明確的認識，也對如何教學與評量以提高學習效率有更佳的掌握。

　　如果你瞭解本書並活用本書所提示的原理原則與實用技巧，不僅能達到上列測驗所要求的教師應具備的專業條件，也為成為有效教師奠定穩固的基礎。如果你已具備教師的專業條件，欲更進一步成為有效教師，請注意下列建議對你的可能助益。

㈠培養深思熟慮的習性

　　深思熟慮的老師 (reflective teacher)，做決定時非常審慎，事後檢討決定的得失，並力求改進；知道自己的言行對他人的影響，因而謹言慎行，並保持負責的態度；關心自己的工作對整體教育與整個社區有無貢獻。因此，一個深思熟慮的老師，沒有雜亂無章的教學，沒有一時衝動的言行，其所做所為也不會孤立於教育目標與社區發展之外。

㈡不斷地學習關係教學的新知

　　工商業的突飛猛進來自研發，教學的進步亦應如此。新教師在師資培訓時所學的、所懂的，可能很快地不敷實際的需求，需要吸收新知或發現新知。為了獲取新知，教師可以經常閱讀有關教學的專業刊物，積極參與專業講座、研習會或論壇，或進行正式或非正式的小型教學實驗。請注意，樂於分享新知，常是個人求知的重要動機。

㈢投身教育，發揮積極奉獻的精神

　　成功的企業家、工程師、藝術家或教育家，哪個不是經歷長年努力奮鬥的結果。我們不難體會他們成功的祕訣：有長遠的目標、踏實的步驟、注意集中、堅忍不拔的完全投入的奉獻精神。一個人在事業上，若沒有投入或奉獻的精神，沒有長久的打算，不能忍受挫折，不願接受挑戰，則只有見異思遷、半途而廢的結局。身負「百年樹人」大業的教師，若不能立志投身教育，奉獻教育，則只有一天過一天的打算，一年且過一年的僥倖心理，對學生的學習目標、發展進程與未來福祉哪能關切，哪來貢獻。

㈣運用集體效能，提升學生的學業成就

　　有效教師深信自己可以影響學生的成就與福祉，如果把不同專長、熱心教學與力求專業成長的有效教師聯合起來，則可產生更強大、更透澈、更長遠的集體效能 (collective efficacy)。現在世界各國中，能使全國學生在學業上都獲得成功的，就是使用這種互助的、合作的、對全體受教學生負責的集體效能 (Sahlberg, 2002; Sawchuk, 2012; Stewart, 2010)。

本章內容摘要

1. 教育心理學是一種應用心理學，它試圖瞭解學習的條件、特徵與歷程，從而研究並提供最佳的教導與學習方策，以獲得最有效與深富意義的教學效果。

2. 教育心理學的目的在研究教與學的歷程與影響教學的因素，以協助教師達成其教學目的。

3. 教育心理學的領域包括：學生身心發展特徵的敘述、解釋與其教學涵義；學習與記憶歷程的分析、解釋與其教學涵義；教學策略與教學效果的增進、評鑑、運用與溝通。

4. 教師應在教學上瞭解其角色，決定其理念，並做明智的決定。

5. 有效教師的主要特徵是：具備豐富的專業知識與技能；注意學生的身心發展進程；創造有利於學習的內在與外在環境；展現高度的敬業精神。

6. 科學研究是改進教學主要途徑，它包括假設、方法、結果與解釋等步驟。

7. 進行科學研究應界定變項，獲取具代表性的樣本，做精確的觀察，並遵守研究的道德規範。

8. 研究教育心理學的主要方法有：個案研究法、觀察法、相關法、實驗法等。

9. 新教師的甄試要求：(1) 認清學生是個學習者；(2) 具備教學與評量的知識與技能；(3) 運用有效的溝通技巧；(4) 重視專業與社區發展。

第 2 章　認知與語言發展

本章大綱

©iStockphoto

發展 (development) 是指個體自生命開始至死亡之間的序列性身心改變與成熟的歷程。在發展歷程中，遺傳與環境成為不斷地影響行為的兩大因素。遺傳 (heredity) 是生長與發展的先天性具體藍圖，提供個體發展的潛能。體內細胞染色體裡的基因，如同建築的藍圖，決定個人身心屬性的基本發展特徵，如個人的性別、身高、體重、智力、社交取向等。人體在產前受到孕婦的身心健康情形、營養平衡狀態、疾病病毒、藥物吸食、化學物質的滲透等的影響；嬰兒出生後，開始以「學習」獲取適應環境的知能。今日的心理學家，大多將個體的身心發展看作是遺傳與環境兩因素互動的結果。

在個體的身心發展歷程中，與教學關係最深切的是認知與語言的發展。認知 (cognition) 是泛指注意、知覺、理解、記憶、思考、語文、解決問題、智力與創造力等心智活動。將認知與語言發展予以系統地分析與理論化而著有成就者有認識論者 (epistemologist) 兼心理學家皮亞傑 (Jean Piaget, 1896–1980)、心理學家維克次基 (Lev S. Vygotsky, 1896–1934) 與心理語言學家喬姆斯基 (Avram N. Chomsky, b. 1928)。現在分別予以介紹。

第一節　皮亞傑的認知發展理論

一、認知的作用

　　根據瑞士心理學家皮亞傑的研究與推論 (Piaget, 1952, 1968, 1969, 1970)，人類與生俱來兩種基本傾向：組織與適應。組織 (organization) 是將事物系統地組合，使成為系統完密的整體。例如，兒童將「看球」與「抓球」組合而成「看到球就把它抓起來」的新的行為或思維組型。行為或思維組型被稱為認知結構或基模 (schema)。適應 (adaptation) 是不斷地對環境做出調整的歷程。適應有兩個途徑：同化與調整。個人從經驗中吸取知識與技能是同化作用 (assimilation)；個人改變舊的認知結構，以配合由同化而得的新認知結構，是調整作用 (accommodation)。舊認知與現實環境或外界需求不能配合時產生失衡狀態 (disequilibrium)。人有追求平衡 (equilibrium) 的天生本能，因失衡而尋求平衡便是人類求知的動機。此與教育家杜威 (Dewey, 1933) 所主張的「學習即經驗不斷的改造與改組的歷程」有近似之處。

二、認知發展的分期

　　根據皮亞傑的觀察，個體與其環境交互作用而認知其所處的環境。認知的發展須經四個本質上不同的階段。由於個體的認知發展在各階段互異，它被稱為非連續性發展階段 (discrete developmental stages)。

(一)感官動作期 (sensorimotor stage)

　　出生至二歲。此時期嬰兒的認知活動建立於感官的即刻經驗上。他們的吮、舐、咬是瞭解周邊環境所需的活動（卻常被父母誤認為貪吃）；他們的推、敲、撕、擲等認知活動也常被成人誤解為是一些不乖的妄動。此期嬰兒的認知活動有下列特徵：(1)從被動的反應（抓住放在手裡的東

西）到積極而有意的反應（伸手去抓東西）；⑵從不見即無知 (out of sight, out of mind) 到眼見物體被另一物體遮蔽時，知道物體仍然長存 (object permanence)，並非永久消失；⑶從注意自己的身體到認識外界的環境；⑷逐漸發現達到目的之新手段（繞過茶几以取它後面的玩具，不再僅從茶几下鑽過）。

㈡準備運思期 (preoperational stage)

二至七歲。兒童開始以語言或符號代表他們經驗過的事物。其認知活動為跑、跳、運動、遊戲等身體的運動與看、聽、觸摸等知覺經驗。此期兒童的認知活動有以下特徵：⑴逐漸能從記憶過去的經驗到想像未來（例如，李強昨天請我到他家吃他的生日蛋糕，我下次生日要請他來吃我的蛋糕）；⑵兒童所使用的文字有其個人的私自意義（爸爸跟我一樣「乖」）；⑶以自己的直覺 (intuition) 與感觸 (feeling) 解釋其所聞，因而分辨不出自己與外界世界的不同（自己喜歡的便是對的、好的）；⑷一切以自我為中心 (egocentric) 不易為他人設想；⑸認為萬物皆有生命 (animism)，因而常對玩具說話；⑹有專注於他一時注意的事物而忽略其餘的集中現象 (centering)，因而於事物變化後對其變化前原有的品質產生保存 (conservation) 的困難（例如，將液體自高而窄的玻璃杯倒入矮而寬的杯中時，兒童便認為液體變少，因為他只注意於液體在杯內高低的變化）；⑺思考呈不可溯性 (irreversibility)，即思維只能往前行，不能倒退（例如，宋信義告訴老師，他有位哥哥名叫和平。老師問及宋和平有無兄弟，信義答稱「沒有」，他忘了自己是和平的弟弟）。由於兒童注意單一，思考不能逆溯，因而有運思 (operation) 的困難，故被稱為準備運思期，或稱運思前期。

㈢具體運思期 (concrete operation stage)

七至十一歲。此時期兒童能以具體的經驗做合乎邏輯的思考。兒童開始操縱事物的內在屬性，並將它們轉換成更具選擇性的訊息。例如，兒童認為樹木不僅可供小鳥棲息，亦可供他們遮蔭、攀爬或當柴火。兒童所使用的操縱法有綜合 (combining)、逆溯 (reversing) 與組成 (forming)。

雖然其運思局限於具體經驗，但其思考邏輯可達相當複雜的程度。此時期兒童的認知活動有下列特徵：(1)思考有相當的彈性；(2)思考可以逆轉、矯正、甚至重新開始；(3)能對一個以上的事物屬性同時注意；(4)對同一問題接受不同的觀點；(5)雖然能瞭解原則或規則，但於應用原則時常「咬文嚼字」(例如，兒童堅持老師所提「先做數學後寫國文」的建議，不肯接受父母的建議而改變)。

㈣形式運思期 (formal operation stage)

十一至十五歲。此時期的青少年於認知上開始進入成人的抽象運思期。青少年的運思不再受具體經驗或現實世界的限制，它抽象地超越時、空與地而呈普遍性。此時期青少年的認知特徵是：(1)思考為假設的與演繹的，並將可能性化為假設並予以求證；(2)思考為命題的思維，並試圖發現命題間的關係（例如，A 大於 B，B 大於 C，則 A 必大於 C)；(3)思考為組合性分析，將因素個別分析後予以綜合以解決問題（例如，解二項式的代數問題)。形式運思期內的青少年開始做科學的推理，發現自然的基本法則。這種假設、推論與普遍原則的認知歷程中，青少年常因環境中許多事物與理想原則相左而不滿現實。青少年的對抗父母、批評師長，可能與他們此時的認知特徵有關。

到底是否人人必須循序經過皮亞傑所提出的四個認知期？各認知期的年齡起訖點是否固定不變？根據研究，皮亞傑的認知發展論過分低估準備運思期兒童的認知能力 (Flavell, 1992; Kamii, 2000)，過分強調此時期兒童的自我中心性 (Siegler, 1998)，也高估青少年的運思能力 (Shayer, 1997)。雖則四個時期的順序有世界共通的現象，但由於個人經驗與文化差異的影響，個人在各期發展的速率便有出入 (Gelman, 2000; Hughes & Noppe, 1991; Leadbeater, 1991; Rogoff & Chavajay, 1995)。

除了上述批評之外，有些人開始將皮亞傑的認知論加以修正，因此有新皮亞傑論 (Neo-Piagetian theories) 的興起。新皮亞傑論認為：(1)某特定發展期的運思能力與其特定作業的性質有關 (Gelman & Brennerman, 1994)；(2)兒童的發展期可經由訓練與經驗而加速改變 (DeVries, 1997)；(3)認知發展受到文化的影響 (Crisp & Turmer, 2011; Gelman &

Brennerman, 1994)。有新皮亞傑論者甚至認為，發展隨個人的資訊處理與記憶能力而改變 (Case, 1998)。

三、皮亞傑認知發展論的應用

㈠佛拉維爾 (Flavell, 1963) 的建議

1.心理及教育測驗專家可根據皮亞傑的研究結果編製新的智力測驗，以評量個人在特定認知期的發展成熟度。
2.課程的設計與安排應配合各發展階段的認知特徵，課程內容與組織才易於為學生所同化與調整。
3.教師可編選適當的教材以適應學生在認知能力上的個別差異。

㈡柏克 (Berk, 2001) 的建議

1.重視學生的思考歷程：瞭解兒童如何解題，而不在乎問題的答案。
2.鼓勵學生於進行學習時，主動與環境互動，減少已知答案的刻板記憶學習。
3.不要令兒童有「早熟」型的成人思考模式。
4.適應個別差異，鼓勵發展上的自我比較。

㈢史諾曼與畢勒 (Snowman & Biehler, 2006) 的建議

1.與其直接教學，不如讓兒童從自己的身心活動中學習新知。
2.讓兒童知道他們的新知識如何與舊知識相關聯。
3.從具體事物經驗的學習逐漸導引至抽象符號的學習。

第二節　維克次基的認知發展理論

一、認知的發展

　　俄國發展心理學家維克次基 (Vygotsky, 1956, 1962, 1978) 對皮亞傑的認知論頗感興趣，但他強調社會文化的功能。根據他的看法，兒童的認知是對社會文化及其歷史發展的認知與瞭解。兒童所處的周遭，不論是語言的、社會的、政治的、經濟的、文化的或物質的，均有形或無形地影響兒童的知識、技能與信念。因此，兒童的認知主要是社會、文化與歷史的產物。此等產物是兒童與其社會、文化不斷交互反應的結果。換言之，認知發展為社會、文化與歷史的內在化歷程。由於重視社會文化傳遞的歷程，維克次基被稱為社會建構論者 (social constructivist)。

二、認知與語言的關係

　　依維克次基的觀察與分析，認知的發展與語言的發展在嬰兒與幼童是各自獨立、分道揚鑣的。思考在語言發展之前已經存在，但它不依靠語言作媒介，其發展方式是從整體 (whole) 而分化的 (differential)；但語言的表達在早期是為溝通訊息而存在的，其發展是由個別單位 (separate units) 進展到整體而複雜的 (whole and complex)。然而，思考與語言各自獨立發展是相當短暫的歷程，因為一旦思考藉語言表達而快速發展，兩者便做緊密的結合。起初，兒童藉外在語言 (external speech) 從父母及師長學習文化知識；後來，藉自我中心語言 (egocentric speech) 由自己對自己說話；最後，經由內在語言 (inner speech) 將文化轉換成內在化的認知產物。

三、教學對認知發展的功用

　　維克次基認為兒童的認知發展存在著一種臨近發展區 (the zone of

proximal development)，它是兒童學習文化的預備區。年長的與天賦高的，比年幼的與天賦低的，有較廣闊的發展區。區域愈大，接受各種文化教導的機會愈多。教學的功能是提升心智發展，也就是使兒童超越他們的實際發展程度。最能有效利用臨近發展區的教學是：發展程度較高的學生個別指導 (tutoring) 發展程度較低的學生，教師以暗示或提示從旁支持 (scaffolding) 學生學習。

四、維克次基認知發展論的應用

維克次基的認知發展論強調社會文化對認知發展的功能，茲將其應用於教學的主要建議列舉於下：

1. 提供示範性學習行為，展開與學生對話，多進行實習，並肯定學生的思維，以達成臨近發展區的最大功效 (Tappan, 1998)。
2. 引導學生在成人社會活動中學習 (Rogoff, 1990)。
3. 由成人或能力較高的同儕提供必要的學習支持 (John-Steiner & Mahn, 2003)，如發問、回饋、暗示或提示。
4. 由能力不同的兒童組成小組，進行合作學習 (Slavin, Hurley & Chamberlin, 2003)。
5. 加速語言的內在化，以發揮私自語言 (private speech) 與自律語言 (self-regulated talk) 的功能 (Santrock, 2006)，如解決問題過程中的自我對話。

第三節　皮亞傑的語言發展理論

一、語言的性質

根據皮亞傑的觀察 (Piaget, 1952, 1970)，嬰兒於感官動作期只能以感官經驗與動作認知其環境，缺乏以語言符號作為媒介。至進入準備運思期後，兒童開始以信號或符號代替知覺經驗。此時期兒童雖能模仿複雜的成人行為，但仍使用極初級的語言。鑑於此，皮亞傑認為思想與語言

為兩種不同的結構或系統：思想是由遺傳而來的內在邏輯；語言則是外在的符號邏輯。語言的獲得應具備兩種條件：便於人際交談的模仿情境，與便於增益轉換文法結構的廣泛情境。前者在使兒童有練習語言的機會，後者在使兒童有舉一反三的語言發展機會。

二、語言發展的分期

　　根據皮亞傑，語言發展因受認知發展歷程的影響，呈現兩個不同的階段。

㈠自我中心語言 (egocentric speech)

　　兒童於二至七歲左右，使用自我中心語言。雖然他們所模仿而來的語言在語法上與成人的簡單語法相似，但其內容多以自我為中心，以單一事項為主。說話既以自我為中心，他人的反應或意見多被忽略。

圖 2～1　瑞士心理學家皮亞傑 (Jean Piaget, 1896–1980)。

㈡社會化語言 (socialized speech)

　　兒童於七至八歲起，與他人不斷交談的結果，逐漸發展其重視他人的反應與意見的社會化語言。因他們的認知活動已進入運思期，兒童不僅能保持自己的知覺經驗，而且能感受他人的經驗，其語言呈現靈活地相互交談的現象。

三、皮亞傑語言發展論的應用

　　皮亞傑認為語言的產生，既非與生俱來，亦非單靠學習而得。語言發展的階段與認知發展的階段息息相關，無法捨此而談彼。因此，教師應該做的是：首則瞭解二歲以下的嬰兒缺乏學習語言的認知基礎；次則提供兒童發展社會化語言的機會，使兒童從自我中心語言期順利地進入

社會化語言期。在皮亞傑看來，除非兒童於認知上理解其意，否則訓練兒童說大人話，徒然浪費時間與精力，無實質意義可言。

第四節　喬姆斯基的語言發展理論

一、語言的由來

喬姆斯基 (Chomsky, 1959, 1965, 1986) 是研究心理與語言之間關係的心理語言學家 (psycholinguist)。他發現兒童具有驚人的運用語言能力，加上鑑於史金納 (B. F. Skinner) 的學習論 (learning theory) 無法圓滿地解釋兒童的語言成就，乃持語言能力與生俱來的看法。換言之，兒童的語言能力為天生的，是成熟的結果。例如，使用華語的兒童可以輕易地學會他國語言，足以證明語文基本結構的遺傳性與普遍性。

二、語言的發展

依喬姆斯基的看法，兒童不斷地「發展」語言，而非「學習」語言。語言發展如同從一顆小小的榕樹種子，經由發芽、成長，而變成枝葉扶疏的大樹。語言發展由直覺文法進展到轉換文法。轉換文法是由一些規則所組成的系統，兒童不僅能不學自通，而且根據轉換法則構造出易為他人所懂的文句。可知，語言產生的順序是規則在先，文句在後。轉換文法自然地將文句的語法（形）、語音（聲）與語意（義）系統地聯結起來。成長中的兒童，話愈來愈多，語句愈來愈複雜，便是由基本規則不斷衍生而來。

為說明心理與語言的關係，喬姆斯基將語言區分為語言才能 (linguistic competence) 與語言表現 (language performance)。語言才能是理解語言的形、聲、義結構的心理能力；語言表現則是視、聽、說等的具體語言行為。語言才能是普遍的、人人相同；語言表現則因個人的記憶能力、練習經驗等因素而呈現個別差異現象。兒童具有全世界人類共同

的語言普遍概念 (language universals)。例如，世界上所有語言的完整句（如：「我喝茶。」）均包括主詞（我）與述詞（喝茶）。

三、喬姆斯基語言發展論的應用

根據喬姆斯基的語言發展論，教師的任務在幫助兒童發展其天賦的語言能力。教師應提供兒童充分的發展機會，使他們能活用天賦的語言轉換規則，以產生新文句，作為溝通思想的工具。語言才能人人皆有，語言表現卻有個別差異現象。因此，對那些語言表現較差的兒童，不要輕易放棄；若給予適當的教導，其能力一定有充分發展的可能。

第五節　認知與語言發展的教學涵義

對個體的認知發展與語言發展有了認識，便要進一步採取適當的教學策略，一方面力求認知與語言能力的充分發展，一方面要使知識與能力的教學建立在個體的認知與語言能力上。

一、認知發展的教學涵義

㈠課程的編排與教學應配合各認知發展階段的特徵

我們的社會對認知能力及其表現極為重視，父母對其子女在認知（學業）上的要求也因而相當的高，教師常在社會與父母的雙重壓力下，忽略其學生認知發展的特徵及限制，進行超越學生能力的教學，指定超越學生能力的作業，不僅學生不能真正受益，可能因而影響其學習的興趣。瞭解學生的認知發展歷程，教師可因而自問：我所講的課會不會太抽象？學生是否真正瞭解所學？多舉實例是否更能幫助學習？如果我能多做示範，會不會助長學習？

㈡採取同儕間交互學習，並推行合作學習

　　教師的示範與學生的模仿，固然是一種相當有效的教學策略，但是一個學生有位能力更佳的同儕來指導、示範與鼓勵，常產生非常良好的學習效果。畢竟同儕在認知能力上比較近似，在溝通上沒有鴻溝，人際關係也比較接近，因此同儕間的個別指導 (tutoring) 效果良好，值得推行。

　　合作學習 (cooperative learning) 是社會建構學習論的產物，認為經過與他人相互討論、解釋、質疑、回饋、修正等歷程而自我建構的知識，才有意義，才是社會有用的知識。因此，教師得以小組互動方式，設計一套合乎其學生能力的合作學習（見第七章），以增富學習的意義，充實認知能力的發展。

二、語言發展的教學涵義

㈠加強語言教學與提升人際的溝通能力

　　如果你確信語言能力與生俱來，語言表現則因個人的學習與經驗而互異，則教師的職責是，提供有效的語言教學與提升人際溝通的語言能力。如果你同意，現在學生語文能力的不足是由於缺乏良好的語言學習經驗，則我們有責任去改善過去語言教學的不足（或錯誤，如過分偏重字義的解釋或錯別字的矯正），提供學生實用的、合乎社會需求的語文教學，使學生不僅有良好的閱讀能力，能自我表達，也能做適當的人際溝通。

㈡認識雙語教育對認知的貢獻，適時輔導雙語的學習

　　研究發現 (Bialystok, 1999, 2001)，雙語流暢的學生比只用單語的學生，在控制注意力、概念形成、分析性推理、認知彈性與認知複雜度的測驗上，有較佳的表現。學習外語只要不把母語拋棄，若能雙語流暢，則對認知的發展有益而無害 (Crawford, 2004)。這些益處的獲得有賴於有效的雙語教學 (bilingual education) (August & Hakuta, 1997)。據研究 (Slavin & Madden, 1999)，合作學習與個別指導對雙語教學頗為有效。

本章內容摘要

1. 認知為泛指注意、知覺、理解、記憶、思考、語言、解決問題、智力與創造力等心智活動。

2. 皮亞傑認為認知是個體適應環境的產物。它的發展經由感官動作、準備運思、具體運思與形式運思等彼此不同與固定不變的四個時期。

3. 維克次基認為認知為社會文化的內在化歷程，從整體而分化，等到語言可以表達思考時，二者緊密結合。兒童的認知與社會文化之間存在著臨近發展區，作為發展的領域。

4. 皮亞傑認為語言是外在的符號邏輯，其發展是由自我中心語言至社會化語言。

5. 喬姆斯基認為語言能力是天生的、普遍的，它是由直覺文法進展到轉換文法。語言才能人人皆有，語言表現則因經驗的不同而有個別差異。

6. 增進認知與語言能力的教學原則是：課程的編排與教學應配合學生的認知發展階段；提供同儕間的合作學習經驗；加強語言教學與人際溝通能力；並適時輔導有計畫的雙語教學。

第 3 章 | 人格的發展

本章大綱

©ShutterStock

人格 (personality) 為個人表現於需欲、情緒、性格、態度與信仰上的行為特徵。人格由多種行為所組成，它左右個人的學習結果。例如，一個情緒欠穩或態度消極的學生，其學習效果便不易合乎理想。在探討人格發展上較有系統的理論有四，分別是：艾律克森 (Erik Erikson, 1902–1994) 的心理社會發展論、布朗菜布列納 (Urie Bronfenbrenner, 1917–2005) 的生態系統論、皮亞傑 (Piaget, 1896–1980) 的道德觀念發展論與柯爾柏 (Kohlberg, 1927–1987) 的道德發展論，四者對教學工作皆富有涵義。茲分別介紹於後。

第一節　艾律克森的人格發展理論

艾律克森 (Erikson, 1974, 1982) 是佛洛伊德 (S. Freud) 的支持者。他與佛洛伊德一樣，認為人類具有來自內在的需欲，但他更重視個體與社會環境的相互影響。他的學說被稱為心理社會發展論 (psychosocial theory of development)。

一、心理社會發展論的要點

根據艾律克森的觀察，一個正在成長中的人，有一種注意外界並且與外界交互作用的需欲，人格便在這種交互作用中發展。健全的人格對

環境有純熟的統御，有完整的行為功能，也對自我和世界有正確的認識與瞭解。然而，在人格發展的歷程中，擺在個人面前者為一系列有待解決的危機。成功而合理地解決危機方能發展健全的人格，否則不健全的人格便相對地產生。同時，合理地解決一個危機，對次一危機的解決有積極的助長作用；相反地，不合理地解決一危機，對次一危機的解決有消極的阻滯作用。個人欲合理地解決危機，有賴社會環境的通力合作。

圖 3～1　德裔美國心理學家艾律克森 (Erik H. Erikson)。

二、人格發展的分期

艾律克森認為人格發展是終身的，他將整個人生歷程劃分為八個人格發展階段，每一階段有其待解的危機。

㈠信賴對不信賴 (trust vs. mistrust)

出生至一歲。新生嬰兒最迫切需求的是內在的確實感 (inner certainty)。亦即，嬰兒必須確定父母或養育者在照顧他、在愛他。他們所面臨的危機抉擇是：信賴或不信賴。如果父母給予嬰兒持續而穩定的適當哺育與關照，則嬰兒與父母間發生真摯的感情，嬰兒視世界為安全而且值得信賴的地方，也因而發展其對他人信賴的人格。反之，如果父母的照顧不周，環境多變，哺餵習慣無常，或待嬰兒態度惡劣等，使嬰兒無法滿足其內在的確實感，乃發展其對他人不信賴的人格。

㈡自動對羞恥與懷疑 (autonomy vs. shame and doubt)

二至三歲。幼兒開始試探自己的能力。他們所面臨的危機抉擇是：自動自發抑或懷疑自己的能力而覺得羞恥。二、三歲的幼兒喜歡測驗自己的能力，一切由自己動手，不願他人干預。如果父母允許並鼓勵幼兒

依其自己的能力、速度與方法做他們能力所及的事，則他們從而體會自己的能力，養成自動自發的人格。反之，如果父母過分溺愛與保護，或經常操之過急，事事替幼兒作主與代行，幼兒只有懷疑自己是否有用，因而養成自覺羞慚的人格。

㈢主動對內疚 (initiative vs. guilt)

四至五歲。兒童開始發展其想像力，並對自由參與活動感到興趣。他們所面臨的危機抉擇是：主動自發或被動而內疚。如果父母或幼稚園老師對兒童所發的問題耐心地聽取與誠意地回答，並對他們的建議給予適當的鼓勵與妥善處理，則兒童不僅肯定採取主動的價值，而且發展其理解是非的良知良能。反之，若父母或老師對兒童的問題感到不耐煩或不屑一聽，或對兒童的建議加以禁抑或譏諷，兒童只有發展拘謹壓抑與被動而內疚的人格。例如，一個內疚的兒童，總覺得自己的問題或建議不值一提，或於提出後立即後悔而收回。

㈣勤奮對自卑 (industry vs. inferiority)

六至十一歲。此時期的兒童絕大多數是小學學童，他們所追求的是能力的充實與成就感。他們所面臨的危機抉擇是：勤勉奮進或失敗自卑。如果兒童的學習成績與工作表現優異，其成果獲得認可、讚許與嘉獎，則學童以成就為榮，以成功為懷，因而培養樂觀進取與勤勉奮發的人格。反之，如果學童的學習效果不佳或屢遭敗績，經常受到鄙視或譏笑，或其成就受到冷漠的對待，則他們不可避免地自視不如他人，發展自卑的人格。

㈤統一對角色混淆 (identity vs. role confusion)

十二至十八歲。青少年期是尋求自我統一與廓清自我角色的時期。擺在眼前的危機抉擇是：自我統一的角色或是混淆不清的角色。由於生理上的變化，青少年首則在外觀上與過去不同，次則在社會上與經濟上處於半獨立狀態，再則為追求異性朋友而對自己做認真的評估。在此青黃不接的情況下，如何對「自己是什麼」下一個明確定義以保持自我的

一致性，並非一樁簡易的事。如果家庭與學校所提供的工作與社交經驗，足以協助他們發展明確而一致的性別角色、社會角色與職業角色，則統一的自我得以發展。反之，若家庭或學校所給予的差事或社交時招來譏諷，使他們無法找出一致的自我觀念，乃發展出自我角色混淆的人格。

(六)親近對孤立 (intimacy vs. isolation)

青壯年期。人到青壯年期，開始分享他們已經獲得的統一的自我感。他們所面臨的危機抉擇是：與人親近抑或孤立自處。此時期的個人，若能愛人也能被愛，能與鄰居或工作同仁和睦相處，也喜歡以「我們」取代「我」，必能順利地分享自我而養成與人親近的人格。反之，個人既不能愛慕他人，又無法令人喜歡，則只好「孤芳自賞」，孑然一身。

(七)繁衍對停滯 (generativity vs. stagnation)

壯年期。成年人開始推展其興趣與關懷。他們所面臨的危機抉擇是：繁衍推展或停滯不前。如果個人有成功的事業，有令人喜愛的子女，也有足夠的財力與精力照顧其後代並造福其社群，則發展成樂於綿延後代與報效社稷的人格。反之，個人將其興趣投射於自身，無視其生命的延續，其日常生活停滯於自己的小領域裡，事事以利己與自娛為懷。

(八)完整對絕望 (integrity vs. despair)

老年期。一位經歷信賴、自動、主動、勤奮、統一、親近與繁衍等健全人格行為者，一旦進入老年期，便成為一個統整的完人。他處事泰然，與世無爭，對其生不存奢望，對其死不懷恐懼。反之，經歷過不信賴、羞恥、內疚、自卑、角色混淆、孤獨與停滯的絕望老人，既自悲又悔恨；生為一場惡夢，死為一條絕路。

三、艾律克森人格發展理論的應用

人格發展既然是整個人生的歷程，個人必須面對充滿危機的八個發展階段。家庭、學校與社會必須配合個體在各發展階段的內在需求，以

求健全人格的培養。艾律克森的人格發展論有下列的應用價值：⑴鼓勵學前期兒童想像與創新，以發展其主動自發的人格；⑵提供學童從工作與課業中獲得成功的經驗，以發展再接再厲的勤奮人格；⑶協助青春期的青少年，從合乎其性別的工作與社交經驗中建立統一的自我人格。

許多教育心理學家，例如洛特 (Rotter, 1980)，研究何種社會環境組織與活動，最能使各階段的個體在危機中發展理想的人格特質。教師可在這方面進行研究。例如，本國社會裡的家庭、學校、社教機構與經濟組織中，何種社會環境能協助青少年發展合理而統一的性別與社會角色。

第二節　布朗茶布列納的人格發展理論

重視社會環境功能的布朗茶布列納 (Bronfenbrenner, 1995, 2000, 2004) 以生態觀點看人格的發展。他以個體為中心，將由內而外依序環繞的生態系統 (ecological systems) 與系統間的相互關聯、彼此互動來解釋人格的發展。

一、生態系統

1. 微系統 (microsystems)：指個人長時間居住、生活或休閒的生態環境，如家庭、學校、同儕、鄰居等。
2. 中介系統 (mesosystems)：指連結家庭、學校、同儕、鄰居等微系統的生態環境，如活動、節目、計畫、經驗等。
3. 外系統 (exosystems)：指個人非親歷其境但受到影響的生態環境，如家長會、圖書館主管人員、公園管理員、娛樂場所的負責人等。
4. 大系統 (macrosystems)：指個人所處的社會文化生態環境，如風俗、習慣、經濟、文化、價值、宗教信仰等。
5. 時代系統 (cronosystems)：指個人經歷的與隨時代變化的社會生態系統，如社會貧富、婚姻與家庭結構、價值觀的改變等。

二、生態系統對人格發展的影響

根據布朗棻布列納的看法，上述五個生態系統不斷地互動與改變，個人與生態系統的互動影響其人格的形成與發展。試想：兒童處於破裂的父母婚姻、單親家庭、學校功課的壓力、不良同儕的誘引、雜亂的鄰居、貧困的社區、衰退的經濟、道德墮落、社會暴力充斥等環境之中，怎能有助於理想人格的陶冶？

三、布朗棻布列納生態系統論的應用

布朗棻布列納的生態系統論是較新近的、有系統的人格發展論。它提醒我們，除了觀察與瞭解學校課堂裡的學習環境之外，也應注意家庭、同儕、鄰居等其他微系統，並注意與微系統互相環結的中介系統、外系統、大系統與時代系統對人格發展的影響。

生態理論警惕身負教育責任的人，教學活動不可局限於學校城牆之內，必須與社區打成一片，不僅要使社區的生態系統成為教學的有利資源，也對需要改善的生態系統盡其社區服務 (outreach) 的責任。布朗棻布列納把個人與生態環境的關係看成動態的互動歷程，看成社會文化演變的歷史事實，值得我們注意。

第三節　皮亞傑的道德發展理論

皮亞傑不僅對兒童的知識來源進行系統的研究，也對兒童的道德觀念的發展有興趣 (Piaget, 1965)。他對兒童的道德發展，也是以編造需要判斷的情境來觀察兒童的反應取向，其目的在確認兒童判斷是非時，是以事件的後果來研判還是以動機為考量。

一、道德發展的分期

根據皮亞傑，兒童的道德觀念循現實道德與相對道德兩階段而發展。

(一)現實道德觀念期 (moral realism)

約十一歲以下。此時期又稱約束道德期 (morality of constraint)，兒童認為所有行為規範是由成人或權威制定的，是外來的，是應該絕對服從的。對與錯是絕對的，規則也是不可改變的；行為是否有錯，要看是否違規，是否為規則所不許；有錯必須受懲，懲罰旨在贖罪，不必考慮哪種過錯該怎麼罰。

(二)相對道德觀念期 (moral relativism)

約十一歲以上。此時期又稱合作道德期 (morality of cooperation)，兒童認為行為規範有助於保障大家的權益，是彼此同意的，也是應該遵守的，其解釋應該是有彈性的；施懲時，要公平合理，要考量犯錯者的動機，也應該考慮懲罰是否合乎犯錯的輕重。

二、皮亞傑道德發展理論的應用

皮亞傑道德發展論的最重要發現是，兒童在認知上對道德的判斷是從行為的結果逐漸轉移到行為的動機。這個被無數研究證實的大方向，給身為教師者三個重要的啟示：(1)教室管理要依兒童的道德判斷能力制定學生的行為規範；(2)使用獎懲時，應考慮受懲者是否瞭解行為結果與行為動機的差異；(3)適時提升自律的道德行為，以逐漸取代他律的道德行為。

第四節　柯爾柏的道德發展理論

柯爾柏 (Kohlberg, 1973, 1984) 深受皮亞傑的《兒童的道德判斷》(*The Moral Judgment of the Child*, 1932) 一書的影響，乃深入研究道德的發展歷程。依據柯爾柏的觀察、調查與分析，不論個人的社會文化背景如何，其道德發展依序經歷幾個不同的階段，這與皮亞傑的認知發展論頗為相似。

一、道德發展的由來

柯爾柏指出，道德發展為個人與社會交互作用的結果。由於柯爾柏側重道德觀念或道德判斷的發展而非道德行為表現的變化，因此他認為道德發展必須依賴認知能力的發展。同時柯爾柏強調，每一階段內道德發展的品質，決定於個人與其環境交互作用的社會經驗的品質，而非決定於社會或文化本身的特點。換言之，道德經驗重於道德環境。

二、道德發展的分期

柯爾柏將道德發展分為三階段六時期（每一階段各包含兩個時期）。六個發展期依序進行，並不紊亂或倒置。以下簡介各階段的發展特徵與各時期的道德思考與判斷標準。

(一)習俗前階段 (preconventional level)

出生至九歲。此階段的道德價值來自外界事物或權威。

1.第一期：以懲罰與服從為準則 (punishment-obedience orientation)

兒童的道德價值來自對外力的屈從或逃避懲罰。父母或成人為「力」的象徵，是非是由他們所施的獎懲來決定。例如，對一處在早期道德發展階段的兒童來說，哥哥姊姊們應該上學，否則他們會挨罵或挨打。

2.第二期：以功用與相對為準則 (instrumental-relativist orientation)

　　兒童的道德價值來自對自己需欲的滿足，或偶爾也顧慮對他人需欲的滿足。對兒童而言，公平是「取與平衡」的現象。例如，學生放學後應立即回家，否則他們會讓父母惦念。

(二)習俗階段 (conventional level)

　　九至十五歲。此階段的道德價值來自傳統上經多數人認可的是非標準。習俗具有道德的約束力。

1.第三期：以人際和諧為準則 (interpersonal-concordance orientation)

　　助人或取悅他人便是美德。在此時期，個人喜歡附和固定的善行標準，開始注意行為的意願而非僅僅行為本身而已。換言之，善行要有善意。例如，青少年認為，某男老師下班後就應立即回家幫忙家務，這樣做才是個好丈夫。

2.第四期：以權威與社會秩序的維持為準則 (authority and social order maintaining orientation)

　　履行個人的義務、尊重權威與維持社會秩序便是美德。對青少年而言，好司機開車不超速，他們不僅遵守交通規則，而且維護交通秩序。

(三)習俗後階段 (postconventional level)

　　十六歲以上。此階段的道德價值來自普遍的原則與個人內在的良知。

1.第五期：以社會的契約與法律為準則 (social-contract legalistic orientation)

　　社會公認的行為標準受個人的重視。個人的價值不是絕對的，而是相對的。達成契約或制定法律的程序異常重要；契約與法律應依群眾的需求，並依法定程序或民主方式制訂與修改。對青年人而言，遵守契約或履行諾言乃是執行他們同意做的事。

2.第六期：以普遍的倫理道德原則為準則 (universal-ethical principle orientation)

　　正義是來自良知的廣泛道德原則。人類的相互尊重與信賴的邏輯原則為正義的根源。正義是平等的與互惠的，是維護人類尊嚴的。對成人

而言，世上的是非善惡全賴人類的良知作判斷。

柯爾柏道德發展論的分期，雖然經過無數的研究調查，仍然保持相當的固定 (Eckensberger, 1994)。他的研究一度被批評為，其結論來自偏重男性的研究對象，男女在理性或感性上應有差異 (Gilligan, 1982, 1998)，但後來的其他研究並未發現男女在道德內涵上（理性或感性）或成熟度上有顯著的差異 (Bee & Boyd, 2003; Turiel, 1998)。柯爾柏道德發展論最主要的限制是，它偏重道德推理而非道德行為 (Arnold, 2000)。

三、柯爾柏道德發展理論的應用

柯爾柏的道德發展論可能給予教師以下的啟示：⑴有效的道德教育必須根據各時期道德觀念發展的特徵而實施；⑵避免教條式的說教，以免造成兒童滿口仁義道德的虛偽表現；⑶教師在教室裡提供解決道德衝突的教學機會，協助學生提升其道德判斷能力；⑷鼓勵並督導學生做社區服務，以便從日常社會生活中培養道德理想與道德價值（如親社會的助人行為）。

四、道德教育與品格教育

前面提到過，柯爾柏側重道德觀念或道德判斷的發展而非道德行為表現的變化。然而，道德發展必須兼顧道德觀念與道德行為，因此有道德教育（重觀念與判斷）與品格教育（重價值與行為）的爭議。

㈠道德教育 (moral education)

道德教育旨在提升道德推理能力，主張以討論或分析道德問題或道德的兩難困境，認為教師的職責是提示道德問題，並促成問題的解決，確信沒有教養的孩子，是因道德上的無知或道德判斷力的薄弱。

㈡品格教育 (character education)

品格教育旨在使道德價值轉換成行為潛力（品格）或行為表現；主張分析與瞭解道德價值（如誠信、關懷他人或助人），並獎勵價值的實踐。沒有教養的孩子，是指野蠻、粗魯、缺乏誠信或不關心他人的未開化者。

事實上，觀念與行為同等重要。我們應該教導學生如何在道德價值的衝突情境中，以理性與邏輯思考方式去發現問題，界定問題，判定是非，提供抉擇，並解決衝突；將應有的道德價值編進課程內直接教導，並於日常生活中增強服從、誠信、尊敬、有禮、助人等美德；以民主討論方式建立合乎社區的道德價值與行為標準，定期分組討論生活中牽涉道德的問題，並從討論中獲致協議以供成員遵行。

第五節　影響人格發展的個人與社會文化因素

人格是個人行為的特有組型，其形成與發展受許多因素的影響。本節討論遺傳、自我觀念、自我認同、家庭與父母的教養、同儕及社會文化等因素的影響。

一、遺傳因素

㈠基因的功能

個體與生俱來的生理與心理特質是來自父母的遺傳，而決定遺傳特質的最基本單位是在染色體裡的基因 (genes)。不論男女，多數細胞核裡各有二十三對的染色體 (chromosomes)。每一成對的染色體，一半來自父親，另一半來自母親。基因決定個體所有生理或心理特質的基礎：從頭髮的結構與顏色，面貌的長相，身材的高矮胖瘦，手掌的掌紋與指紋，腳趾的長短，以至於個人的心智潛能與情緒反應基本形式，都是由基因

來決定。然而，人類基因的編碼是具有彈性的「潛能」，提供個體與環境交互作用時所需的可塑性 (plasticity)。正因為如此，人類雖然生存在極其錯綜複雜的環境裡，依然能夠做最大的適應，以求適者生存。

　　基因的作用有強勢與弱勢之別，我們稱強勢者為顯性基因 (dominant genes)，稱弱勢者為隱性基因 (recessive genes)。這個區別對瞭解個體的生長非常重要。例如，一對夫婦都是高個子，生了兩個孩子，結果一高一矮。這得有個交代或解釋才是。高個子是顯性，矮個子是隱性。如果上述夫婦的身高都是一顯一隱，雖然生理上都是高個子，一旦夫婦的隱性基因在同一個子女身上出現，則其子女便有成對的矮個子基因，也必然是個矮個子了。我們若從顯隱性基因的配對看個體的遺傳組型稱為基因型 (genotype)；我們若從生理特徵的表象看個體的遺傳組型稱為表象型 (phenotype)。避免誤認表象型為基因型對瞭解個體的生長與發展有很大的幫助。

(二)基因與人格特質

　　基因對個體的生理結構與表象的作用，可以相當清楚地從外觀上去辨認，基因對心理特質的影響，也可以從行為遺傳學 (behavioral genetics) 去探索。例如，英國心理學家艾森克 (Eysenck, 1982, 1990) 認為，人格的許多屬性可以從與基因活動相關的兩個方面去探討：「內外向性」與「情緒穩定性」。內外向性 (introversion-extraversion) 是指由大腦的活動程度與尋求刺激的傾向；情緒穩定性 (emotional stability) 是指自律神經系統持續活動的穩定程度。例如，大腦的活動程度過低者必須尋求外界刺激，因此其人格屬外向型；自律神經系統活動不穩定者，有神經質的傾向，因此其人格屬不穩定型。可見艾森克是從個人的兩個互動的生理反應去看人格特質。

　　艾森克將人格分為四個基本類型：內向穩定型、內向不穩定型、外向穩定型、外向不穩定型（見圖 3～2）。內向穩定型 (introverted-stable) 者由內向而趨於穩定時，表現出由被動、謹慎、深思熟慮、安和、自律、可靠、脾氣平和、以至穩定；內向不穩定型 (introverted-unstable) 者由內向而趨於不穩定時，表現出由沉靜、孤獨、保留、悲觀、清醒、刻板、

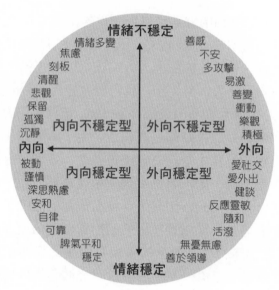

圖 3～2　艾森克人格特質論的解析圖 (Eysenck, 1990)

焦慮、以至情緒多變；外向穩定型 (extraverted-stable) 者由外向而趨於穩定時，表現出由愛社交、愛外出、健談、反應靈敏、隨和、活潑、無憂無慮、以至善於領導；外向不穩定型 (extraverted-unstable) 者由外向而趨於不穩定時，表現出由積極、樂觀、衝動、善變、易激、多攻擊、不安、以至善感。例如，一個謹慎從事的人有相當內向而稍微穩定的特質；一個時常衝動的人有相當外向但情緒不十分穩定的特質。艾森克的特質論受到實驗的支持 (Deary et al., 1988; Stelmack et al., 1993)。

二、自我觀念

　　一個人對自己的能力、性向、興趣與態度等所做的自我描述，稱為自我觀念 (self-concept)。例如，小強不到五歲就自認他什麼都會做；大年已滿十歲卻自認什麼都不行。對自我觀念的自我評價與情緒反應，稱為自尊 (self-esteem)。

㈠自我觀念的重要性

個人對其所處環境的認識，常基於其特定的參照結構 (frame of reference) 而進行，以確定其範疇、意義與價值。自我觀念便是個人認知世界的參照結構。人們因其個體大，戲稱螞蟻小；人類因其智慧高，愛鄙視其他動物的愚蠢。同理，小茜認為自己美，當然愛說同學醜；小強自認智力過人，總嫌他人都是庸碌的眾生。不論個人對自己所抱持的評估是否客觀或正確，它為判斷的主體，認知的中心，因此它深深影響個人的行為。

㈡自我觀念的形成、發展與類別

幼兒的自我觀念偏重自己的外觀、名字、活動與能力。兒童後期的自我觀念注重個人的心理特質，如稱自己聰明、數學不錯、滑稽、待人友善、但不夠用功等。進入青春期後，自我觀念多涉及人生觀、男女關係、宗教信仰與職業選擇等價值與態度。

自我觀念的發展是自我經驗與其環境交互影響的結果。個人的生活體驗，經常在考驗自我能力。成功與象徵成就（如獎賞或稱讚）的累積常形成積極的自我觀念 (positive self-concept)；反之，頻頻挫敗與象徵失利（如懲誡或鄙視）常形成消極的自我觀念 (negative self-concept)。自我觀念的形成也與他人相比較有關 (Pintrich & Schunk, 2002)，若與成就平平的同儕比較，產生較高的自我觀念；若與成就高的同儕比較，自我觀念反而有下降的現象 (Marsh et al., 2000)。

自我觀念的形成自家庭開始，因此學前兒童的自我觀念受父母及成人的影響最大。剛進入學校時，自我觀念有下降現象 (Harter, 1990)，但經過在校學習一段時間，它趨於平實而穩定地發展 (Paris & Cunningham, 1996)。然而，許多國中初期的學生因遭遇適應的困難，其自尊開始大不如前（尤其是女生），直到進入高中期後，自尊又有穩定的發展 (Wigfield & Eccles, 1994)。

自我觀念在發展中有逐漸分化的傾向 (Marsh, 1990ab)。在兒童時期，個人仍然保持整體的自我觀念 (global self-concept)；後來分化為學業自我

觀念 (academic self-concept) 與 非 學 業 自 我 觀 念 (non-academic self-concept)。學業自我觀念又可分為各學科自我觀念，如數學自我觀念、語文自我觀念等；非學業自我觀念則可再細分為體能、儀表、同儕關係與親子關係等自我觀念 (Yeung et al., 2000)。可知，個人的自我觀念經過分化後，它對行為的影響常視情境的需求與行為的動機而定。例如，一個有高度語文自我觀念的大學生，可能欣然接受即席作一篇短詩的挑戰；又自覺擁有悅人的儀表，他信心十足地表示願意當眾朗誦其作品；但由於他有恐懼數學的數學自我觀念，乃怯於指導小弟的簡易國中代數。

㈢高、低能力自我觀念的行為特徵

何馬傑 (Hamachek, 1995) 綜合許多有關的研究，比較高、低能力自我觀念在行為特徵上的差異。茲分左右兩欄相互對照於下。

表 3～1　高、低能力自我觀念的行為特徵

高能力自我觀念的學生行為特徵	低能力自我觀念的學生行為特徵
・心智活動積極──愛發問，對新知有求知欲	・心智活動消極──不愛發問，對新知沒興趣
・有追求好成績的動機，尋求成功之道	・有逃避失敗的動機，尋求逃避失敗之道
・參與教室裡的討論，不怕自我表達	・教室裡討論時不作聲，怕表達己見
・愛選坐前排	・愛選坐後排
・將其成功歸因於勤勞、奮鬥與自己的能力	・將其成功歸因於幸運、命運與外力
・將其失敗歸因於外力	・將其失敗歸因於智力與知能不足
・建立切實與可達的目標	・建立不切實與無法達成的目標
・必要時願意求助，並坦承自己的無知之處	・不向人求助，似乎問題重重
・做應做之事，並按期繳交	・盡量推拖作業，不按期繳交
・對自己的能力予以適中的肯定	・令人感到他比實際懂得多

雖然我們不能將學生的自我觀念截然地分成高低兩類，並期望學生具有上表左列十項行為特徵，或避免上表右列十項行為特徵，但有積極

自我觀念者多自尊、自信、自主與奮鬥不懈，有消極自我觀念者多自卑、自疑、被動與自暴自棄。

三、自我認同

另一與自我有關的人格特質是自我認同 (self-identity)，它是對自我的界定，對自己身心狀態與目標的確認。換言之，它在說「我是誰」。馬西亞 (Marcia, 1980, 1991, 1999) 將艾律克森的自我認同一概念予以延伸，研究青少年的認同成就程度。他將青少年對生涯規劃、價值系統、性的態度、宗教信仰等的訪問反應予以分析，發現當今青少年的自我認同有四個不同程度的成就，並稱之為認同地位 (identity status)。

㈠認同地位

1. **認同散漫 (identity diffusion)：** 指個人沒有感到對生涯規劃、價值系統、性的態度、宗教信仰等有選擇的需求或做必要的承諾。
2. **認同早結 (identity foreclosure)：** 指個人還沒有對生涯規劃、價值系統、性的態度、宗教信仰等感到有選擇的需求，卻已對它們做了承諾。
3. **認同暫停 (identity moratorium)：** 指個人對生涯規劃、價值系統、性的態度、宗教信仰等有部分感到有選擇的需求，對已做的承諾卻不感到滿意。
4. **認同完成 (identity achievement)：** 指個人對生涯規劃、價值系統、性的態度、宗教信仰等曾認真地探索並做審慎的選擇，也對它們做了有力的承諾。屬於這一地位者，重內省，以理性與邏輯做決定，做事效率高，人際關係也良好。

㈡認同地位與人格特徵

1. **認同散漫的青少年：** 思想零亂，不與父母或他人來往，也不愛學校的功課。
2. **認同早結的青少年：** 思想封閉、自大、愛權威，並依從父母或威權的認可。

3. **認同暫停的青少年：** 多焦慮，不滿在校的學習，常改變科別的興趣，只建立短暫的友誼，有時拒絕父母或社會的價值觀。

4. **認同完成的青少年：** 重內省，以理性與邏輯做決定，自尊高，做事效率高，人際關係也良好。

根據調查，只有百分之九的青少年達到認同完成的地位 (Allison & Schultz, 2001)，也只有約三分之一的成年人成功地達到認同完成的地位 (Marcia, 1999)。這顯示影響青少年的認同發展的因素複雜，其進程也相當遲緩，父母與教師應該耐心地輔導青少年，使他們在生涯規劃、價值系統、性的態度、宗教信仰等有選擇需求或做必要承諾時，有從旁支持的助力。

四、父母與家庭

個體自出生至獨立自主大多數時間是在父母與家庭的養護教育下生活，其影響的深遠可想而知。例如，嬰兒與父母有良好的依附關係 (attachment) 時，嬰兒於後來發展自主、親切、自信、合作的個性，在校與老師或同學維持良好的關係；相反地，嬰兒與父母若缺乏良好的依附關係，嬰兒於後來表現出依賴的、不成熟的、孤獨的、愛搞蛋的與愛攻擊的習性 (Hartup, 1989; Sroufe, 1983; Sroufe, Carlson, & Schulman, 1993)。一般而言，父母對子女的教養方式和子女的人格與社會發展有密切的關係。父母的教養方式可概分為四類 (Baumrind, 1971, 1989; Bornstein, 1995)。

(一)父母的教養方式

1. **專制式教養 (authoritarian parenting)：** 是一種管制式與懲誡式教養方法。父母管控子女的思想與行為，要求子女服從他們、尊敬他們，動輒以懲處令子女屈從。此法教養下的子女，時常焦慮與不快，社會行為能力不足，人際溝通不良，憂懼人際間的比較，也難以推動各種活動。

2. **權威式教養 (authoritative parenting)：** 是一種尊重與管控兼具的教養方法。父母鼓勵子女的獨立，但對其言行也予以合理的限制；子女同意父母所制定的行為規範，父母以行為規範作為管教子女的依據。此

法教養下的子女，顯得快樂，有良好的社會行為能力，顯示自信與自尊，尊重他人的權益，維持和諧的人際關係，並能推延立即的滿足。

3. **忽視式教養 (neglectful parenting)**：是一種對子女不聞不問的教養方法。父母對子女的言行，很少過問，甚至時常不知子女在哪裡或做什麼。此法教養下的子女，社會行為能力不足，行為自控不良，獨立能力薄弱，也不求什麼成就。

4. **溺愛式教養 (indulgent parenting)**：是一種與子女打成一片的教養方法。父母寵愛子女、放任子女，對子女不予以限制，讓子女為所欲為。此法教養下的子女，顯得自私，易衝動與失控，受不了挫折，也不服從權威。

我們東方或亞洲社會裡，父母多採取對子女關懷並進而控制的「訓練」方式 (Chao, 2001; Chao & Tzeng, 2002)，其子女的人格發展似乎兼具權威式與專制式的部分教養效果。

㈡家庭的影響

上述父母對子女人格發展的影響，集中於父母以子女養護者的身分而言。家庭 (family) 不僅包括個人家庭中的個別成員（如個人的父母、兄弟姊妹、甚至祖父母或其他親人）與成員間的互動關係，也包括其住處、經濟狀況、職業類別、社會地位等。因此，家庭對個人人格發展的影響，也有必要予以注意。

在我們的社會裡，從子女特別重視自己對家庭的責任，維持對其他家庭成員的忠誠，保護家庭整體的福祉，並講究如何榮耀家庭等特徵來看 (Banks & Banks, 1995)，我們可以從改善家庭因素著手，以培養更加自信、自尊、自律、獨立、主動與尊重他人的人格特徵。

在中階家庭 (middle-class family) 裡，父母多受過大專教育，在專業界任職，有中等以上的收入，有良好的社會地位，因此對其子女有高度的期待，在家購置書報與玩具，提供電腦與網上服務，關心子女的交友與社會行為，與子女一起參與娛樂活動或旅遊，與子女做必要的溝通，並時常關切他們在校的成就與表現。在這種家庭環境成長的子女，不僅發展出良好的人格特徵，在校也有良好的學業成就。

　　然而，我們要特別關心的是，愈來愈多的兒女生活在父母離異的單親家庭與有繼父母的家庭 (Santrock, 2006)。雖說單親、有繼父母的家庭對子女的影響受許多因素的交互影響，畢竟對正在發展中的子女來說，會有些難以避免的負面影響。例如，這些家庭中的父母時常忙於適應自己婚姻的改變（如離婚或再婚），多數經濟情況大不如前，更不易獲得他人的諮詢或支持，這些對青少年的傷害尤其顯著。至於父母都在外工作的家庭，子女常於必要時得不到適當的照顧與支持，對其人格發展與學業成就也有負面的影響。

五、同　儕

　　影響個人人格的發展，除父母與家庭之外，主要來自同儕。同儕 (peers) 是指年齡（或成熟度）相同或相近的一群人。在此，我們指兒童與青少年們。他們因接受教育（如在校同年級或同班級）、課後休閒（如玩電腦、上公園打球）或在鄰居附近遊玩而在一起。同儕的主要功能是交換訊息與相互比較。同儕之間，除了維持一般友誼關係之外，並非一視同仁的。他們於有形或無形之間各居不同的地位 (Rubin, Bukowski, & Parker, 1998; Wentzel & Battle, 2001)。

㈠同儕地位

1. **受歡迎兒童 (popular children)**：指被大多數同儕提名為最佳朋友，而很少被視為討厭的人。
2. **平均兒童 (average children)**：指在同儕中受到褒貶各半的兒童。
3. **被冷落兒童 (neglected children)**：指既不被同儕提名為最佳朋友，也不被討厭的人。
4. **被拒絕兒童 (rejected children)**：指不但不被同儕提名為最佳朋友，反而被多數同儕厭惡的兒童。
5. **爭議性兒童 (controversial children)**：指同時被同儕提名為最佳朋友與最討厭的人。

　　受歡迎兒童時常保持快樂，自信而不自大，做事熱心而勤奮，關心

圖 3～3　同儕是影響孩子行為和人格特質的重要因素。孩子從同儕認同中，瞭解自己應該怎樣表現、怎樣說話、怎樣穿著；同儕的行為模式，就是他的行為準則。

他人與公益，懂得廣結善緣，聽取各方意見，不吝獎勵他人 (Hartup, 1983)。被冷落兒童多沉默寡言、消極被動，其言行不引起同儕的注意或興趣。被拒絕兒童多衝動、常搗蛋、愛攻擊，有適應上的問題，也因此常遭學校退學，並於後來有滋事或犯罪的現象 (Coie et al., 1995)。至於爭議性兒童，雖說人緣好，但其作為令人卻步。

㈡同儕關係的發展性改變

1.**兒童期：** 此時期的同儕是同性別的，男生與男生在一起，女生與女生在一起。同儕相處在一起，除年齡外，友誼是關鍵。

2.**青少年期：** 此時期的同儕是逐漸男女混合的，關係緊密，有「幫派」的意味。若幫派有輸誠的要求，則其影響力十分強而有力，甚至有超越父母的程度。此時期的友誼更加密切，同儕間有較少的隱私與較多的吐露，因此他們從同儕比從父母獲得更多的友情、肯定與親近感。

　　可見，良好的同儕關係有利於兒童與青少年的正常人格發展 (Rubin, 2000)。

六、社會文化

㈠學校的影響

　　學校是社會的縮影。談兒童與青少年的人格發展，如不提學校的影

響功能，是對老師與學校的不敬，也是對教育的缺乏信心。學校教師對學生的教導與薰陶，比起父母對子女的教養，更有目標、有計畫、有系統、有評估與有效率。學校教育傳遞社會文化，增進國民的身心發展，發揮個人的潛能，使其成為社會有用的人才。學校對個人人格發展的影響力，並不亞於父母或家庭。研究顯示 (Hoge et al., 1990)，學生對學校滿意，覺得在課堂學習很有趣，老師關心他們，對他們的努力做講評，則他們的自尊會因此提高。可惜，在我們的社會裡，一談起學校教育，只把目光移到學業的教導上，聚焦於知識與技能的傳授，因而忽略學校在社會化歷程、道德與品格的教育、情緒的表達與溝通、人際關係的改善，以及個人理想與情操的陶冶等可能做出的貢獻。

當然，學校對人格發展的功能並非都是完美的。龐大的學校組織、制式的操作模式、齊一的標準要求、非個人化的對待、固定的作息安排與缺乏彈性的升級措施等，對學生的身心發展有負面的影響。因此今日的校園裡，存在著許多不安、恐懼、挫折、不快或自卑的學生。身為教師，對此應有所警惕。

㈡社會文化的影響

一如布朗棻布列納的生態系統論中的大系統，個人所處的社會文化生態環境，如風俗、習慣、經濟、文化、價值、宗教信仰等，對人格發展的影響既深入又久遠。同理，從維克次基的觀點看，個人的言行是文化的產物。可不是嗎？從飲食的習慣（如吃什麼、如何吃）、語言的使用（如語法、語意）、待人的禮儀（如對輩分的差異表現）、節日的慶典（對年節的慶祝）到宗教的儀式（如寺廟的祭拜或教堂的祈禱），哪個不是典型的社會文化的象徵？所謂「入境問俗」，不就是社會對其新成員的言行、態度有所期待嗎？

社會文化對其成員的影響，有的是直接的，有的是經由家庭、學校、團體、機構傳遞的。瞭解社會文化的影響力，教師不僅要尊重文化的差異性，也要設計有助於文化傳承的教學課程。

第六節 人格與道德發展的教學涵義

一、人格發展的教學涵義

(一)尊重遺傳基因的功能，亦充分發揮天賦潛能的可塑性

　　每個人都有來自父母的天賦與出生後的物理與社會環境，遺傳基因與環境的交互作用塑造了不同的個人。社會大眾對遺傳與環境的重要性多持極端的兩極看法：遺傳決定論或環境萬能論。持前一觀點者認為，遺傳已給個人定了型，教育只是修飾表面，改變不了原貌；持後一觀點者認為，只要教育的努力不懈，「鐵杵可以磨成繡花針」。結果有些人埋怨學生「本來就不行」，另一些人覺得父母或老師「沒盡到責任」。身在教育專業裡的教師，不僅對個體發展的瞭解應有較正確的看法，也經由細心觀察學生的改變而有所領悟，把遺傳基因與環境的互動看成必然的現象，一方面尊重天賦的作用，一方面盡其所能，使學生的潛能因教師的期待與努力，得以充分發揮。

(二)協助兒童與青少年成功地渡過發展的危機

　　根據艾律克森，六歲至十一歲兒童要面對勤奮或自卑的危機，十二歲至十八歲的青少年要面對角色統一對角色混淆的危機，雖說多數學生能成功地面對危機，培養勤奮與角色統一的人格特徵，也有不少學生有自卑感與角色混淆的現象。教師的任務，不僅要使勤奮與角色統一的學生繼續維持健全的人格，也有責任挽救那些心裡自卑或角色混淆的學生。只有獲得成就或經歷成功，才能從自卑踏上自尊的路；也只有清楚而一致的角色扮演，才能使學生免於角色的混淆。學校與家裡若能扮演切身的社會角色，則學生的人格發展會達到更理想的境界。

　　有一種以學校為基礎的，稱為社會與情緒學習計畫 (SEL) (Bandy & Moore, 2011)，可以改善青少年的社會關係、情緒控制，甚至學業成績。

根據赫金斯等 (Hawkins et al., 2008) 的研究，一種包含親社會的教室管理、師生互動的教學、學生合作學習、發展社會技巧與父母訓練的 SEL，其效果竟有十五年之久。為了兒童與青少年這類計畫頗值得推動。

㈢提升對父母的溝通，爭取父母的合作

教師們總覺得使父母參與其子女的教育十分重要，只是在這方面學校還是沒有積極地爭取父母的合作 (Epstein, 2001)。想想看，父母與家庭對子女的人格發展影響有多大，如果教師能將他們對學生的瞭解與期待，對人格發展的專業知識，與父母在家或在校可能提供的合作，都能與其父母真誠地溝通，並取得他們的合作，將大大地改善教育效果。只可惜，常見來自校方對父母的單向溝通，不是學生在校出錯而向父母「告狀」，就是要求父母對校方的計畫予以「樂捐」。

二、道德發展的教學涵義

㈠積極改善學生的親社會行為

行善去惡是品德教育的目的，但是行善比去惡更有積極的教育價值。行善就是親社會行為，如助人、與人分享、有同理心、關照他人、犧牲自己、成全別人等。魏特瑪等 (Wittmer & Honig, 1994) 對親社會行為有以下的建議：⑴強調考慮他人需求的價值；⑵教師示範親社會行為（如不當眾叫罵學生）；⑶對學生的親社會行為給予適當的歸因，指出這是學生的美德使然；⑷多鼓勵、少責備；⑸發展可以推展親社會行為的班級或學校計畫。

㈡採取社會服務的學習活動，以提升學生的社會責任感

道德教育可在學校進行，亦可在社區進行，但後者具有較為廣闊的社會意義。社會服務可以是課堂的要求（如公民課或社會科）或學生的自願當義工，他們可以當球隊的小教練，幫忙照顧老人，在醫院裡當助手，在幼兒院當助教，或到鄉村推行閱讀計畫等。社會服務的結果，不

僅提高學生對社會的責任感，使自尊心提升了 (Hamburg, 1997)，學業也進步了 (Johnson et al., 1998)，人際關係不再那麼孤離了 (Calabrese & Schumer, 1986)，也逐漸思考到社會的政治與道德問題 (Yates, 1995)。

本章內容摘要

1. 人格為個人行為的特徵所表現於需欲、情緒、性格、態度與信仰者。

2. 艾律克森重視個體與社會環境的相互作用對人格發展的影響。他的心理社會發展論將人格發展分為具有不同危機的八階段：信賴對不信賴、自動對羞恥與懷疑、主動對內疚、勤奮對自卑、統一對角色混淆、親近對孤立、繁衍對停滯、完整對絕望。

3. 布朗菜布列納重視生態系統對人格發展的影響。他的生態系統包括：微系統、中介系統、外系統、大系統與時代系統。

4. 皮亞傑研究道德發展是以行為的動機或後果為考量，因此將道德的發展分為現實道德觀念期與相對道德觀念期。

5. 柯爾柏認為道德發展為個人與社會交互作用的結果，它依三階段進行：習俗前階段（道德價值來自外界事物或權威）、習俗階段（道德價值來自多數人認可之是非標準）與習俗後階段（道德價值來自普遍的原則與個人的良知），每階段下分兩時期。柯爾柏偏重道德判斷而非道德行為，因此道德教育應配合認知能力的發展。

6. 道德教育與品德教育有別：前者旨在提升道德推理能力，後者旨在培養道德的行為潛力或行為表現。

7. 影響人格發展的主要個人與社會文化因素有：遺傳因素、自我觀念、自我認同、父母與家庭、同儕與社會文化等。

8. 人格發展的教學涵義有：尊重遺傳基因的功能，充分發揮天賦潛能的可塑性；協助兒童與青少年成功地渡過發展的危機；並提升對父母的溝通，爭取父母的合作。

9. 道德發展的教學涵義有：積極改善學生的親社會行為；採取社會服務的學習活動，以提升學生的社會責任感。

第 4 章 | 分期生長與發展的特徵及教學涵義

本章大綱

©ShutterStock

鑑於我國教育制度採取年級制，一教室內為年齡相若的同年級兒童，一學校內包括幾個年級學生。因此，將生長與發展依各級學校的兒童年齡分期敘述，可以協助教師瞭解其兒童的發展特徵，作為教學的依據。本章將以史諾曼與畢勒 (Snowman & Biehler, 2006) 對分期發展的敘述為主，並增補其他資料以求充實。各分期的年齡層如下：

◆學前期及幼稚園期：三至五歲
◆國小低年級期：六至八歲
◆國小高年級期：九至十一歲
◆國中時期：十二至十四歲
◆高中時期：十五至十八歲

第一節　學前期及幼稚園期的生長與發展特徵

一、身體發展的特徵

(一)學前期兒童非常愛動，對身體控制良好，他們在為活動而活動

　　教師應提供兒童充分活動的機會，並親自監督他們的活動以免發生意外。兒童的愛動為天性，若其活動能與遊戲配合，可以減少兒童無謂的妄動。

㈡兒童喜歡突做劇烈的活動，且常不能自我節制以緩慢其活動

教師應安排充分的休息時間，使兒童於劇烈運動後得到適當的休息。有時驟然停止兒童的劇烈活動，可能使其不快。教師應擬出一些辦法分散兒童的注意，或漸漸改變其活動本質，以免過度疲勞。例如，提議唱首歌，或讓兒童圍圈圈而坐，由老師帶頭學動物叫。

㈢兒童雖能做各種大肌肉活動，但其手及手指的控制有時仍然笨拙，甚至連繫鞋帶或扣鈕扣都有困難

教師應避免要求兒童做細膩的活動，所使用的文具或工具也不應過於精細，以免操作困難。

㈣兒童的眼力無法集中於過小的物體，因此他們於操作小物體時，眼與手的協調常不準確

教師應避免使兒童觀察過細的物體，或閱讀細小的文字及圖畫，更不應要求兒童在密密麻麻的小方格裡書寫。

㈤兒童的身體雖然富於彈性，但其頭蓋骨仍然軟弱

教師如果發現兒童相互毆打，應予以勸阻，尤應防止互擊頭骨。平時應勸告兒童，不要搥打自己或他人的頭部。

㈥男女兒童在身體發展上尚未出現顯著的差異

教師應提供男女兒童一起操作的作業，使他們的大小肌肉能均衡發展。

二、社會發展的特徵

㈠通常每個兒童有一二好友，但其友誼易於改變

好友多為同性別，但亦有異性好友者。教師應時常注意是否有些兒

童無法交友或索性自求孤獨。有些遊戲或工作可使兒童逐漸培養彼此的感情。與其防止打罵，不如協助兒童交友。交友不應重形式，對於害羞的兒童，應耐心地協助他們交友。

㈡兒童有許多不同的遊戲行為

常見的兒童遊戲行為有：非投入行為（站著或旁觀）、獨自遊戲（自己一個人玩）、旁觀行為（一直看他人玩）、同步遊戲（比鄰而坐，但各玩各的）、會同遊戲（無組織地一起遊戲）、合作遊戲（兒童間彼此合作的遊戲）。當兒童們在一起時，年紀較小的雖坐在一起，但各玩各的；年紀較大的則彼此互玩。

㈢兒童遊戲的程度因其社會階級與性別的不同而有差異

來自低層社會階級的兒童，其遊戲多數偏於同步遊戲 (parallel play) 或功能遊戲 (functional play)。前者是兒童比鄰而坐，但各玩各的；後者則兒童重複操縱其肌體。中產階級的兒童多做會同遊戲 (associative play)、合作遊戲 (cooperative play) 或建造性遊戲 (constructive play)。會同遊戲是兒童毫無組織地聚在一起遊戲；合作遊戲是兒童間相互合作才能完成的遊戲；建造性遊戲是兒童一起利用材料建造新東西的遊戲。男童多進行單獨而功能性的遊戲 (solitary-functional play) 與會同而戲劇性的遊戲 (associative-dramatic play)；女童則多做單獨遊戲與會同遊戲。

㈣兒童已愛挑選自己的玩伴

根據研究 (Fabes, Martin, & Hanish, 2003)，兒童找同性玩伴多於異性玩伴：男童偏愛團體玩伴，女童偏愛成對玩伴；男童在成對團體遊戲時較女童偏愛活躍與衝擊性遊戲。

㈤兒童開始覺識其性別角色

幼稚園兒童已能識別男女差異及性別角色 (Wynn & Fletcher, 1987)。男女兒童已能分別模仿其父母所扮演的角色，也知道男的好動、女的文靜是正常的現象。

三、情緒發展的特徵

㈠幼稚園期兒童多自由而公開地表露其情緒，勃然大怒為常事

　　情緒應受疏導而非壓抑。教師應於社會情境所能容忍的限度內，讓兒童表露其情緒於先，體驗其情緒於後，進而教導兒童如何選擇最適宜的情緒行為。齊諾 (Ginott, 1965, 1972; Ginott, Ginott, & Goddard, 2003) 對處理兒童的情緒問題，有許多具體而寶貴的建議供父母與教師參考。例如，兒童爬樹不慎跌倒而號哭，有的父母或教師可能說：「活該！叫你別爬你不聽，還好意思哭。」根據齊諾的建議，成人最好立刻說：「這樣從樹上滑下，可真痛啊！」給予援手並待號哭減低後，成人補充說：「要是跌那麼痛，我才不爬呢！」如此，兒童不但免受譏諷，反而有了同情，因而同意成人的建議。可見，教師應協助兒童分析自己的行為，以便瞭解其情緒的由來，也能因而控制其情緒的表達。

㈡兒童開始爭取教師的注意與愛，但是教師難以顧及許多兒童的需求，嫉妒實在難免

　　當然，最理想的是盡量均分其注意於兒童身上。特殊的鼓勵與嘉獎應於私下進行為宜；無傷他人的讚揚不妨公開為之。不當的讚賞與兒童間的嫉妒，會使少數兒童被多數兒童視為教師的「寵兒」，因而產生摩擦或失和。

四、認知發展的特徵

㈠兒童開始瞭解思想與行動有所不同，也知道自己的想法有錯誤的時候

　　教師應讓兒童知道，每個人各有其自己的理念，個人的行動是根據其思想而進行的，思想也是可以改變的。

㈡兒童的語言發展已相當成熟，喜歡於眾人之前談論不休

　　教師應設法給予每個兒童談話的機會；同時亦訓練兒童良好的聽話態度。採取輪流言談的制度可以節制喋喋不休者，亦可促使一貫沉默寡言者多說幾句。教師應安排機會（遊戲、參觀旅行報告等），使缺乏說話信心的兒童能於自然的情況下啟齒。聽眾的耐心與鼓勵可使說話者倍增信心。

㈢兒童於使用語言時，有過度類化語言規則的現象

　　兒童使用的許多字句並不合成人的語言習慣或規則，許多改正措施並不奏效。例如，在英文裡，動輒加 ed 於字尾，作為過去式 (Bjorklund, 2000)。與其急於糾正他們的語法，教師不如順其自然，並將文法教學推遲。

㈣認知能力在高興趣、多機會與勤鼓勵之下得以有良好的發展

　　教師應誠心地鼓勵、欣賞兒童的成就，允許並鼓勵兒童做新的嘗試，多與兒童互動，提醒兒童可能面臨的限制，並提供成功的經驗，以增進兒童的心智發展。

第二節　國小低年級期的生長與發展特徵

一、身體發展的特徵

㈠兒童仍然愛動

　　由於有許多事必須坐著做（例如，全班兒童坐在教室裡的椅子上學寫字），所以兒童的精力常發洩在不安的動作上。兒童可能咬鉛筆、咬指甲、捲頭髮與坐立不安等。教師應確定何種程度的說話與走動可以容忍，告訴兒童其決定，並要求大家共同遵守。要求初入小學的兒童鴉雀無聲

地久坐，似乎是苛求；讓兒童喧鬧與到處跑動，卻又失之於放縱。與其任由兒童因久坐後散漫地亂晃，不如叫兒童到黑板上書寫或「書空」（在空中書寫）。換言之，教師應讓有意義的學習活動代替呆坐或亂動，並時常做短暫的休息。

㈡由於身體及心智的大量活動，兒童易於疲憊，因此適當的休息非常必要

教師應妥善安排作息時間。飯後小睡片刻。大量思考或注意集中後，以繪畫、歌唱或運動跟隨之；劇烈運動後，以說笑話或講故事解除疲勞。長時間使用電腦鍵盤或電子遊戲，也容易疲憊，應有充分休息的安排。

㈢大肌肉活動的控制仍優於小肌肉活動的協調

許多兒童，尤其是男孩，連操控鉛筆都有困難。由於執筆困難，教師應避免要求兒童書寫過久。勉強長久書寫，不僅字跡逐漸潦草，而且容易對寫字產生厭惡。

㈣兒童的眼睛協調大多數並不充分

一、二年級學生很難集中視力於細小的字體、圖像或物體上。不要讓兒童一次閱讀過久，更不要讓兒童於行車時閱讀。當兒童搓揉眼睛或頻頻眨眼時，教師便應停止其閱讀。文字印刷盡量用粗體字，圖像輪廓及其色彩應鮮明可辨。

㈤此時期兒童善於控制他們的身體及活動，因此他們對某些激烈的活動頗具信心

正因為如此，他們常低估其勇氣可能導致的意外或危險。學童闖禍最多的時期為小學三年級，教室應具備急救箱以應急需。教

圖 4～1　對國小低年級時期的兒童而言，如何運用鉛筆書寫，仍需教師的耐心指導。

師應提供兒童玩樂或運動的時間與場所，告誡他們最大的活動範圍及種類。有時不妨提議變換不同的遊戲，教以新的遊戲，以減少兒童為尋找刺激而冒險。

㈥骨骼及韌帶的發育尚未完成，因此無法承受重壓

兒童喜愛以相互重擊方式測試其體力或耐力，直到對方無法還手為止。教師應鼓勵兒童從事於競技性的活動。於團體活動時，如有比較費力的競技比賽的位置（如棒球投手），應適時更換，以免骨骼或韌帶受傷。

二、社會發展的特徵

㈠此時期兒童的交友，不僅較具選擇性，也較為持久

他們大多數保持一些相當持久性的「好友」。朋友之間的爭吵次數多於與非朋友之間的爭論 (Hartup, 1989)。教師可以使用社會關係圖 (sociogram) 以瞭解兒童間社交關係的基本結構。社會關係圖是根據兒童們所道出的最佳朋友而繪製的圖表，表明哪位兒童最受歡迎，哪位最無人問津，哪些兒童相互選擇為經常的玩伴。教師如能探悉某些兒童的不和，可以及早防止他們之間無端的爭吵。

㈡兒童開始做有組織的小團體遊戲，惟他們可能過分拘泥於規則，或過分重視自己一隊的勝敗

此時期兒童是道德的現實主義者。兒童很難理解為何規則可依情境的差異而變更。教師可以合作學習的模式教導兒童從競賽中合作 (Slavin, 1995b)。

㈢兒童間的爭吵為常事

雖然動嘴多於動手，許多兒童仍以武力的較量解決爭端。兒童學會如何使用語言攻擊以達到打擊對方的目的。訓令兒童相互道歉或握手言

歡，並不能解決長期的爭端。以正式的與合理的比賽代替逞強，召集爭論的雙方私下尋求解決途徑，均可以減少兒童間的摩擦。事實上，人際間的衝突有助於認知的發展 (Murphy & Eisenberg, 2002)。

三、情緒發展的特徵

㈠兒童對來自他人的批評與譏諷相當敏感，對失敗常難以適應

此時期兒童最需要他人的讚賞與認可。兒童崇拜教師，因此教師對其批評常使他們難受。教師應多賞少罰，尤其應避免冷嘲熱諷。

㈡兒童欲取悅教師，樂於助人與負責，並希望有優異的學業表現

為滿足兒童的助人為懷與責任感，教師可以讓學生輪流分擔許多其能力所及的工作。例如，輪流美化環境或安排教室圖書等，均能培養責任感與成就感。

㈢兒童逐漸注意別人的感觸

關切他人的情緒反應本是好事，但此時期兒童常過激地反擊別人的情緒反應，甚至傷害他人。在班上，教師應慎防嘲笑已經受窘的兒童。教師亦可利用學生同儕的壓力，私下阻止不當的戲謔行為。化解兒童的牢騷或阻止相互人身攻擊是教室管理的重要職責。

四、認知發展的特徵

㈠此時期兒童知道學習有多種方式，而且有些方式比較有效

教師應鼓勵兒童使用有效的學習方法。教師對事理做解釋時，應重視證據，避免使用空洞的理論。

㈡兒童開始瞭解學習與記憶是他們可以控制的歷程

教師應鼓勵兒童使用監控思考歷程的高層記憶 (metacognition，又譯後設認知)，以瞭解思路受挫的時段。

㈢此時期兒童未進入形式運思期，學習常遭遇困難

兒童的學習常遭遇困難，教師應彈性地調整教材的難度，使學習有成功的快感與面對挑戰的機會。

㈣兒童於六、七歲時常大聲自言自語。至八歲時，此一現象完全消失

六、七歲兒童常對自己或對他人大聲說話，這就是維克次基所謂的私自語言 (private speech)。至八歲時，此一現象被無聲的內在語言所取代 (Feigenbaum, 2002)。私自語言不是為了與他人溝通訊息而存在，而是在解決難題時用以廓清自己的思路，因此多用私自語言的兒童有較佳的解題成就 (Berk, 1994)。

第三節　國小高年級期的生長與發展特徵

一、身體發展的特徵

㈠此時期多數男女孩長得比較清瘦但較之前健壯

此時期男女的脂肪量減少，骨骼與肌肉卻開始增加，雖然看來比過去清瘦，但反而較為健壯。

㈡一些兒童有過胖的現象

有些兒童因進食多、活動量少 (如做功課或看電視)，乃有過胖的現象。如此早期就過胖，不僅有害健康 (如心臟病或糖尿病)，而且易遭同

學取笑 (Eberstadt, 2003)。

㈢此時期的男女孩在軀體的發展上有一些差異的現象

一般而言，男孩在跑、跳、踢、擲、捶打等方面優於女孩，女孩則在肌肉彈性、平衡與韻律方面優於男孩。

㈣此時期的身體發展相當穩定，有高度的可預測性

此時期兒童的身體發展相當穩定，健康也頗為良好，身體各部分的協調也十分穩固。

二、社會發展的特徵

㈠同儕群的影響力開始增大，成人不再是兒童行為標準與成就認可的主要來源

兒童開始逐漸取悅同儕，減少對師長的迎合。有些男孩為令其同儕敬服，不惜抗拒或不理師長的命令。兒童的「成群結黨」，大多數男女分明，而且其主要活動多在校外，偶爾亦出現在校內活動中。教師對於同儕的組合，不應過分干預，因為他們已逐漸朝向自立。

㈡兒童的友誼更具選擇性，但仍以同性別為主

兒童對朋友或玩伴更具選擇性。他們多根據彼此的理念、長相與性別來挑選好友。

三、情緒發展的特徵

㈠兒童有更廣泛的、複雜而統整的自我印象

兒童能清楚地描述自我，正確地評鑑自我，並且把自己的優缺點一一列舉出來。

㈡失和的家庭、社交上的不順與學業上的挫敗，都可能導致不良
　行為的發生

　　根據研究 (Patterson et al., 1989)，親子間的失和或家庭的失調是兒童
的不良行為或犯罪的主因。

四、認知發展的特徵

㈠兒童有良好的邏輯思考，但只局限於具體事實

　　此時期兒童的認知屬具體運思期，尚未達到形式運思期，因此其思
考必須從具體事實出發，不能做抽象的推理。

㈡兒童有極為良好的簡易記憶能力，但對複雜的記憶作業則能力
　有限

　　此時期兒童的簡易記憶能力一如成人，複雜的記憶能力則有待發展
(Kail, 1990)。

第四節　國中時期的生長與發展特徵

一、身體發展的特徵

㈠身體發展陡增，個別差異非常懸殊

　　教師對身體發展上因早熟或晚熟而有適應困難的男女學生，除客觀
地解釋身體發展的現象外，應給予適當的身心輔導。

㈡所有女童都進入青春期，多數男童亦然

　　男女的第二性徵相當明顯。女性的乳房及臀部增大，男性的肩膀增

寬，聲調變低。無論男女，均對他們的身心變化顯示關切。此時教師若能向學生正確地解釋性發展的過程，可以避免不當的恐懼（如月經或夢遺的首次出現）。有正確的性知識，可以防止道聽塗說或從黃色書刊獲取誇大渲染的錯誤性觀念。

㈢由生理及身體的劇變所產生的心理上的不適應，使男女都對其儀態及技巧異常敏感

粉飾與做作非常普遍。教師不妨強調「順乎自然」的可愛，但不必揭穿學生的虛飾。適當的對外觀的修飾與對儀態的注意，應予以認可與接受。學校應與學生及其家長充分溝通，以制定合理的衣著及儀表的標準，作為學生遵循的依據。

㈣男女生對性方面都非常好奇

學校應提供正確的性教育課程，以滿足學生對性的好奇。

二、社會發展的特徵

㈠青少年對人際關係有更佳的瞭解

根據研究 (Selman, 1980)，此時期青少年對人際關係的推論，進入多角色考量 (multiple role taking)。換言之，此時期青少年已能考慮第三者的觀點，因而人際上能多方顧及，進退有據。

㈡青少年需要順應同儕，以獲取認同

青少年為了同儕的接納，密切注意他人的看法，常選擇站在多數人的一邊，難以公開為少數人說話。必要時，教師應提醒他們，可私下表達其觀點。

圖 4～2　一群扮演成漫畫人物 (cosplay) 的青少年。

三、情緒發展的特徵

㈠此時期少年顯得情緒多變，行為難以預測

　　由於快速的身體發展、生理變化與社會地位的混淆，青少年經歷不少身心適應的問題，但並非過去所謂「風暴與壓力」(storm and stress) 所描述的混亂 (Steinberg & Morris, 2001)。學生往往情緒欠穩，有時連他們自己也莫可奈何，但不至於嚴重到處於「風暴」的地步。教師不可因學生的行為難測而亂了腳步，學生需要一位堅定穩重的教師作為「中流砥柱」。

㈡學生勃然大怒一陣為常事。由於易怒與失控，犯罪率驟增

　　生理的不平衡、心理緊張、營養與睡眠的缺乏，以及操勞引起的疲憊都與他們的易怒有關。教師應注意那些有煩惱在身、氣勢洶洶與困難重重者，因為這些人常變成犯罪者 (Hengeller, 1989)。防患未然是最佳的策略。

四、認知發展的特徵

㈠由於認知發展的需求，青少年需要一個開放、支持與刺激心智的環境

　　青少年一旦進入國中，多發現學校中能自己做出選擇的很少，功課繁忙，太多死記的材料，競爭劇烈，教師不太關心學生，很少獲得教師的個別幫忙，因而學習動機減弱，學業成就隨之降低。可見，學校本身是問題的重大來源 (Midgley, 2001)。補救之道在於：提供富於刺激的學習環境、富有意義的學習材料與樂於從旁支持的教學人員。

㈡自我效能大大地影響心智與社會行為

　　此時期的青少年，對於自己的做人與做事的能力有相當程度的評估，

也就是班度拉 (Bandura, 1986) 所稱的自我效能 (self-efficacy)。學生對功課的取捨，對友誼的選擇，往往取決於自認是否能夠勝任愉快。與其對學生做籠統的或泛泛的鼓勵，不如先聽聽他們對處理個別事物能力的看法，然後提供必要的建議或支持。

第五節　高中時期的生長與發展特徵

一、身體發展的特徵

㈠多數青年的生理發展已臻成熟。惟身高、體重及性的發展成熟度仍有顯著的個別差異

成熟較遲的青年於適應上仍有困難。教師應協助成熟較晚的青年發展其天賦，以免他們為其生理發育而過分焦慮。

㈡男女青年的性衝動於此時期達最高潮

青年的性活動高，除男女性關係外，以手淫滿足性衝動的現象很普遍。未婚而孕的年輕女子已逐漸增多；性病 (STD) 與愛滋病 (AIDS) 的感染機會由於性的泛濫而增加。家庭、學校與社會在性教育上的職責日趨重要。增加有益身心的社會、文化、體育及經濟等活動有助於減少犯罪性性行為。

二、社會發展的特徵

㈠父母雖對子女的長遠目標有影響力，但同儕群對近程目標有較大的影響力

面對日漸增加的順應壓力，青年的衣著與言行常力求與同儕群一致。據研究 (Hill, 1987)，親子之間的衝突常與受同儕群影響的衣著、交友、

在外時間與飲食習慣有關。有限度地滿足追求時髦的心向，同時要求青年尊重社會對時尚的反應而自我節制，是較為合理的教導方式。

㈡青年除學業或技藝訓練外，大多時間消耗於注意或思考異性上

青年的閒暇言談多觸及男女之事，但女子較男子更為交友之事而不安 (Steinberg, 2002)。教以適當的交友態度及言行，似乎可以協助青年解除不必要的焦慮。

㈢許多學生於課後擔任有酬工作

有酬的課後工作能提升自律、自信、責任感或工作熱忱；但工作過多或過長，可能減低課業成就、校內課外活動或交友時間。

三、情緒發展的特徵

㈠許多青年有心理失常的現象

最常見的青年心理失常問題是：飲食失常、濫用禁藥、精神分裂、壓抑與自殺。最普遍的飲食失常是厭食症 (anorexia)。患者在主觀上覺得身體過胖或過重（事實不然），乃拒絕進食正常的飲食量，以致營養不良而骨瘦如柴。另一種飲食失常是暴食症 (bulimia)。患者似因不可抑制的強烈食慾而暴食，但又恐懼體重因而增加，乃立即刺激喉嚨以嘔吐所食。這兩種患者多數是女子 (APA, 2000)，可見許多年輕女子對自己的身材有扭曲 (distorted) 的現象。這可能是社會過分標榜「苗條美」的後患。學校應強調健康的重要，並避免對女孩的體重隨意批評。說者無意，但聽者可能有意。

㈡女子較男子有更多的情緒困擾，尤其以焦慮不安與抑鬱為最

女子雖較男子善於社交，但她們對男女關係及其社會角色較為敏感，因而時感不安，甚至抑鬱寡歡。嚴重的抑鬱者，情緒不穩、孤獨、感覺疲憊、沉悶與注意不能集中。抑鬱與無助感 (helplessness) 有關，其嚴重

者有強烈的自殺意願。給予青年成就的經驗，加強青年對情境的控制感 (sense of control)，並對其自我做積極的評估（例如，李明雖然功課不如人，但這並不重要，因為他具有世界上少有的園藝天分），使他們有信心去面對世界。另外，藥物治療對控制抑鬱的症候有相當良好的效果。

四、認知發展的特徵

㈠智力發展大多已達顛峰狀態。但因經驗有限，其知識的質量與運用能力仍然有限

許多青年從具體運思進入正式運思時遭遇轉換的困難。有些青年雖然愛好欣賞詩歌、小說、繪畫或戲劇，但其抽象的部分常使青年無法瞭解或一知半解。許多青年以其有限的推論經驗，試圖評斷複雜的社會現象，常失之偏倚而不自覺。有系統的運思訓練，可以改善青年的認知能力。

㈡青年的政治意識更加抽象、自由與豐富

青年瞭解言論自由、正義、平等、社區等抽象觀念，崇尚民主思想，也有豐富的政治知識。教師應於社會學科教學時，善用這些青年特質。

第六節　生長與發展的教學涵義

至此，本章已簡明地介紹各時期個體的身體、社會、情緒與心智發展的特徵，也隨時提出教師所應注意的要點與處理的建議。本節將從生長發展與教學兩方面做較為綜合性的敘述，以協助教師建立統整的概念。

一、發展的任務

海威赫斯特 (Havighurst, 1972, 1980) 將整個人生的發展分為六期，並

列舉各期應該完成的發展任務 (developmental tasks)。他強調，只有成功地完成一時期的任務，次一期的任務才有好的開始。各時期的任務包括身體、社會、情緒、認知與道德發展，因此它們既是生長與發展中的個人應該發展的要務，也是父母、教師與社會環境應該協助個人完成的責任。只有雙方合作，發展任務才有成功的可能。本節列舉與中小學相關的前三個時期。

㈠嬰兒與早期兒童期（出生至六歲）

1. 學習走路。
2. 學習進食固體食物。
3. 學習控制與排洩體內的廢物。
4. 學習性別差異與適當的性別角色。
5. 形成對社會與物質的簡單概念。
6. 學習對父母、兄弟姊妹與他人的情緒反應。
7. 學習區別是非，並發展良知。

㈡中期兒童期（六至十二歲）

1. 學習遊戲所需的身體技能。
2. 建立對自己生長的健全態度。
3. 學習與同年齡兒童的良好關係。
4. 學習適合男女性別的社會角色。
5. 發展讀、寫、算的基本技能。
6. 發展日常生活的概念。
7. 發展良知、道德與價值的衡量標準。
8. 學習自我獨立。
9. 發展對社群與機構的態度。

㈢青少年期（十二至十八歲）

1. 學會與同齡青少年有更成熟的新關係。
2. 學會男女的社會角色。

3.接受並充分運用自己的身體。

4.學會在情緒上獨立自主，不再依賴別人。

5.學會在經濟上獨立。

6.選擇並準備就業。

7.準備成家立業。

8.發展良好公民應具備的智慧與概念。

9.學會對社會負責的行為。

10.獲得指導行為的價值與道德系統。

二、生長與發展的原則及其教學涵義

㈠發展為遺傳與環境交互作用的結果

　　對遺傳或環境任何一方的偏袒都足以影響教學效果。過分依賴基因的既定程式的控制，易使教師怠忽經驗作用的功能。一個缺乏教養的人，其行為殊難適應複雜的現代社會的需求。反之，若相信教育萬能，忽略已編定就緒的基因對潛能的限制，往往令教師的努力因頻受挫折而氣餒，或諉過於家教或社教的不當。

㈡基因活動所預留的發展空間及可塑性，顯示早期經驗的重要性

　　早期經驗對個體身心發展的影響已為大多數心理學家所接受，雖然有些心理學家對補救早期失學的可能仍持不同的態度。教師應與父母合作，提供適當的學習，以奠定兒童良好的發展基礎。如果早期經驗的提供合乎適時、適齡、適樣與適量的原則，則基因的活動將因經驗的適當刺激而做最大的發展。

㈢發展由生理而心理，由自我中心而社會走向，由簡易而複雜，由具體而抽象，由機械刻板而彈性靈活，由個別事實而普遍原則

　　教材的編訂與教法的選擇應與此等發展趨勢相配合。

㈣個別差異為不同基因活動程式與不同環境經驗交互作用的結果

　　若基因差異愈大，經驗的變化愈多，則兩者互動而產生的個別差異便更廣闊而顯著。承認個別差異並非推崇個人主義或利己主義。瞭解學生在質、量與速率上的差異，可以採取不同的教材與教學方法，使學生的潛能得以充分發展。班級教學不易適應個別差異，因此可以參酌個別教學、自律學習、合作學習或電腦輔助教學 (computer assisted instruction)。

㈤生長與發展過程中，雖有許多積極促進健全發展的助力，難免遭遇不少危害發展之事

　　有些危害發展的危機屬於：⑴傳統的錯誤刻板意見，如「不打不成器」、「命中註定」、迷信、重男輕女等；⑵疾病、營養不良、用藥不慎、禁藥的吸食或意外的肢體傷害等；⑶家庭環境欠佳，如父母失和、早年失怙、父母失教；⑷社會的不良影響，如不良的傳媒、色情與暴力事件的威脅；⑸不當的升學競爭與惡性補習的壓力；⑹政治、經濟、文化結構的劇變所造成的調適困難等。教師應協助學生防止或減少此等危害生長與發展的阻力。

㈥語言發展與認知發展相互助長，因此語言教學的良莠足以影響智力的發展

　　複雜的認知結構的發展依賴合乎邏輯的抽象符號的運用，語言結構便是最理想的抽象符號系統。由於語言的媒介作用 (verbal mediation)，使學生得以逐漸疏遠直接的感覺經驗而學習。良好的語文教學，可以協助思維邏輯的發展。反之，咬文嚼字與死記死填的語文教學，只有阻礙或窒息思考能力的發展。例如，我們的十五歲中學生的閱讀能力，在 2015 年世界各國使用的 PISA (Programme for International Student Assessment) 測驗的測試結果是第二十三名，比起數學的第四名、科學的第四名，實在令人擔憂。既然閱讀是終身學習的能力，我們必須加強這方面的教學，

或許這方面的課程、教材教法及師資訓練等應該有所改善。

㈦倫理道德的發展必須與認知能力的發展相配合；倫理道德水準的提高有賴於道德行為的學習

教師不僅要提升學生的道德價值的判斷力，而且要加強學生的道德行為的表現。「言行合一」的品德教育，才能真正地發展健全的人格。

㈧利用電腦與資訊科技，充實學生的社會、情緒與認知發展

電腦與資訊科技已成為協助學習的重要工具。它的負荷能力、速度、可及範圍、多樣性與彈性操作能力，可以大大地改善學校教育之不足。利用網際網路，可以擴大人際交往，增進訊息溝通，並檢索有助於學習的資源。

本章內容摘要

1. 學前期及幼稚園期的發展特徵是：身體方面——非常愛動，愛突做劇烈活動，手及手指控制不佳，眼手協調不良，頭骨軟弱，男女尚未顯出明顯的發展差異；社會方面——有友誼易變的一二好友，有組織鬆弛與改變頻繁的小遊戲群，坐在一起時各玩各的或彼此互玩，遊戲性質依社會階級、性別與年齡而有別，兒童間時常爭吵，並開始覺識性別差異；情緒方面——自由表達情緒，開始爭取教師的注意與愛；與認知方面——語言發展相當成熟，使用自己的語言規則，認知能力快速發展。

2. 小學低年級期的發展特徵是：身體方面——愛動，易於疲憊，大肌肉的控制優於小肌肉，眼睛協調仍不充分，善於控制身體活動等；社會方面——社交較具選擇性，小團體遊戲組織較嚴密，爭吵仍為常事；情緒方面——對他人的批評與譏諷相當敏感，亟欲取悅教師，注意他人的感觸；認知方面——非常好學，口語能力好，開始發展是非善惡觀念。

3. 小學高年級期的發展特徵是：身體方面——多數女孩與少數男孩的身體快速生長，對性的發展感到好奇與關切，肌肉活動協調良好；社會方面——同儕群影響開始增大，瞭解他人的感觸；情緒方面——家庭失和、社交不順與學業失敗都可能導致不良行為的發生，少年犯罪日趨嚴重；與認知方面——男女在特殊能力方面略有差異，開始呈現不同的認知方式。

4. 國中時期的發展特徵是：身體方面——完成陡增現象，個別差異懸殊，所有女子進入青春期，身體劇變產生心理的不適應，飲食與睡眠習慣欠佳；社會方面——同儕群為行為原則的來源，需要順應眾意與認同，關切他人的觀點，摯友取代父母；情緒方面——顯得情緒多變、行為難測，易怒、失控；與認知方面——進入正式運思期，進入合作性的倫理道德觀念，政治思考更抽象、自由化與豐富。

5. 高中時期的發展特徵是：身體方面——多數青年已臻成熟，性衝動達最高潮；社會方面——父母影響其長遠目標，同儕群影響近程目標，消耗思考與注意於異性上；情緒方面——許多青年有心理失常現象，女子比男子多情緒的困擾；與認知方面——已達顛峰狀態,可能有過分理論化的現象。

6. 海威赫斯特將整個人生的發展分成六

期，其中嬰兒與早期兒童期、中期兒童期與青少年期各有其應該完成的身體、社會、情緒、認知與道德發展的任務。

7. 發展為遺傳與環境交互作用的結果；基因的可塑性，顯示早期經驗的重要；發展由生理而心理，由自我中心而社會取向，由簡而繁，由具體而抽象，由機械而彈性，由個別而普遍；適應個別差異，可以使潛能充分發展；教師應協助個體減少足以危害生長與發展的因素；語言發展與認知發展相互助長；倫理道德的發展應與認知能力的發展相配合。

第 5 章 | 個別與團體差異

本章大綱

©ShutterStock

本書於第二、三、四章分別介紹個體的認知與語言發展、人格的發展及分期生長與發展的特徵。其間我們可以看到，人類有其優異的共同特徵，使人類遠遠超越其他動物；人類亦因其幾乎無窮的多樣性 (versatility)，使人類能在「物競天擇」中成為最適合的生存者。不論多樣的結果是來自遺傳、環境或二者的互動，它應該被珍惜、被尊重。人人都有求同的意願，以便表同與被接納；每個人也有求異的需欲，期使各自的天賦潛能有充分發揮的空間。

適應個別差異 (individual differences) 是教育的目標之一，每個教師有責任在一般教學中重視個別差異的存在，並給予最好的適應措施。個別差異涵蓋的領域很大，諸如身體、年齡、性別、智力、特殊性向、學習型式、成就、人格、興趣、價值、社經階級、文化、種族等。本章就與教學關係密切的學生能力、認知類型、社經階層與性別等個別與團體差異做簡扼的介紹。

第一節　能力的差異

本章所稱「能力」包括智力與特殊性向。

一、智力的定義

智力 (intelligence) 可以界定為：從經驗中學習與適應周遭環境的能

力 (Sternberg, 1998)。這個觀點乃是智力理論與智力評量不斷發展的結果。茲將幾個重要的智力理論分述於後。

㈠司比爾曼的普通因素論

司比爾曼 (Spearman, 1927) 採用統計學的因素分析法，發現智力包括普通因素與特別因素。普通因素 (*g* factor) 是智力的重心，它表現在活動或作業中的知覺、關係操控與抽象觀念；特別因素 (*s* factors) 代表個人的特殊能力（如數學推理、空間關係能力），但它們受控於普通因素。

㈡卡特爾的兩種智力論

卡特爾 (Cattell, 1971) 認為一般智力包括兩種不同的能力：流體智力與晶體智力。流體智力 (fluid intelligence) 是與生俱來的，它像液體一樣，無一定形態，藉學習、推論、解決問題等活動以獲得新知、適應環境；晶體智力 (crystallized intelligence) 是後天累積的知識與技能，受後天文化環境的影響很大。一般而言，性向測驗在評量流體智力，成就測驗在評量晶體智力。支持這兩種不同智力的有趣資料是：流體智力到二十歲已達巔峰，但晶體智力在二十歲以後隨經驗的累積而遞增 (Cattell, 1987)。

㈢薩斯通的基本心智能力論

薩斯通 (Thurstone, 1938) 以統計學的因素分析法，分析其測驗試題的相關與聚集現象，結果並沒發現共同的普通智力，卻發現彼此間相當獨立的七種基本心智能力 (primary mental abilities)：語文理解 (verbal comprehension)、文字通暢 (word fluency)、數字 (number)、空間 (space)、聯想記憶 (associative memory)、知覺速率 (perceptual speed)、推理 (reasoning)。

㈣史坦波格的三元智力論

史坦波格 (Sternberg, 2002ab, 2003, 2008) 將智力分為分析、實用、創造三部分。分析性智力 (analytical intelligence) 負責分析待解的問題；實用性智力 (practical intelligence) 負責獲致一般常識；創造性智力 (creative intelligence) 負責於面對新問題時提供新的解決方法。他較早的智力三元論 (Sternberg, 1988) 主張智力是由高級執行、操作、求知三部分所組合而成的。

㈤賈德納的多樣智力論

　　鑑於傳統智力概念的過分狹窄，無法代表心智活動的多方表現，賈德納 (Gardner, 2000) 乃提出多樣智力論。多樣智力論 (multiple intelligences theory) 認為智力包括語言 (linguistic)、邏輯—數理 (logical-mathematic)、音樂 (musical)、空間 (spatial)、肢體運動 (bodily-kinesthetic)、自知 (intrapersonal)、人際 (interpersonal) 與自然觀察 (naturalist) 等八種不同智能。八種智能雖然彼此分開，但相互協作。

　　由於普通因素—智力觀難以圓滿解釋大眾的智力表現，因此賈德納的多樣智力論是目前被討論最多的。然而這並不表示此一理論已有充分的實驗或研究的支持。

二、智力的決定因素

　　智力為遺傳與環境交互影響的結果。至於遺傳與環境哪個對智力的影響較大，是至今仍然爭論未休的問題。

㈠遺傳對智力的影響

　　遺傳對智力影響的研究多從兩方面探討：⑴雙生兒在智力上的同質性；與⑵智力在不同環境下所保持的一致性。從理論上看，同卵雙生兒 (identical twins) 的智力應該彼此相同，或至少在智力測驗的表現上非常近似。首先，我們來看看同卵雙生兒、異卵雙生兒、兄弟姊妹、親生父母及子女、無親屬關係兒童、養父母及養子

圖 5～1　研究顯示，雙生兒的智力呈現中度至高度的遺傳性；然而也有學者提出，其智力的相近也許是因為他們的環境十分相似，如：玩同樣的玩具、同時聽同一個故事等。

女等在智商上的相關。表 5～1 便是這方面的研究結果。

表 5～1　親屬關係、生活背景與智力商數的相關

被選擇的研究對象	相關係數
同卵雙生兒，一起養育者	.87
同卵雙生兒，分開養育者	.72
異卵雙生兒，一起養育者	.60
兄弟姊妹，一起養育者	.47
兄弟姊妹，分開養育者	.24
親生父母及子女，一起養育者	.42
親生父母及子女，子女被分別領養者	.22
無親屬關係兒童，一起養育者	.32
養父母及養子女	.19

（採自 Bouchard & McGue, 1981）

　　從表 5～1 可以清楚地看出，遺傳關係愈接近，其智力愈相似。若進一步研究雙生兒在智力測驗上各分測驗的相關，更可看出遺傳對智力影響的一致性。

表 5～2　雙生兒在魏氏智力量表係數分測驗得分的相關

魏氏量表分測驗	同卵雙生兒	非同卵雙生兒
知識 (information)	.81	.51
字彙 (vocabulary)	.71	.50
算術 (arithmetic)	.61	.52
類似 (similarities)	.73	.58
理解 (comprehension)	.80	.62
動物房 (animal house)	.82	.40
圖像完成 (picture completion)	.69	.26
迷津 (mazes)	.61	.45
幾何圖形 (geometric design)	.72	.25
積木設計 (block design)	.68	.43

（採自 Wilson, 1975）

　　表 5～2 是超過一百對雙生兒在魏氏智力量表各分測驗得分的相關
係數。資料顯示，遺傳對智力的影響在各項知能的表現上相當一致。

　　鎮森 (Jensen, 1969) 鑑於同卵雙生兒智力相關之高（相關係數接
近 .90），乃有遺傳占八成 ($r^2 = .90^2 = .81$) 與環境占兩成的說法。鎮森的
環境占兩成的觀點，頗受教育學家、心理學家、少數民族領袖等的駁斥
與抨擊。根據較為新近的估計，遺傳所占的比率是在五至六成之間
(Plomin & Rende, 1991)，或在七成左右 (Bouchard, 1996)。

㈡環境對智力的影響

　　環境影響所有生物的生長與發展，因此它也影響人類行為的發展與
表現。遺傳無疑地是智力的重大決定因素，然而遺傳基因必須在適當的
環境下才能充分地表達其潛能。就以稻農為例，選擇良好的稻種固然重
要，只有在理想的種植氣候下，提供適當的土壤、灌溉、肥料、蟲害控
制等，才可預期良好的稻米收成。

　　根據紐西蘭學者傅林 (Flynn, 1987) 的統計，自 1930 年代到現在，在
二十個國家裡，人民的智商平均每十年提高 3 分。儘管七十年前的平均
智商以統計方式定為 100，七十年後的現在也調整為 100，但從測驗上的
實際表現相比較，則七十年前的智商應該是 76 而不是 100。人們稱這個
令人鼓舞的智商遞增現象為傅林效應 (Flynn effect)。就智商而言，誰說一
代不如一代？自 1930 年以來，教育程度提高、營養改善、見聞廣闊、生
活經驗豐富、應考技巧進步等使智商逐漸增高 (Kristof, 2009)。這不就是
環境影響智商的有力證據嗎？

　　賈柏 (Garber, 1988) 讓瀕臨智障的幼童養育在非常優越的環境中。於
六歲時，他們的智商高於控制組兒童 30 分；至十四歲時，他們的智商仍
然高於控制組兒童 10 分。坎培爾 (Campbell & Ramey, 1994) 將低收入家
庭的嬰兒留在良好的環境中成長。結果，在六歲入學之前，他們的智商
顯著地超過控制組兒童。法國的施福 (Schiff et al., 1978) 發現，貧困兒童
被中上家庭領養後，平均智商為 111；未被領養但仍然與親生父母同住的
貧困兒童，平均智商則為 95。法國的卡普倫的研究 (Capron & Duyme,
1989) 也有類似的結果：貧下階級兒童的平均智商為 92.4；但貧下階級兒

童被中上階級家庭領養後，其平均智商則為 103.6。

這些例證顯然支持「富有家庭收養貧窮家庭兒童」對智商的正面影響。反之，如果「貧窮家庭收養富有家庭子女」，其結果又將如何呢？卡普倫也發現：富有家庭子女被富有家庭收養後，其平均智商為 119.6；但富有家庭子女被貧窮家庭收養後，其平均智商為 107.5。其他研究也支持環境影響智商的觀點：刺激的多樣性增益嬰兒或幼兒的智力 (Bloom, 1964; Bruner, 1966)；家庭子女愈多，子女的智商愈低 (Zajonc, 1976)；家庭中的長子與小家庭的兒女有較佳的智商 (Zajonc & Mullally, 1997)。

上述研究令人對環境改變智商有更積極與樂觀的看法。然而，對領養的研究做持續的追蹤，被領養者已達成人階段時，其因領養而增加的智商卻幾乎完全消失 (McGue et al., 1993)。換言之，隨著年齡的增加，遺傳的影響也因而更為明顯 (Bouchard, 1995, 1996)，可見環境對智商的影響並不是絕對的。

三、智力的評量

人人皆有智力，然而，我們無從直接觀察智力。習慣上，一般人常從被觀察者的言談、舉止、學習或成就上估計其智力。但是這種做法必須考慮到：智力是如何界定的？使用什麼尺度來評量？其評量的效度與信度如何？

㈠早期的智力測驗

科學的智力評量源自高爾登 (Francis Galton, 1822–1911) 與比納 (Alfred Binet, 1857–1911) 兩人。他們雖然都認為智力是可以測量的，但兩人的智力觀點可以說是南轅北轍：高爾登著重個體對物理刺激的心理反應；比納則重視個人的理解、推理、判斷等抽象思考能力。

1.高爾登的嘗試

高爾登是進化論者達爾文 (Charles Darwin) 的近親，他崇信「物競天擇、優勝劣敗」的演化觀，堅信可以使用量化的方法評量「人類智慧」(human faculty)，以支持他所倡議的「優生學」。他認為智力表現在「適

者生存」所需的反應時間、感覺精確度、肌力、頭顱的大小等。於 1884 年，他利用英國倫敦國際博覽會的機會，測試一萬名參訪的客人，結果那些顯赫名人的得分並不優於一般大眾，而且各子測驗之間彼此並無相關可言。由於智力界定的不當，使用粗糙的儀器與量表，其結果缺乏應有的效度，可以說是一次失敗的嘗試。

2. 比納的成就

於 1904 年，比納應法國公共教育部的聘請，設法從一般學生中甄別智障兒童以便實施特殊教育。於 1905 年，他與西蒙 (Theodore Simon, 1873–1961) 共同發展出一套比西量表 (Binet-Simon Scale)。該量表共 30 題，試題由易而難排列，旨在測試學童解決問題、數字、字彙、邏輯推理、常識、記憶等心智能力。結果，這一量表被讚譽為歷史上第一個成功的智力測驗。

比西量表採用「心理年齡」以代表智力發展的程度。心理年齡 (mental age，**MA**) 是以年齡來代表被測試者的心智能力。同一年齡兒童在智力量表上所通過的平均試題值，代表該群兒童的心理年齡。一個兒童不論是幾歲，若他通過的試題值與一般十歲兒童所通過的試題值相同，則該兒童的心理年齡便是十歲。因此，若甲童是十歲，若他的心理年齡是十二歲，他便有高度的智力；若乙童也是十歲，若他的心理年齡只有七歲，他可能有智力發展上的障礙；多數十歲兒童有十歲左右的心理年齡。

後來，德國心理學家史騰 (W. Stern, 1871–1938) 鑑於不同年齡兒童的不同心理年齡在比較上十分困難，乃於 1912 年發明智商 (intelligence quotient，**IQ**)。智商是心理年齡 (**MA**) 與實足年齡 (**CA**) 的比率再乘以一百，亦即

$$\text{IQ} = (\frac{\text{MA}}{\text{CA}}) \times 100$$

由此獲得的智商又稱為比率智商 (Ratio **IQ**)。如以前述甲、乙兒童為例，甲童的智商為 120，即 $(\frac{12}{10}) \times 100 = 120$；乙童的智商為 70，即 $(\frac{7}{10}) \times 100 = 70$。

於 1916 年，美國史丹佛大學心理學教授推孟 (Lewis Terman, 1877–1956) 將比西量表修訂成英文的史比智力量表 (Stanford-Binet Intelligence Scale)，並採用比率智商。其後於 1937 年、1960 年、1972 年、1986 年做不同程度的修訂，以便更適合時代的需求。

㈡現行個別智力測驗

目前，有兩個相當著名而且普遍使用的個別智力測驗：一個是 1986 年修訂的史比智力量表，另一個是後來居上的魏氏智力量表。現在我們分別看看它們的內容與主要區別。

1. 史比智力量表 (Stanford-Binet Intelligence Scale, 1986)

這個量表可以測試二歲以上至成人的智力。量表將智力的概念擴大，它包括晶體能力 (crystallized abilities)、流體－分析能力 (fluid-analytic abilities)、短期記憶 (short-term memory)。前面提到過，晶體能力是後天累積的經驗與知識，本量表藉語文推理與數字推理兩類試題測試晶體能力；流體－分析能力是與生俱來的潛能，本量表利用抽象（視覺）推理試題來測試它。整個量表包括語文推理、數字推理、抽象（視覺）推理、短期記憶四個部分。測驗的結果有四個分數：晶體能力、流體－分析能力、短期記憶、總心智能力。本量表使用離差智商作為標準分數，是目前最廣泛使用的個別智力測驗 (Aiken, 2003)。

2. 魏氏智力量表 (Wechsler Intelligence Scale)

魏斯勒 (Wechsler, 2003) 將智力界定為行動有目的、思考合理與有效適應環境的能力。魏氏智力量表是一個通稱，它包括修訂魏氏成人智力量表 (Wechsler Adult Intelligence Scale-III, **WAIS-III**, 1997)，適用於十六歲以上至成人智力的評量；修訂四版魏氏兒童智力量表 (Wechsler Intelligence Scale for Children－Fourth Edition, **WISC-IV**, 2003)，適用於六至十六歲個人智力的評量；與修訂魏氏學前兒童智力量表 (Wechsler Preschool and Primary Scale of Intelligence－Revised, **WPPSI-R**, 1989)，適用於三至七歲半學前兒童的智力評量。

魏氏智力量表包括語文量表 (verbal scale) 及作業量表 (performance scale) 兩大部分。在語文量表之外加上作業量表，是本量表的一大特色，

可使在語文或文化上有困難的本國人或外國人能公平受試。修訂四版魏氏兒童智力量表包括語文理解、知覺推理、操作記憶、處理速度等四個分測驗，可以獲得三個智商：語文智商 (Verbal IQ)、作業智商 (Performance IQ) 與全量表智商 (Full-Scale IQ)。

㈢團體智力測驗

個別智力測驗，不僅須由受過訓練的測驗專家進行主試、計分與解釋，同時一次只能測試一人。若人手與時間有限，也不需求高度精確的智力評量，則團體智力測驗可以作為概估智力的工具。團體智力測驗多以語文與數學為主要內容，如評量學習能力的學業評量測驗（Scholastic Assessment Test，簡稱 SAT，原名 Scholastic Aptitude Test）；也有非文字智力測驗或作業測驗，如完全以圖式評量智力的瑞文氏漸進圖形 (Raven's Progressive Matrices) 智力測驗。其他被使用的團體智力測驗有：洛桑智力測驗 (Lorge-Thorndike Intelligence Tests)、庫安智力測驗 (Kuhlman-Anderson Intelligence Tests) 與歐雷心智能力測驗 (Otis-Lennon School Mental Abilities Tests) 等。

四、智力商數的分配

根據史比智力量表的測驗結果，其所得智商的分配如表 5～3。

表 5～3　一般民眾的史比智商分配百分比

智力類別	智商	百分比
極優異 (very superior)	140 以上	1.3
優異 (superior)	120–139	11.3
中上 (high average)	110–119	18.1
中等 (average)	90–109	46.5
中下 (low average)	80–89	14.5
近似心智缺陷 (borderline defective)	70–79	5.6
心智缺陷 (mentally defective)	30–69	2.6

（採自 Terman & Merrill, 1960）

　　從表 5～3 可以看出，幾乎半數 (46.5%) 的一般民眾的智力屬於中等；智力中上與中下的人數比例遞減；智力極優異與心智缺陷的人數合占約百分之四。可見智商的分配接近常態。

五、性向的意義

　　性向 (aptitudes) 為學習某些特殊知能的潛在能力，如學業性向、音樂性向、美術性向、機械性向、文書性向等。性向既然有其特殊領域，因此它與智力有不同之處：智力指一般能力，性向則是特殊潛能。

　　性向與成就亦有區別：性向是指學習的潛能；成就則指學習的結果。因此，瞭解性向的目的在預測未來的可能成就，瞭解成就的目的在考查過去的學習程度。然而，性向影響成就，兩者的嚴格區分並非易事 (Anastasi, 1980)。

六、性向測驗編製的策略

　　性向測驗的目的在根據所測得的分數預測相關領域的未來成就。編製性向測驗既在預測，因此凡能達成預測目的之測驗，便有預測效度。編製性向測驗的策略主要有下列幾種。

㈠工作分析

　　此法的基本觀點是：「實際的工作表現代表個人的學習潛能」。但以實際工作進行測驗，有許多困難：危險（如駕駛飛機）、不經濟（浪費材料與時間）、不公平（受試者的經歷不同）與效度不高等。因此，測驗專家將欲預測的工作予以系統地分析，找出成功地完成該工作所需的基本知能，並加以整理成測驗試題。目前此法已被普遍地採用。

㈡理論分析

　　與其進行實際的工作分析，理論分析是在「設想」成功地完成一工作所需的基本知能。例如，我們可以假定成功的音樂家必須具有良好的音

調、音量、音律、音色、時間控制與音調記憶等能力。音樂性向測驗便應測驗個人的前述六項基本能力，無須要求受試者實地歌唱、作曲或演奏。

(三)特殊知識的甄試

此法假定「興趣」與「性向」表現於個人所具有的特殊知識上。例如，某生對汽車的結構所知豐富、深入與精確，則該生在機械方面必有特殊性向。換言之，不具某一性向的個人，不可能對該領域有那麼多的知能。

(四)綜合調查

此法將學習各學科或從事工作所需的能力，以因素分析法找出代表彼此獨立的若干能力，然後編製可以評量此等能力的綜合性測驗。例如，被廣泛使用的分類性向測驗 (Differential Aptitude Tests, DAT)，便包括語文推理、數學推理、抽象推理、機械推理、空間關係、文書速度及精確性、拼字與語文運用等八個分測驗，以評量學生的性向，作為學業與就業輔導的參考。

七、學業性向測驗

目前被普遍使用的分類性向測驗 (DAT)、學業評量測驗 (SAT)、美國大學入學測驗 (American College Testing Program, ACT)、研究生入學測驗 (Graduate Record Examinations, GRE) 等都是學業性向測驗。

第二節　認知類型的差異

認知類型 (cognitive styles) 是指個體處理資訊的方式。除智力外，它是影響學習的一重要因素。認知的類型很多，至目前為止，已被系統地研究出來的有：場地依賴型對場地獨立型；衝動型對深思型；深入型對表面型。

一、場地依賴型對場地獨立型

根據魏特肯 (Witkin et al., 1977) 對飛行員的研究，從個人在認知某特定事物時，是否受到周圍因素的影響，可以判定他的認知是屬於場地依賴型或屬於場地獨立型。

(一)場地依賴型 (field dependent)

場地依賴型是指個人在認知某特定事物時，易受到整個情境因素的影響。換言之，場地依賴者難以從相互交雜的許多事物中，找出某一特定事物，因為他偏重對整個情境的認知，而不是對其個別構成部分的認知。我們不妨說，這一類的人偏重整體。

(二)場地獨立型 (field independent)

場地獨立型是指個人在認知某特定事物時，不易受到整個情境因素的影響。亦即，場地獨立者可以從相互交雜的許多事物中，輕易地找出某一特定事物，因為他對整個情境中的個別構成部分有清楚的認知。我們也不妨說，這一類的人偏重個別部分。

二、衝動型對深思型

凱根 (Kagan, 1964) 發現，兒童在認知作業時，有快速處理而多錯與緩慢分析而少錯之別。前者被稱為衝動型，後者被稱為深思型。

(一)衝動型 (impulsive)

衝動型是指個人在處理認知作業時，不論作業的難易，總是極快速地完成，因而伴隨低正確性與高錯誤率的結果。衝動者於解決問題的過程中，掌握有限的資訊，缺乏系統程序，以快速冒進方式作答。

㈡深思型 (reflective)

深思型是指個人在處理認知作業時，不論作業的難易，總是在思索中慢慢地完成，因此有高正確性與低錯誤率的結果。深思者於解決問題的過程中，試圖獲取所有可能的資訊，循一定的解題步驟，然後審慎作答。

三、深入型對表面型

根據馬頓 (Marton et al., 1984)，學生在接觸學習材料時，有的力求瞭解其意，有的只記材料的表徵。前者稱為深入型，後者稱為表面型。

㈠深入型 (deep learning)

深入型是指個人在學習新材料時，試圖瞭解或建構材料的意義。深入學習者重觀念、講意義，對富含意義的學習有興趣，對死記的學習不感興趣，其學習的動機是內在的、是自發的。

㈡表面型 (surface learning)

表面型是指個人在學習新材料時，並不試圖瞭解其意義，更無意建構其意義。表面學習者只求牢記所學，無意瞭解學習的含義，其學習的動機多是外在的、是被動的。

第三節　社經階層的差異

教學的對象來自社會各階層的家庭：有富有的，也有貧窮的；有白領階級高收入的，也有藍領階級低收入的；有受過高等教育的，也有教育水準只達國中程度的；有住在高級住宅區的，也有住在貧民窟的；有出入上流社會的，也有被困在下層社會的。所謂社經階層 (socioeconomic status) 是根據個人的年收入、教育程度、職業類別與社會聲望而定的高

低階層。一般區分為上、中、下三個社經階層。最值得注意的是，不論在哪個國家、哪個地區或哪個社會，中小學生的學業成就毫無例外地與其家庭的社經階層有高度的相關。換言之，來自上、中社經階層的子女比來自低社經階層的子女有較佳的學業成就 (Sirin, 2003)。

一、社經階層的特徵

茲參照沃佛克 (Woolfolk, 2004) 所列舉的各社經階層的主要特徵，並簡介於下。

㈠上層階級

上層階級的收入超高，任職公司主管或專業階層，受大專或以上教育，擁有豪宅或名宅，居住於有警衛的高級住宅區，有完備的醫療照顧，有能力供養子女上大學，政治影響力及於中央與地方政治各層面。

㈡中層階級

中層階級的收入高，任職白領專業或熟練的藍領職業，受大專或高中教育，多數擁有中價位住宅，居住於安適的社區，有足夠的醫療照顧，多數有能力供養子女上大學，政治影響力及於地方政治層面。

㈢工人階級

工人階級的收入偏低，任職藍領職業，受中等教育，少數擁有住宅，居住於還算安全的社區，依賴有限的醫療照顧，供養子女上大學有困難，政治影響力非常有限。

㈣低層階級

低層階級收入低下，任計時性低薪工作，受中等或以下教育，沒有自擁住宅，居住於低收入區域，醫療照顧不足，無能力送子女上大學，無政治影響力。

二、不同社經階層下的生態環境

很明顯的，不同社經階層代表相當不同的生態環境，因而影響子女的身心發展。在此，我們看看在不同社經階層下有哪些生態上的差異。

(一)中、上階層的生態

由於收入與經濟情況良好，家裡有豐富的玩具、文具、書籍、雜誌、電腦硬軟體、上網設備與適當的讀書或遊玩的場所。子女常出外旅遊，擴大視野，增長見聞。父母多使用權威式的教養方式，父母與子女有適量的溝通。親子間重視彼此對事理的解釋，願意聽取對方的意見或建議。父母對子女有合理的高期待，其子女的學校也對學生有同樣的高期待。父母重視學校教育，對子女的在校成就不斷地予以鼓勵，支持學校所舉辦的有益活動，學校也將其子女安排於升學班內。由於升學的壓力，功課繁重，因此觀看電視的時間有限。多數父母接受競爭的價值，也因此可能給予子女太大的壓力。

父母對子女的交友非常注意，抱著寧缺勿濫的態度。父母對子女在外的生活也十分關心，支持其有益身心的活動，嚴禁有害身心健康的言行。父母對子女同儕的近程影響力不敢輕忽，但堅持對其子女的長遠影響力。

(二)工人階層與低階層的生態

由於收入與經濟情況有限，家裡有少數的玩具、文具，至於書籍、雜誌、電腦是奢侈品。家中難得有自己固定的讀書或遊玩場所。子女很少出外旅遊。父母多採專制式或奚落式教養子女。父母對子女的溝通多局限於單方的傳訊或指令，殊少對子女進行事理的解釋，也很少聽取子女的意見。父母對子女沒有太多的期待，其子女所上的學校也不會對他們有高的期待。父母把教育的責任完全交給學校，因而很少過問子女在校的情形，也少參加親師間的活動 (Nzinger-Johnson, Baker, & Aupperlee, 2009)。除非家長有異議，多數學生被納入就業班。因為沒有升學的壓

力，觀看電視的時間長，受電視節目的負面影響也較大。

父母對子女的交友抱持自然發展的態度，不加過問。只要子女不在外惹事，父母放心讓子女與同儕或鄰居朋友來往或遊玩。父母基於自陷於低社經階層的不便，希望子女於未來能有所改善，但由於自己能力有限，對未來的可能不敢預期。

請注意：上面二分法式的敘述，只是觀察所得的平均或多數現象。其實兩大階層有許多重疊的部分，例如中、上階層中也有專制的教養方式，有親子之間殊少溝通的家庭，也有子女在外遊蕩的現象；反之，工人及低階層中也有權威但民主的教養方式，有良好的親子間的溝通，對子女的交友有密切關懷的現象。

三、不同社經階層下的身心特質

教師所關切的是影響教學的學生身心特質。到底在不同社經階層下，哪些是有利於學習的學生特質？哪些是阻礙學習的學生特質？

㈠中、上階層的學生特質

一般而言，學生平時涉獵的書籍與文物較多，見識也較廣，因此上學時已具良好的基礎。由於上國小以前已受過學前教育（如托兒所、幼稚園），頗能適應團體教學與群體活動，接納老師與同學，有快樂的學習經驗。

由於家長重視長期目標的實現，多鼓勵延宕即刻的滿足，因此子女於學習時頗能堅持到底。學生對學業成就具有信心，也多能自動學習。學生在校的成績平均較高，完成高中教育的比例高，升大專院校的比例也高。在校時，平均出席率高，學生較少病痛或因故缺課。多數學生相信教育程度與未來就業與收入息息相關。學生在學時已在為未來的專業而計畫、而準備。一般而言，學生對自己有高度的自尊心。

㈡工人及低階層的學生特質

由於學生平時涉獵的書籍與文物不多，見識有限，上學時已頗感吃

力。加上進小學以前若未受過學前教育，一時難以適應團體教學與群體活動，不易接受老師或同學，缺乏愉快的學習經驗。

由於家長重視短期目標的實現，多鼓勵即刻的滿足。若子女於學習時遭遇挫折，容易放棄，難以長期堅持下去。學生對學業成就缺乏信心，多被動學習。學生在校的成績平均較低，完成高中教育的比例低，升大專院校的比例也低。在校時，平均出席率低，學生常因病痛或家裡有事而缺課。多數學生不認為教育程度與未來就業與收入有關。學生在畢業後，仍不清楚在事業上該往哪裡去，該做什麼準備。一般而言，學生對自己缺乏自尊。

第四節　性別的差異

一般中小學的教學對象幾乎男女各半，既然男女生在身體結構與生理方面有差異，瞭解他們在心理上是否也有差異，以便在教學上做必要的適應，也是一個有效教師應具備的條件。

首先要在此指出，我們所關切的與一般教學相關的是「性別」的差異，而不是「性」的差異。性別 (gender) 是指男女的社會角色而言，是心理與社會文化的特質；性 (sex) 則是指男女在身體結構與生理功能方面的特質。性別是社會化的結果。由於社會文化的差異，不同社會對男女有不同的期待，因此「性別差異」自然而然地是父母教養與教師教學的「產物」。有了性別觀念，男生知道自己是男生，言行像預期的男生一樣；女生肯定自己是女生，言行也像預期的女生一樣。

一、影響性別發展的因素

到底性別觀念或性別角色是如何形成的呢？我們來看專家的解釋。

㈠身體與生理因素

由於遺傳基因的差異，男生比較高大，肌肉發達，精力旺盛而好動；

女生比較矮小，肌膚細膩，舉止精巧而柔順。男女在大腦有組織上的差異，如女性大腦中聯結兩半腦的胼胝體較男性大，使女性更能覺識自己與他人的情緒反應 (Eisenberg et al., 1996; LeDoux, 1996)。

㈡社會化歷程

身體與生理因素在性別發展上雖有影響，但其作用有限，社會文化才是影響性別發展的主要來源。社會文化採取教導、觀察學習與認知等歷程來形成適合其社會的性別行為。

1. 父母與教師的教導

不可諱言的是，嬰兒一出生就接受不同的性別對待。新生嬰兒穿著不同顏色的衣服，接受不同的抱持姿勢與搖擺強度，或看著床上掛著五彩的蝴蝶（為女嬰）或飛機（為男嬰）。到會玩玩具時，女孩有的是洋娃娃、小動物或小廚房；男孩不是汽車、火車、飛機、槍枝，就是大熊。父母給女孩的閱讀材料偏重情感故事或人際關係，給男孩的閱讀材料偏重探險、科幻故事。女孩玩的場所是房間的一角，男孩卻有整個房間的運作空間。女孩因不快、不滿、不公而哭泣是可允許的，獲得安慰的；男孩卻被告知，不論如何他們的哭是可羞的、不該有的，甚至會被當場阻止的。女孩說話要輕聲、婉轉、有禮；男孩不妨高嗓、直爽、粗獷。若女孩向父母告狀，父母多挺身代為解決；若男孩向父母告狀，父母多要求他們自己解決。

兒童上學了，老師對男女生的言行、課程安排、事業期望也有差異。一般而言，老師對學生的注意，男生多於女生。老師多鼓勵女生上家政、簿記、會計、文史學科、社會科學等課程，鼓勵男生修數學、物理、化學、生物學或工藝科。對學生的未來就業選擇，老師多鼓勵女生求職於會計、護理、教育、諮商、社工、公關及服務業等；老師多鼓勵男生求職於律師、醫科、科技、工程、電腦及資訊管理等。雖說，職業不分男女，但社會文化的壓力，使男女朝向適合其性別角色的專業領域。

2. 觀察與模仿

俗語說「有樣學樣」、「上仿下傚」。我們的許多思想、態度、行為、習慣是經由觀察、模仿而來的。性別角色亦同。子女的認同父母，使父

母的言行自然地成為子女分別模仿的對象。同
理，當同儕的影響力與父母的影響力同等或超
越時，同性別同儕的言行，成為強有力的模仿
對象。另外，電視節目中的英雄或美女，也是
年輕學生羨慕與模仿的對象。難怪，現在的年
輕人崇拜球星、歌星、影星、電視明星，當被
問及歷史或社會上的英雄或名人時，許多人一
問三不知。

3.性別基模的效用

　　性別角色與性別行為一旦在社會文化中形
成，它成為指導男女的行為準則與刻板印象的
來源，我們稱之為性別基模 (gender schema)。

圖 5～2　一對穿著日本傳
統婚禮服飾的男女。

性別基模是一種認知結構，它深植於每個人的心中，個人自然而然地依
循它而生活、而工作。例如，一對男女一旦決定結婚，不論採中式或西
式婚禮，男女方各自知道如何穿著，如何行禮，如何待客。因為，個人
的言行在涉及性別時，知道該怎麼做才符合社會的期待或要求。

二、男女的能力差異

　　本章第一節已提及一般人在智力與性向上的差異，這裡我們要觸及
男女在能力上的差異。一般而言，男女在普通智力測驗上的表現，沒有
顯著的差異。在特殊能力方面，男生在空間推理、數學推理、機械推理
等方面較優越，女生在語文閱讀、寫作、語文記憶方面較優越 (Halpern
& LaMay, 2000; Halpern, 2006)。在學校課業成績方面，女生持續比男生
有較佳的表現 (Maher & Ward, 2002; Robinson & Lubienski, 2011)。

　　不論是能力或成就，男女學生間的差異有逐漸減少的趨勢。由於社
會文化的逐漸改變，性別角色的差異已逐漸消失，許多專業已不再由男
性或女性壟斷，因此有更多的女生選修數學與科學，有更多的男生選修
語文與社會學科。

三、性別偏見的影響

重男輕女是傳統的性別偏見 (gender bias)，身為教師本應避免或消除它才是。然而事實證明，教師於有意或無意間助長性別偏見的遺害 (DeZolt & Hull, 2001; Sadker & Sadker, 1994)。例如，教師在教室裡花更多的時間於男生身上，讓男生占更多的時間發問與作答，但較多男生被指出有學習問題與紀律問題；女生則多靜靜地等待自己問答的機會，也較少機會負責處理實驗室一類的工作。這類偏見在低社經階層社會中比中高社經階層更為嚴重 (Sadker & Zittleman, 2013)。性別偏見本是社會文化的產物，教師應注意自己是否對它的改善做出應有的貢獻。

第五節 個別與團體差異的教學涵義

學生在能力、認知、社經階層、性別等具有相當程度的共同性，奠定了團體教學的基礎；但學生在這些方面的差異，也使適應個別差異的教學成為必需，以充分發揮學生的潛能。以下一些建議，希望對關心與想瞭解個別或團體差異的老師，在行政上與教學上有所助益。

一、能力差異的適應

㈠為適應學生的能力差異，學校可考慮班內能力分組或無年級分組的教學措施

班內能力分組 (within-class ability grouping) 是將一班級之內的學生，依能力分成二至三組教學；無年級分組（Joplin plan，又譯作周普林計畫）是將不同年級的學生，依不同科別分班教學。能力分組旨在增加班級或組內學生能力的同質性，使學生在教學上能因而受益。

(二)為適應學生的不同智力因素，可以設計各種作業，以發展不同的智能

　　根據史坦波格 (Sternberg, 2002a, 2003)，人類有實用性智力、分析性智力與創造性智力等三種能力，這些能力是個人的成功所必需。根據賈德納 (Gardner, 1999)，人類有語言能力、邏輯─數理能力、音樂能力、空間能力、肢體運動能力、自知能力、人際能力與自然觀察能力等的八種智能。教師可以設計不同的作業或練習，使學生的各種智能得以充分發展。

二、認知類型差異的適應

(一)教師應確認學生的認知類型，並使教學策略能與認知類型相配合

　　既然老師的「教」與學生的「學」必須相互配合，瞭解學生的認知類型，有助於發展出適當的教學策略。事實上，調整教學以適應學生的學習類型有正面的學習效果 (Dunn et al., 1989; Ebeling, 2000)。

(二)改善與擴增學生的認知類型

　　根據史坦波格 (Sternberg, 1994)，學生不必謹守一種認知或學習類型，他們可以經由學習而擴增其認知或學習類型。擴增認知類型的結果，一學生可能在不同的教學方法或策略上都受益，不受原認知類型的拘束或限制。

三、社經階層差異的適應

(一)提升不同社經階層學生間的相互瞭解、互動與互助

　　工人與低階層社區的子女，不僅需要老師的瞭解與支持，也需要同

學間相互來往，增進彼此間的瞭解、互動與互助。來自不同社經階層的同學彼此互動，一則可以增加社經階層間流通的機會（如互訪同學的住家或鄰居），一則減少彼此間的隔閡、猜疑或誤會。

㈡實施重視文化的教學計畫

學校教育有偏重中產階級價值觀，忽視工人與低階層社會價值的現象。在這種情況下，學校以升學為優先，將學生予以分軌 (tracking)，如設立升學班與普通班（或稱就業班）。中產階級的子女多擠進升學班，工人與低階層的子女多被排入普通班。其結果，學校的教學也依雙軌而進行，升學班的語文、數學、科學等科目是主要課程，普通班的語文、數學、科學則是例行課程，不受重視。其實，工人與低階層的子女，有的是無力或無法升學，有的認為升學無用，更有的是自信不足或缺乏自尊。這裡所說的重視文化的教學計畫 (culturally relevant/responsive pedagogy)，旨在提升工人與低階層子女的語文、數學、科學的學習成就，並鼓勵他們選擇更具前途的專業。

四、性別差異的適應

㈠協助學生覺察性別偏見的存在

生活在充滿偏見的社會裡，不易覺察偏見的存在。性別偏見普遍存在於社會中便是一例。教師可以舉例說明社會裡的性別偏見現象，並要求學生從職業聘雇、員工敘薪、運動競技、文章報導、電視廣播、學校活動中找出明顯的或隱含的性別偏見做法。同時也協助學生省察自己，是否也有性別偏見的言行。覺察性別偏見的存在，有利於減少它對社會的傷害，也有助於男女平等的提升。

圖5～3　研究指出，在男女合班的班級中，教室內的發言次數、與教師口語互動的次數，男生都占有較高的頻率。

㈡鼓勵女生選讀數理、生物科學，鼓勵男生選讀文史、社會科學

　　若更多的女生念好數學、物理、化學與生物學，她們進入過去以男性為主的科學、醫學、數學、工程、技術行業的機會增大；同理，若更多的男生念好文學、歷史、社會學、經濟學、會計學，則他們進入過去以女性為主的護理、家政、社工、公關、教育、服務等行業的比例加大。教師若能協助學生做合理的選課，提升學生的學習成就，則學校教育能以實際行動改善社會上的性別偏見。

本章內容摘要

1. 適應個別與團體差異是重要的教育目標之一。

2. 智力可以界定為從經驗中學習與適應周遭環境的能力。主要的智力理論有：司比爾曼的普通因素論、卡特爾的流體智力與晶體智力論、薩斯通的基本心智能力論、史坦波格的三元智力論，以及賈德納的多樣智力論。

3. 智力是遺傳與環境互動的產物。

4. 現行的主要個別智力測驗有：史比智力量表與魏氏智力量表。

5. 智力商數呈常態分配，多數人的智力屬中等，中上與中下智力的人數比例遞減。

6. 性向為學習某些特殊知能的潛在能力。

7. 編製性向測驗的策略有：工作分析、理論分析、特殊知識的甄試或綜合調查。

8. 主要的認知類型差異有：場地依賴型對場地獨立型、衝動型對深思型、深入型對表面型。

9. 性別差異是指男女的社會角色，是心理與社會文化的特質，受身體與生理因素與社會化歷程的影響。

10. 男生在空間推理、數學推理、機械推理等較女生為優；女生在語文閱讀、寫作、語文記憶等較男生為優。這些差異有逐漸消失的趨勢。

11. 教師於教學時，有意或無意間有助長性別偏見的現象。

12. 為適應學生的能力差異，教師可考慮班內能力分組或無年級分組的教學安排；並設計各種作業，以發展不同的潛能。

13. 為適應學生的認知類型的差異，可使教學策略與認知類型相配合；並改善與擴增學生的認知類型。

14. 為適應學生的社經階層的差異，教師應提升不同社經階層學生間的相互瞭解、互動與互助；並且推動旨在協助低社經階層子女的重視文化的教學計畫。

15. 為適應學生的性別差異，教師應協助學生覺察性別偏見的存在；並鼓勵女生選讀數理、生物科學，鼓勵男生選讀文史、社會科學。

第 6 章 | 行為學習論

本章大綱

©ShutterStock

教師教導學生學習，必須瞭解學生如何學習。有時，我們會聽到一些對學生成績不十分滿意的教師苦訴：「我既辛苦又認真地教，就不懂這些學生是怎麼學的？」學生是怎麼學的，是教師應具備的重要知識，因為教師在校的主要職責就是教學。

學習 (learning) 是經由經驗或練習而獲得的相當持久性行為改變的歷程。由於它的複雜性，我們不妨對此定義予以說明，以澄清人們對它的可能誤解。學習是：(1)新行為的獲得 (acquisition)；(2)經驗或練習而非成熟的結果，成熟是遺傳基因活動的達成；(3)相當持久的，不是因疲倦或藥物刺激而引起的短暫改變；(4)與表現 (performance) 有別，表現是學習加上動機而表露的外顯行為，因此學習不一定有表現的存在。

從不同的角度看，學習有不同的歷程。本章將討論古典制約、操作制約、應用行為分析與行為學習論的教學涵義。

第一節　古典制約

古典制約 (classical conditioning) 又稱反射學習 (respondent learning)。「制約」是一種最基本的「學習」歷程。俄國生理學家巴夫洛夫 (Pavlov, 1927) 首先對古典制約做系統的研究，因此它被稱為古典制約。古典制約的基本歷程可以簡述於下。

一、行為的獲得

狗餓時見食物即自然地分泌唾液，因此其分泌唾液為本能的反射行為 (respondent)，並沒有什麼學習可言。於此，食物被稱為非制約刺激（unconditioned stimulus，US），對食物分泌唾液被稱為非制約反應（unconditioned response，UR）。若首次對狗搖鈴，我們沒有理由相信狗會對鈴聲分泌唾液。這時的鈴聲被稱為中性刺激 (neutral stimulus)。如果讓餓狗先聞鈴聲，隨即餵以食物，如此鈴聲與食物配對數次後，狗只聞鈴聲就不禁分泌唾液。此際，狗「學會」聞鈴聲而分泌唾液，古典制約因此完成。原來的中性刺激便成為制約刺激（conditioned stimulus，CS）；對鈴聲所做的唾液反應，稱為制約反應（conditioned response，CR）。簡言之，學習是制約反應的獲得。

黎甫席特 (Lipsitt, 1971) 以人做實驗對象，研究古典制約。他將空氣吹向嬰兒的眼睛，嬰兒自動做眨眼反應。吹氣是非制約刺激，眨眼為非制約反應。如果每於吹氣之前彈一聲調，如此重複數次後，嬰兒便學會聞聲調而眨眼。聲調已成制約刺激；對聲調而眨眼也成為制約反應。人們見閃電而躲避、一進餐館便開始流口水，均為古典制約的實例。

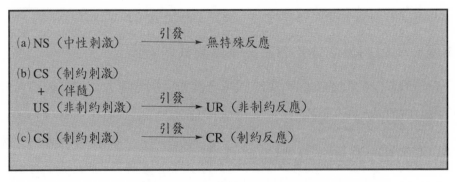

圖 6～1　古典制約的基本歷程

二、影響制約的主要因素

古典制約能否成為一個有效的學習歷程，受下列因素的影響。

㈠制約刺激與非制約刺激時距的臨近度 (contiguity)

制約刺激呈現後，非制約刺激的呈現，在時間上愈接近愈好。假如讓狗聞鈴聲後許久才餵以食物，則狗在「連繫」二者上有困難。

㈡制約刺激與非制約刺激呈現的順序

最佳的制約方式是制約刺激提示後半秒鐘提示非制約刺激；制約刺激與非制約刺激同時呈現居次；千萬不可把兩者的順序顛倒，否則無法有制約效果。例如，先餵狗後才響鈴，則鈴聲不能有引起唾液反應的作用。

㈢兩刺激相配對的次數

一般而言，兩刺激重複配對次數過少則難有制約效果。

㈣刺激的強度與特異性

適度的刺激強度與特異性（不與其他刺激混淆）才能產生制約。

㈤複合制約刺激常彼此相互競爭而削減其功能

一個以上的制約刺激，有時因複合而加強制約能力，但多數結果彼此相互削弱其功能。

三、習得行為的消止與自然恢復

可以習得的行為，亦可以消止 (extinction)。制約反應是習得的，因此可以予以消止。以前述黎甫席特的眨眼研究為例，對已學會對聲調眨眼的嬰兒，重複呈現聲調而不再噴氣入眼，則嬰兒的眨眼急驟減少以至

完全停止，這便是制約反應的消止。常見成人對兒童「聲色俱厲」但「不見行動」，則兒童不再對成人嚴厲的聲色而恐懼。然而，被消止的制約反應，於相當時間後，若重遇制約刺激，又自然地重被引起。這種「失而復得」的現象，稱為自然恢復 (spontaneous recovery)。有自然恢復的現象，表示被消止的行為並非完全被消滅，它僅是被學習者主動地予以禁抑的結果。

四、制約刺激與反應的類化

與原來的制約刺激類似的刺激亦能引起制約反應，稱為刺激的類化 (stimulus generalization)。例如，原來使狗分泌唾液的鈴是三寸大的，若三寸半大的鈴也能引起唾液反應，刺激便有類化作用。同理，反應亦有類化現象：同一刺激引起與原來制約反應近似的反應。例如，原來學會見閃電而往右躲，後來突見閃電乃往右後躲，同樣的閃電引起兩個類似的反應。

五、制約刺激的辨識

要求個體僅對一刺激做反應，不對另一類似刺激做反應，稱為辨識 (discrimination)。為學習辨識，正刺激 (positive stimulus) 與非制約刺激相配對，負刺激 (negative stimulus) 不與非制約刺激相配對。經過反覆練習，個體便僅對正刺激做反應，而不對負刺激做反應。例如，搖高音調鈴則對狗餵食，搖低音調鈴則對狗不餵食。反覆練習的結果，狗逐漸學會辨別高低音調的鈴聲。辨識學習於日常生活中頗為有用：辨別食物是否新鮮、辨別交通號誌、辨別是非善惡、分辨哪種野生菇類可以採食或辨認哪些蛇有毒等。

第二節　操作制約

　　操作制約 (operant conditioning) 為另一種學習歷程。行為主義者 (behaviorist) 史金納 (Skinner, 1938, 1948, 1951, 1968) 以老鼠或鴿子做實驗，將此種制約做系統的研究。史金納的基本概念與桑代克 (Thorndike, 1913) 在學習論上的效果律 (law of effect) 近似。桑代克認為行為因其後果的快樂與不快樂而決定其增減。史金納認為，人類的行為都是經由事後的增強而習得的 (Alberto & Troutman, 2012)。

一、操作行為的獲得

　　操作行為是個體主動對環境操弄的行為或反應。以老鼠的學習為例，將老鼠置於史金納箱 (Skinner box) 之中，使其有機會壓桿以取食（不壓桿則不得食）。老鼠在爬行中無意地壓了桿，見食物隨即落入盤中，因而取食。漸漸地，老鼠「發現」壓桿可以取食；每欲取食，便自動去壓桿。可知，壓桿已成操作行為，操作已成取食的工具，因此又稱為工具行為 (instrumental behavior)。操作制約也被稱為工具制約 (instrumental conditioning)。食物因壓桿而出現，並使壓桿次數因而增加。此時，食物被稱為增強物 (reinforcer)。操作行為因增強而習得，這便是操作制約的基本歷程。諸如，鴿子啄鍵盤以取食、人們上班以獲取薪俸、商人售貨以取得佣金、運動員競技以獲獎與學生勤學以榮獲讚賞等，都是因增強而獲得的操作行為。然而，並非所有操作行為都是合理的或令人接納的。兒童尖叫以引人注意、幼兒哭鬧以要挾父母擁抱、學童翻越校牆以取悅他人等，也都是操作行為。當然，其獲得是反教育的。

二、增強作用

　　增強作用 (reinforcement) 為一種措施（例如讚美），由於該一措施的

安排，使得個體行為出現的機率因而增加。一般而言，給獎是增強。由於給獎，受獎的行為因而增加，可見給獎引起增強作用。然而，並非所有的獎都成增強物，不是每次頒獎都有增強作用。增強與否，是事後的推斷，而非事前的肯定。一盒糖果對小明是增強物，可能對小英則不然。茲將增強的類別、性質與安排分述於後。

㈠正增強與負增強

於理想行為之後，給予個體增強物以增加該行為的機率，是正增強 (positive reinforcement)。例如，當學生正確地答對問題時，便給予嘉獎。於理想行為之後，移去令個體厭惡的刺激以增加該行為機率，是負增強 (negative reinforcement)。例如，老師一直抱怨某生不發言，該生乃起而發言，結果老師的抱怨也因而停止了。當媽媽的也很會使用負增強，她的善用嘮叨，增強不少子女的行為。總之，正負增強都在增強行為，一個是「給予」令個體「喜歡」的，一個是「移除」個體所「討厭」的。

㈡初級增強物與次級增強物

事物本身具有增強行為作用者，稱為初級增強物 (primary reinforcer)，如食物、飲料、性愛、睡眠等是屬於初級增強物。事物本身原來不具增強功能，但它經由個體的學習（古典或操作制約）而產生增強作用者，稱為次級增強物 (secondary reinforcer)，如金錢、獎狀、分數、證書、名分等屬於次級增強。可知，非習得的增強物便用「初級」來形容；習得的增強物便用「次級」來形容。

㈢增強時次的安排

人類的行為多經增強而強固，因此有效的增強安排可省時省事。如果每一理想行為都予以增強，便是連續增強 (continuous reinforcement)，這種增強在學習剛開始時（例如開始學用電腦）非常有效。如果不是每一行為都予以增強的做法，便稱為部分增強 (partial reinforcement)，這種增強法對抗拒行為的消止有良好的效果。

1.依時間安排

⑴定時增強 (fixed-interval schedule)

只要理想行為於每隔一特定時間之前仍然出現，不計其次數，即予以增強，稱為定時增強。例如，於早自修時間，教師每五分鐘巡視一次，見學生仍在勤於做功課，便予以口頭嘉勉。其他如學生的每週各項競賽、月考、學校的發放月薪等都是定時增強。此種增強安排最制式而普遍。但其缺點是：往往個體於接受增強物之後，其行為立即緩慢下來，等到接近下次增強物出現前，才恢復行為的原有水準。例如，每星期五有週考，一考完便鬆弛下來，等到考前再緊張。

⑵不定時增強 (variable-interval schedule)

只要理想行為於每隔不定的時間之前仍然呈現，不計其次數，即予以增強，稱為不定時增強。不定時增強使個體不知何時其行為會受到增強，因此不斷地表現其行為，以免向隅而失去增強物。例如，不定期的抽考、抽查與突檢等都是為維持高度行為頻率的措施。這種做法可以避免一曝十寒的現象。

2.依行為次數安排

⑴定次增強 (fixed-ratio schedule)

理想行為每達一定次數，不計其時間，即予以增強，稱為定次增強。由於接受增強之前所需行為次數固定不變，所以個體必須表現足夠的行為次數以獲得增強。例如，教師要求學生背誦二十個單字的意義，但每背對五個便得一小銅板當獎品，收集四個銅板便可以提前休息。許多「家庭工廠」按件計酬，有些學校按學分升級或畢業，便是定次增強。定次與定時增強一樣，有增強後行為遲緩與增強前行為才加速的不良現象。

⑵不定次增強 (variable-ratio schedule)

理想行為獲得增強所需的行為次數不予固定，稱為不定次增強。例如，各種彩券的得獎、賭場下賭注的贏輸、股票的買賣等，個體無法預知該買幾張彩券或該下多少賭資方能中獎。正因為如此，彩券與賭注令多少人著迷。可知，此種增強安排對行為的增強效率最高。

三、習得行為的消止與自然恢復

　　既然操作行為因增強而習得，其消止亦因增強的停止而消失。老鼠藉壓桿而得食，若繼續壓桿而不見食物，則其壓桿行為開始遞減以至完全消失。同理，學生的勤學一旦因增強而牢固，父母或教師因而疏於獎勵（甚至當作應該如此），結果勤學的習慣可能因此消止。操作行為消止後，隔一段時日，常因重遇原來的情境而自然恢復。例如，學生由勤奮而怠惰後，可能自然地又開始勤勞起來。

四、刺激的類化

　　操作制約與古典制約相仿，亦有刺激的類化現象。個體對一刺激做反應而受增強後，乃對類似刺激做反應以期獲得增強，是刺激的類化。對張阿姨叫「阿姨」而被誇獎後，小英見李阿姨立刻叫「阿姨」以期受獎，這便是類化。我們常說的「學以致用」便是典型的類化現象。

五、刺激的辨識

　　於操作制約中，若個體對甲刺激做反應則予以增強，對乙刺激做反應則不予以增強，個體便由此識別甲乙兩刺激，此為刺激的辨識歷程。若兒童以 6 答 3×2，便予以嘉勉；若以 5 答 3×2，則不予以理會；從此兒童便能逐漸學會做正確的反應。所謂「上下不分」、「是非不明」、「敵友不分」便是辨識不清的結果。辨識在認知、人格、情緒、道德等教學上非常重要。

六、行為塑造

　　人類或動物的複雜行為非一蹴而成，從完全缺乏某特定行為至理想行為之間有一連串行為有待學習。應用操作制約原則，增強逐漸接近理

想的連續接近行為，稱為行為塑造 (shaping)。例如，訓練鴿子打桌球，先則增強其啄球行為；次則增強其擊球過網的動作；再則增強其迎擊反彈球的行為；最後只增強打完一趟桌球的合乎理想的行為。學生的練習寫字、唱歌、舞蹈、球技等都經行為塑造的過程。事實上，行為塑造是一步步「迎新去舊」的連續制約與消止的歷程。

七、厭惡刺激

任何令個體厭惡或不快的刺激便是厭惡刺激 (aversive stimulus)，如創痛、病痛或懲罰等都是。對個體施以厭惡刺激，其目的在使個體停止其某一行為、逃離某一情境，或採取某一行動以防止厭惡刺激的持續出現。與厭惡刺激有關的學習有：懲罰、逃避訓練與迴避訓練等。

㈠懲　罰

當某特定行為出現時，對個體施以厭惡刺激，以壓抑或消除該行為，便是懲罰 (punishment)。懲罰只在減除或壓制行為，它本身並不增強行為。學生寫一錯字而受懲罰，他可能不再寫同一錯字以免受罰。懲罰雖然可能消除一些行為，但其一般效果並不理想。要達到其預期效果：懲罰的強度應該夠重；應該及時，不可拖延；應該前後一致，以免混淆；受懲者「同意」其用意等。懲罰最忌的是強度逐漸加重（增加個體的容忍度），或施懲後立即給予酬償，以對受懲者表示歉疚。懲罰常有下列副作用：個體憎恨施懲者；個體逃離施懲者或其情境（父母、老師或學校）(Martin & Pear, 2012)；個體說謊以免受罰；個體因而憤怒並頻頻攻擊他人。畢竟，「濫行體罰子女的父母，都曾是被濫罰的受害者」。

㈡逃避訓練

對個體繼續施懲使其採取某一特定行動，稱為逃避訓練 (escape training)。學童頭痛，到醫務室服藥止痛，便是逃避訓練的歷程。訓練學生逃避不良環境與不良行為，與訓練學生逃離火災、水患或震災等安全教育同等重要。

(三)迴避訓練

給予個體信號，若個體在特定時間內採取行動，則懲罰不致發生，是迴避訓練 (avoidance training)。學生勤學以免「考壞」，接受免疫注射以防疾病等「未雨綢繆」的行為，是典型的迴避訓練結果。

第三節　應用行為分析

古典制約與操作制約的共同點是，它們都在安排刺激以獲得目標行為，古典制約是刺激呈現在行為之前，操作制約是刺激（增強物）呈現在行為之後。也可以說，以古典制約模式學習，反應（行為）是由刺激引起的，所以個體是被動的，是反應式學習；以操作制約模式學習，刺激（增強物）是附隨在行為之後，因此個體是主動的，是操作式學習。於操作制約，目標行為一出現，若立即予以適當的增強，則該行為出現的機率因此增高，學習便有完成的機會。由於增強是附隨性的（也可以說是條件式的），個體（學生）的「責任」，是發現其行為與增強物之間的聯結關係，並主動出現行為，以取得增強物。外界環境（教師）的責任，是持續而穩定地維持理想行為與增強物之間的聯結關係，直到學習完成為止。

應用行為分析 (applied behavior analysis) 是科學的、有計畫的、系統的。它應用操作制約的原理，以改變個體的行為。在教學應用上，它包括：增加理想行為、形成新行為與減少不良行為 (Alberto & Troutman, 1999; Santrock, 2006)。一般而言，它所依循的步驟是：觀察行為的底線（通常表現）、決定要改變的目標行為、瞭解造成特定行為的來歷、決定行為達成的目標、選擇增強物或懲罰方式、執行行為改變策略與檢討策略得失等。

一、增加理想行為

適用於教學環境的應用行為分析技術有：選擇有效的增強物、使增

強物及時附隨理想行為、選擇適當的增強安排、考慮簽訂契約、有效運用負增強及使用提醒與行為塑造法。

㈠選擇有效的增強物

　　增強物是操作制約的主幹，因此選擇有效的增強物非常重要。由於學生的需求、興趣、嗜好、價值觀互異，選擇為個別學生需要的、喜歡的、重視的增強物，才能產生有效的制約。重複毫不稀奇的獎品或老套的讚美語，可能不產生增強作用。為此，教師應該事先瞭解個別學生需要什麼、喜歡什麼、重視哪些增強物，以便酌情使用。一般而言，新奇的或稀有的增強物，效果頗佳。

　　有時，活動也可以當增強物。以個體的高頻率活動增強其低頻率活動，稱為普理邁克原則 (Premack principle)。例如，小惠愛上網路交談，媽媽交代說：「做完功課，就可以上網。」上網便成為做完功課的增強物。

㈡使增強物及時附隨理想行為

　　教師應該向學生指出，完成哪些行為或活動才會有增強物。可知，增強物的給與是有明確條件的。同時，要使增強物有效，必須及時，這樣才能鞏固理想行為與增強物的聯結關係。

㈢選擇適當的增強安排

　　前節已提到，欲建立新行為，開始時宜採用連續增強，然後使用部分增強。於部分增強中，最有效的增強安排是不定時增強與不定次增強。唯學習作業有一定的標準與要求，不定次增強在教學時比較不適用。只要行為一旦建立，不定時增強會產生穩定而持續的行為，因為學生不能預測何時會有增強 (Lee & Belfiore, 1997)。

㈣考慮簽訂契約

　　要求學生完成某特定學習，得以師生共同簽訂契約的方式為之。契約載明學生應完成何種作業，教師應如何增強，並由雙方簽名，必要時由第三者簽名見證。

㈤有效運用負增強

負增強是以移除厭惡刺激來增強行為。例如，每次考試不及格，就得罰站，罰站是厭惡刺激。考及格了，厭惡刺激自然移除，考及格的行為也因此被增強了。

㈥使用提醒與行為塑造法

提醒 (prompts) 是給予線索或暗示，使學習得以完成。提醒可用口語、標語、公告等方式進行 (Kazdin, 2001)。如，「請靠右走」的標示，可以提醒學生靠右走的理想行為。

當提醒無法導引理想行為時，可用行為塑造的技術。行為塑造 (shaping) 是增強逐漸接近理想的連續接近行為 (Sarafino, 2012)。如某生每天遲到約十分鐘，只要他開始遲到十分鐘以內，即予以增強，然後九分鐘以內，然後八分鐘以內，直到不再遲到為止。

二、減少不良行為

根據行為論，不良行為也是因增強而習得的。事實上，我們常於有意或無意間增強錯誤或不良行為。例如，學生交上作業，由於題數多，教師一時無法細閱，於概覽後打勾表示接受，結果其中的錯誤，於無意中被增強。另外，如隨便離座、未舉手而發言、打斷他人說話等都是在無意間被默許或允許（增強）而成不合規範的行為。因此教師可以使用應用行為分析法予以減少。教師可使用的技術有：採用區別增強、終止增強、移除理想刺激與懲罰等。

㈠採用區別增強

教師使用區別增強 (differential reinforcement) 時，是在增強有別於所欲減少的不良行為。例如，於學生發言之前，教師只增強學生的「舉手」行為，而不理會「未舉手」行為，以區別何者是可接受的，何者是不被接受的。同樣地，以增強與不增強的方式分別處理「指名發言」與「未

指名發言」。如此，學生會清楚地瞭解「舉手與指名發言」是被接受的合理行為，也因而減少「未舉手」或「未指名發言」的不當行為。

㈡終止增強

一般而言，教師給予學生的行為太多的注意，而未察覺給予注意就是給予正增強。尋求注意、爭取注意是人的天性，也是重要的社會需求。若兒童不能從正常的或合理的途徑（如學業、課外活動、競賽）中得到注意，只好以不合理的方式取得（如不交作業、搗蛋、叫嚷、抗命等），甚至以挨罰等「苦肉計」獲得教師或同學的注意。當學生有搗蛋、叫嚷、抗命等行為時，不要以批評或指責對待（這樣做，就是典型的給予注意），盡量予以忽略或不理睬。忽略或不理睬是終止這類增強的最佳方式。

㈢移除理想刺激

如果上述技術不奏效時，可試用「暫停」或「反應償付」以移除理想刺激。

1.暫　停

個體被要求短暫地離開理想的刺激情境，或理想刺激被短暫地移開個體時，稱為暫停 (time-out)。例如，陳小英在遊戲時，開始衝撞他人，不守紀律，教師將他請離現場，站在附近某處五分鐘；吳大年在放風箏時，到處亂跑，絞亂別人的風箏，教師將他的風箏暫時沒收五分鐘，他只得看別人玩。

2.反應償付

不當的行為，只好有所付出。反應償付 (response cost) 是指以適當的代價作為對不良行為的償付。例如，劉啟明答問時愛不加思索地瞎猜，老師只好在他猜錯後，剝奪他下次答問的權利。在家裡，父母常以反應償付來處理子女的不當行為：如不按時做完作業，適量扣其零用錢；如違反宵禁，暫停使用手機。

㈣懲　罰

當特定行為出現時，對個體施以厭惡刺激，稱為懲罰 (punishment)。

懲罰的目的在抑制或移除行為 (Mazur, 2002)。現在許多國家禁止體罰 (Jones & Jones, 2013)，代之以口頭懲誡或其他懲罰方式，如警誡、停課、記過、休學、退學等。懲罰時應考慮事項，已於前述，教師應盡量避免因懲罰而影響教學時間與教學素質。

第四節　行為學習論的教學涵義

一、古典制約原則的教學涵義

㈠編製教材與課本盡量圖文並茂，使抽象觀念與語文學習更為容易

根據古典制約的臨近原則 (principle of contiguity)，使圖畫與文字適當地並列，可以產生聯想，增強記憶。有句俗語：「一張圖畫頂過千言萬語」，更道出文圖並列的奧妙之處。

㈡布置適當的學習環境

父母送子女上學，希望他們喜歡其就讀的學校，亦喜歡學習。例如，學生一定會喜歡到處可見令人親近的師生、操場上有充分的運動設備、校園有美麗的樹木與花草以供欣賞、教室有安適的課桌椅、校內充滿益智的圖書與畫冊、有足夠的新而實用的電腦可用與安全的校園及社區，這種良好的刺激環境，一定引起學生喜愛學校的積極行為。反之，校內充滿冷漠面孔、校園髒亂不堪與設備簡陋的學校，只會引起憎惡或逃避的行為。在教室裡，有常面帶笑容的老師、由淺而深的教材、生動而有效的教學法與賞罰分明的教室管理，這些都可以產生良好的制約。反之，教室裡有位滿面怒氣的老師、過易或過難的教材、令人昏睡的教學法與獎懲不公的教室管理，這些都可能引起不良的制約。

二、操作制約原則的教學涵義

(一)多獎勵，少懲罰

　　教師都知道行為賞罰的一般後果。但是，增強的應用需要細心與耐心。浮濫的獎賞不一定有增強作用，徒然浪費；吝於獎賞易使理想行為瞬即消失。適度而合理的增強措施，可使外來增強 (external reinforcement) 逐漸換化為內在增強 (internal reinforcement) 或自我增強 (self-reinforcement)。內在增強是兒童自我勉勵；自我增強既可自我口頭嘉勉，亦可自己給自己買個喜好的東西當獎品。懲罰以少用與慎用為原則。如須使用，則應公平、合理與前後一致，並與增強配合。例如，兒童初寫別字應扣分，但他事後改正則應予以加分。然而，一些老師不如此處理。老師認為錯就是「錯」，對則是「應該的」。其結果，學生寫對了字，只是怕扣分，與「對」無緣，因為老師不增強它。許多父母與這類老師的做法相似：太多的打罵，太少的獎勵。

(二)採用編序教學與電腦輔助教學

　　史金納 (Skinner, 1968) 推崇編序教學 (programmed instruction)，因它合乎操作制約的原則。它將教材依序化分為細小的單位或結構 (frames)，學生可因此按部就班地學習。每一結構有一段敘述與問題。問題可採選擇題、填充題或是非題。學生念完敘述便應答題。如果學生不能正確地答對一結構的問題，便無法進行次一結構的學習，因為下一結構是根據前一結構所提供的知識而編擬的。編序教學有兩種不同的組織形式：線形程式 (linear programs) 與分支程式 (branching programs)。前者將所有結構依先後次序編妥，使學習依直線進行，無法跳躍或分支出來。後者將結構彈性地安排，使某結構與幾個不同結構分支承接；學生答對則向次一結構進行，否則回原結構或分支到較易結構學習。許多附隨課本的學生作業本，採用線形程式編寫。

　　由於電腦的普及，加上其容量、速度、多媒體與程式的進步，編序

教學已逐漸為電腦輔助教學 (computer assisted instruction, CAI) 或電腦為本教學 (computer-based instruction, CBI) 所取代。電腦輔助教學的優點在於：由易而難，循序漸進；立即回饋學習結果；增強正確的作答；適應個別的學習能力與速度。研究顯示 (Kulik, 2003)，使用電腦輔助教學的結果：一般學生有較佳的平均學習成就表現；有較佳的長期記憶。然而電腦能否輔助教學，要看教師能否設計相關的學習活動，與學生互動，從旁鼓勵學生，提供必要的評量 (Cuban, 2001; Grabe & Grabe, 2004)。

㈢採用應用行為分析，改善學生的行為

為達到改善行為的目的，首先應有明確的目標行為 (target behavior)，瞭解行為的起點基線 (behavior baseline)；選擇最適宜的增強物與增強時次安排；並實際地逐步改變行為。例如，教師欲使小明擅自離座的行為由約每五分鐘一次（基線）修正至零次（目標）為止。教師決定使用計分法作為獎懲辦法：若小明於每五分鐘內未擅離座位，則於黑板右上角畫一綠線；若於同時間內擅自離席則畫一紅線。五十分鐘後，若紅線開始減少而綠線開始增加，則開始給予獎品。若能持之以恆，小明的擅離座位行為應該逐漸減少。若紅線反而增加，則可以採用課後留校、不准參加遊戲或剝奪權利等方法懲誡之。

一般而言，簡易的不良行為（如不待指名便隨意發言）較易修正；複雜的不良行為（如逃學、說謊、拒絕溝通等）其修正比較困難而效果差。應用行為分析最受批評者有：⑴許多行為的良好與否不易肯定（沉默不常是「金」，直爽有時被視為魯莽）；⑵到底應由何人決定行為是否良好；⑶行為改變的效果短暫，容易故態復萌；⑷許多受改變者，其目的在獎品，不把善行當目的。

為避免上述缺陷，下列建議值得參考：⑴不只教師須瞭解為何要改變兒童的某一行為，兒童自己亦應瞭解並同意該行為的改變做法，甚至徵求父母的諒解、同意與合作；⑵行為的改變應由他律逐漸進展至自律，使外來的增強變成內在的自我增強。

本章內容摘要

1. 學習是經由經驗或練習而獲得的相當持久性行為改變的歷程。

2. 古典制約的歷程是，一中性刺激與非制約刺激聯結多次後，引起類似非制約反應的制約反應。

3. 影響古典制約的因素有：制約刺激與非制約刺激的臨近度、兩刺激呈現的先後順序、兩刺激的聯結次數、刺激的強度與特異性，以及複合制約刺激間的抑制。

4. 行為經由古典制約而習得後，若重複制約刺激而不再聯結非制約刺激，則行為有消止現象。消止的行為常有自然恢復現象。

5. 古典制約有刺激的類化現象與刺激的辨識現象。

6. 一行為呈現後，若隨即增強，該行為呈現的機率因而增加，便是操作制約的歷程。

7. 增強有正增強與負增強之分；增強物有初級增強物與次級增強物之別，次級增強物是習得的。

8. 增強時次的安排有：依時間而安排的定時增強與不定時增強；依行為次數而安排的定次增強與不定次增強。

9. 操作行為因增強的停止而有消止現象；操作制約亦有刺激的類化與辨識現象。

10. 令個體厭惡或不快的刺激是厭惡刺激。對個體施以厭惡刺激以壓抑其行為便是懲罰；使用厭惡刺激可以進行逃避訓練與迴避訓練。

11. 應用行為分析技術包括：增加理想行為與減少不良行為。

12. 古典制約原則的教學涵義有：編製教材與課本盡量圖文並茂，使抽象觀念與語文學習更為容易；與布置適當的學習環境。

13. 操作制約原則的教學涵義有：多獎勵，少懲罰；採用編序教學與電腦輔助教學；與採用應用行為分析，改善學生的行為。

第 7 章 | 社會認知論與社會建構論的學習論

本章大綱

©ShutterStock

班度拉 (Bandura, 1977, 1986) 重視行為、認知與環境對學習的影響，批評操作制約過分簡化學習歷程，因此提倡社會認知論 (social cognitive theory)。他認為人類的學習，為個人與其特殊的社會環境繼續交互作用的歷程。社會上充滿「上仿下效」、「見賢思齊」與「耳濡目染」的社會認知學習的例證。

重視文化傳承的維克次基 (Vygotsky, 1978)，同樣重視社會因素（指觀察與模仿他人），但更強調學習者的知識建構功能、知識對學習者的含義與合作學習的重要性，因此他的學習論被稱為社會建構論 (social constructivism)。本章將分別予以討論。

第一節 社會認知學習論

一、因素互定模式

班度拉 (Bandura, 1997, 2004) 認為行為 (behavior)、認知 (cognition) 與環境 (environment) 是三個相互決定 (reciprocal determinism) 的因素。其關係如圖 7～1 所示。

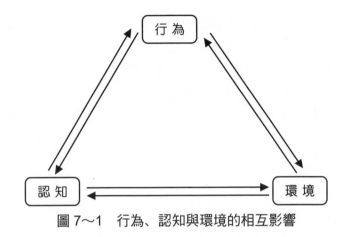

圖 7～1　行為、認知與環境的相互影響

　　例如，有個學生名叫張文彬（虛擬），他認為教育對未來的事業很重要，因此加倍努力（認知影響行為）；由於他的努力，使他對事業的準備更為完善，他因而更堅信教育的貢獻（行為影響認知）；他對教育的積極看法，獲得父母與師長的讚賞（認知影響環境）；父母與師長的讚賞使他對未來更有信心（環境影響認知）；父母與師長的讚賞也使他的努力更能堅持（環境影響行為）；他堅持到底的做法，獲得大家的大力支持（行為影響環境）。

二、觀察式學習

　　班度拉指出，個人可經由觀察他人的行為而習得該行為，因此社會學習又稱觀察式學習 (observational learning)。觀察學習一如模仿，因之稱為模仿學習 (modeling)。例如，兒童觀察老師書寫生字於黑板上，兒童便能依樣把生字寫在自己的練習簿上。當教師依生字的筆順一筆一劃地書寫示範時，兒童如果聚精會神地觀察，他便在認知上（獲取心像或對自己一一敘述）模仿教師的書寫經驗。如果需要，他可在回家幾小時後，依其記憶把生字寫下來。

(一)觀察的效應

　　觀察他人的行為或榜樣 (model) 對自己的行為有下列的影響。

1. 觀察他人的行為後，只要略微變異，可以產生新的行為。例如，學畫虎不成畫成貓。
2. 觀察一榜樣，使先前的學習獲得加強。例如，參觀書法展後，回家小試幾筆，更覺自己的書法應該力求進步。
3. 觀察他人的行為後，可能抑制 (inhibit) 或放鬆 (disinhibit) 自己的行為。例如，見他人在公園裡閉目打坐，自己不禁克制原有的怒氣；反之，見自己支持的拳擊隊員轉敗為勝，恨不得自己也給對方補上一拳，並高喊「再揍!」

㈡觀察學習的步驟

成功的觀察學習經歷注意、保持、展示、動機四個步驟。

1. 注　意 (attention)

榜樣要能引起觀察者的注意。亦即，刺激的本質決定注意是否產生。

2. 保　持 (retention)

觀察者決定模仿某人的行為後，不僅注意被觀察者的行為，而且要設法編碼、記憶並保存下來。因此，觀察不僅是看看而已，而且要把要模仿的內容與其結構規則也記下，以便後來能在自己身上展現出來。

3. 展　示 (production)

欲展示所學，觀察者應該：⑴把行為的要素加以選擇並組織起來；與⑵根據旁人的意見或反應，把欲展示的行為予以「加工」，使其更為完美。

4. 動　機 (motivation)

學習者是否展示觀察所得，要看有沒有增強的存在。廣義的增強作用對觀察學習非常重要。它包括下列三種增強作用。

⑴直接增強 (direct reinforcement)

指模仿後，來自被觀察者或師長的物質獎賞或言詞讚賞。

⑵替代增強 (vicarious reinforcement)

指觀察者預期在他完成模仿後，也跟被觀察者一樣，在精神上有應得的榮譽或懲罰。例如，見同學受獎，便自我振作；見同學喧鬧而被老師叱責，也能約束自己的類似行為。社會上常有的「當眾頒獎」或「殺一儆百」，便是利用社會學習的替代獎懲原則。

(3)自我增強 (self-reinforcement)

　　指觀察學習後，以能完滿學習而自傲，無需他人獎評，完全由自己增強自己。同理，自我懲罰是觀察他人因不良行為而受罰，自己也覺得不該有類似的不良行為，因而自我懲誡。班度拉 (Bandura, 1973) 曾言：「沒有比自我藐視更具破壞的懲罰」。

　　班度拉所提出的動機動力是廣義的，它包括直接增強及屬於人際的與社會的符號增強 (symbolic reinforcement)。替代增強與自我增強便是班度拉所強調的符號增強，它不需加諸於學習者自己的行為上方能產生增強作用。

㈢有效榜樣的特徵

　　模仿具有選擇性，不是逢人就模仿。到底哪些榜樣的特徵會引人注意而模仿呢？班度拉 (Bandura, 1986) 給了下列的答案。

1. **才幹 (competence)**：我們愛找那些有成就的、成功的人來模仿。
2. **名望與權力 (prestige and power)**：那些成名的、有權勢的也是我們仰慕的對象。
3. **適合性別角色 (gender appropriate)**：我們會顧慮所選擇的模仿對象，合不合自己的性別角色。
4. **有益於自己的現況 (relevant to own situation)**：我們藉模仿來改善自己的現況，如正在競選班代表的人，決定模仿那些高票當選的議員如何拉票。

三、自我效能

　　社會認知論非常重視認知對行為的影響，其中一個重要的認知是自我效能。自我效能 (self-efficacy) 是個人自信能掌控情境、產生正面結果的一種信念。可見自我效能與自我觀念近似，都是對自己能力的評估，但是它更針對某特定情境而思考。例如，你的同事正為一位難纏的家長而頭痛，你知悉後對他說：「這件事由我來，你放心。」表示你對處理那類事件有高度的自我效能。

㈠影響發展自我效能的因素

高自我效能是為人處世的可貴特質，它的發展受哪些因素的影響呢？看看班度拉等 (Bandura, 1986, 1997; Schunk, 1989a) 怎麼說。

1. **自己的成敗經驗：** 對某件事的處理，成功經驗的累積提升自我效能，頻頻失敗或失誤降低自我效能。
2. **來自他人的看待：** 他人給予正面評價與鼓勵提升自我效能，他人的負面評斷或勸阻降低自我效能。
3. **外來的借鏡：** 與自己相似者在處理某件事上的成敗經驗，影響自己的自我效能。我們常聽有人說：「他行，我也行」。
4. **團體的成敗經驗：** 成為團體的成員，若團體成功了，成員的自我效能也提升了，若團體失敗了，成員的自我效能也跟著減弱了。

㈡自我效能對行為的影響

根據觀察 (Bandura, 2000; Schunk, 1989)，自我效能對行為有下列的影響：

1. **行動的選擇：** 個人會選擇他能成功的、能避免失敗的活動。
2. **努力與堅持：** 高自我效能者會更賣力、更堅忍，直到事成為止。
3. **學習與成就：** 高自我效能者比低自我效能者學得更多，成就更大。

四、自律學習

當老師的，最愛看到自己的學生能有清楚的學習目標，自動自發地學習，堅持所學，不斷地自我督導，並不時檢討所學（包括策略與結果）。這就是我們教育界非常期待的自律學習。自律學習 (self-regulated learning) 是社會認知學習論下的一個重要學習歷程。自律學習是一種自律行為 (self-regulated behavior)，它具有自我才幹的判斷與自控的信念，並且有下列的行為特徵 (Ormrod, 2003; Schunk & Zimmerman, 2006; Schunk, 2012)。

㈠自律行為的特徵

1.自定目標與標準: 自己決定所欲達成的目標與達成目標的行為標準。
2.自我監督: 自己在行為歷程中觀察自己,瞭解自己行為的得失。
3.自我教導: 自己對自己以語言或無言的方式告訴自己如何操作。
4.自我評鑑: 自己以自定或客觀標準評鑑自己的行為或行為結果。
5.自我增強: 自己對自己的行為結果予以適合自己的獎懲。

㈡自律學習能力的獲得

　　兒童或青少年的自律學習能力可能從父母或教師的示範、指導、模仿中學習而得。其習得的步驟如下 (Zimmerman, 2000, 2002b):
1.觀　察 (observation)
　　學生觀察模範計畫（如教師的教學計畫）如何訂定目標、如何設計達成目標的策略、如何選擇教學材料與如何評鑑進程與結果。
2.模　仿 (emulation)
　　學生模仿一些行為、壓抑一些行為、釋出一些自己的行為,並加速完成模仿學習。
3.自　控 (self-control)
　　學生已能在沒有樣本的顯示下,獨自展示所模仿的行為。此時,學生已能全程自導自演。
4.自　律 (self-regulation)
　　學生已能在自己的興趣與內在動機下,起動、監控、評鑑所模仿而來的全程學習活動。

㈢自律學習者的特徵

　　持續維持自律學習的學生,稱為自律學習者 (self-regulated learner)。自律學習者是最理想的學生 (Paris & Paris, 2001; Veenman, 2011),他們有下列特徵:
1.有高度的自我效能 (self-efficacy),自信對所處的情境能有效地掌控 (Bandura, 1997)。

2. 知道並運用有效的學習策略 (Dembo & Eaton, 2000; Winne, 1997)。

3. 學習動機來自學習本身，不是來自等第或他人的讚許 (Schunk, 1995)。

4. 堅持學習，直到滿意地完成為止 (Williams, 1995)。

5. 有終身學習的動機 (Corno & Kanfer, 1993)。

6. 以增長知識為學習目標、有效控制自己的情緒、定時監控達成目標的進度、改善並調整作業進程與評鑑成功的可能阻障 (Winne, 2001)。

第二節　社會建構學習論

　　身為教師必須知道，在教學時學生不是一臺錄音機或錄像機在被動地錄下教師的教學活動。心不在焉的學生固然不知老師在說什麼、寫什麼；注意傾聽的學生，大腦裡也沒有老師講課的翻版或複份。學生所有的是經過自己不斷聽取、理解、重組與建構的新知，它可能與老師的講課有些近似，但它是獨自的、與眾不同的。換言之，每個學生時刻在「編著」自己的知識。建構論 (constructivism) 試圖解釋個體如何建構自己的知識。

一、建構論下的知識觀

　　建構論是個泛稱，代表不同的建構主張，然而所有的建構主張有下列的共同看法 (Snowman & Biehler, 2006)：

㈠有意義的學習是經由自己的體驗主動創造知識的歷程

　　每個學習者利用既存知識、興趣、態度、目標等，選擇與解釋現有的資訊，以建立自己的世界觀 (Brooks & Brooks, 2001)。

㈡知識是經驗的自我詮釋，因此知識的本質不能完全轉移至他人

　　個人在詮釋經驗時受其性別、年齡、族群背景、文化等因素的影響，因此知識在轉移至他人時不免有部分會喪失。嚴格地說，我們無法「完

全」瞭解他人在想什麼、說什麼。

(三)雖說知識是個己的，但真理則是大家共認的

　　個人對世界萬象做觀察、驗證假設與下結論時，往往與他人的看法相一致，也因此公認的真理是存在的 (Hung, 2002)。

(四)知識經由分享不同觀點而改變或修正

　　經由系統的、公開的討論或辯論，個人的知識得以改變或修正 (Hay & Barab, 2001)。

圖 7~2　建構論者相信，人們會主動地理解周遭的世界，以便能夠進行預測與控制。

二、社會建構論

　　社會建構論 (social constructivism) 是建構論的一支，有別於認知建構論。以皮亞傑為主的認知建構論認為，個人在學習時，將所見所聞予以同化，然後納入既有的認知結構（基模）裡，使成為新的知識；維克次基的社會建構論則認為，個人在學習時，與師長或同儕相互討論、交換觀點，以建立新的知識。依社會建構論的觀點，知識的建構有下列條件。

(一)情境認知 (situated cognition)

　　社會建構論主張，認知在真實世界的社會與物理情境中活動才有意義，因此為適應實際生活，解決實際問題而進行的學習才是有意義的學習。換言之，建構知識不在於內心，是在學習的情境中。

(二)支撐作用 (scaffolding)

　　社會建構論認為，教師或優秀同儕的職責是依實際需要從旁支撐（協助）學生的學習。學習剛開始或學習有困難時給予較多的支撐，當學生的能力有了增長，則應減少支撐的程度，令學生逐漸自力學習。

㈢認知見習制 (cognitive apprenticeship)

文化的傳承採取認知見習最為有效。在學習時，師生的關係一如師徒的關係。教師示範所學，說明學習的認知歷程，然後將學習的責任逐步交給在旁見習的學生，並適度地支撐其學習 (Englert, Berry, & Dummore, 2001)。

㈣多方觀點 (multiple perspectives)

由於實際生活與待解問題是複雜的、多方面的，知識的建構也要參酌多方的看法或意見。經由小組的討論或辯論而建構的知識，具有協商的意義，才能切合實際的需求。研究發現，由三、四個同學所組成的合作學習 (cooperative learning)，能提高學習動機與同學間的相互依賴性 (Johnson & Johnson, 2002)。

三、社會建構論的應用

維克次基的社會建構論認為，個人在學習時，與師長或同儕相互討論、交換觀點，以建立新的知識。學習應為適應實際生活，解決實際問題而進行才會有意義。社會建構論已被應用在教育上的計畫有：培養學習者社區、思維學校與協同學校。

㈠培養學習者社區

培養學習者社區 (Fostering a Community of Learners, FCL) 是布朗與坎平安 (Brown & Campione, 1996) 為市區小學所發展出來的教學計畫。「思考」與「討論」為主要教學活動，如建設性批評、疑問、質詢與評論。教學主要的策略如下：

1.以成人為榜樣

專家或教師先向學生介紹教學單元的主要觀念與難懂的原則，然後示範如何思考、如何推論。成人開始要求學生為自己的意見或想法辯護，或找出支持觀點的證據，甚至想出與原則相悖的例證。

2.兒童教導兒童

給予較年長的兒童教導較年幼兒童的責任。他們得以面對面或電子郵件方式教學，並藉此培養同儕間的合作學習。此法也採用類似併組教室的小組教學法。

3.網上電腦諮詢

網上專家使用電子書信方式指導學生，啟示學生學習與理解的真諦。網上專家也成為思考的榜樣。

培養學習者社區是在培育一個相互模仿、交換、分享、解疑、指導與學習的社區。社區裡的學生都能瞭解與活用所學，他們在閱讀、寫作與解決問題方面都有良好的成就。

㈡思維學校

思維學校 (school of thought) 是雷蒙等 (Lamon et al., 1996) 所設計。其主要教學措施如下：

1.課 程

以實際問題或實際計畫作為學習科學、數學與社會研究的策略。例如，學生學數學的目的不在學會如何填寫數學公式，而在學習如何利用數學公式去解決實際生活中的科學與社會問題。因此，學習的重視科際聯繫與整合，表現在解決跨科際的現實生活問題上。

2.教 學

學生對所學與解決問題有參與計畫與組織的責任。學生不但要自己思考，而且要與同儕合作，分享思考。與此同時，專家或教師要保持課程與教學的統整性，使學生專心於學習所計畫的課程。

3.社 區

思維學校要教師與學生把自己看作社區的成員，以解決社區問題的歷程去瞭解並改善自己的社區。

4.科 技

學校鼓勵師生使用電腦科技，在網上與其他學習者交談、討論、發問、作答、交換資訊、相互指導。教學不再局限於教室之內。

5.評　量

　　思維學校偏重評量實作表現 (authentic performance)，瞭解學生「做」的能力，也就是解決實際問題的能力，不重視一般成就測驗的分數。

㈢協同學校

　　協同學校 (collaborative school) 是設立於美國猶他州鹽湖城的一所獨立小學。它是由學生家長與教師協同合作的學校 (Rogoff et al., 2001)。每送一個兒童上該校，家長每週要義務到校三小時，充任教師、助理或學習小組諮商員。開學前，教師到學童家與其父母共商教學計畫，以後每月開會一次，持續商討有關教學的工作。

　　學校課程是以小組方式進行團體學習，學生與教師，學生與家長，學生與學生，在小組裡相互討論、分享知識、相互合作與彼此支持。教學重視學生的興趣與內在動機；給與學生做決定的機會；對學習單元做深入的瞭解；並且依賴多方的教學資源，不依賴課本。

　　值得注意的是，每週一的上午，一、二年級的學生要為自己建立的小鎮而努力。他們要票選鎮名與鎮長、任命政府官員、分配工作、設立商店、印發鈔票、建立銀行，並且編印報紙。遇有問題，由鎮民大會討論解決。這個建立與經營小鎮的計畫，不僅切近實際生活，也獲得將各科學習融合為一體的寶貴經驗。

第三節　社會認知論與社會建構論的教學涵義

一、社會認知論的教學涵義

　　人類從觀察、認知到模仿並非出自盲從。人們常僅僅模仿適合其生活方式的榜樣。社會認知論者既然重視模仿學習，他們對於被模仿的榜樣特別關注，因為「近朱者赤，近墨者黑」。個人可模仿的對象很多：在家庭裡有父母或兄弟姊妹；在學校有師長與同學（尤其是同儕）；在社會上有各行各業的科學家、專家、企業家、藝人及政治上的風雲人物；在

歷史上有名人或英雄；在小說或戲劇裡有虛構但感人的主配角等。在此，就教師能協助學生的觀察學習，做簡扼的評述。

㈠教師應成為學生學習的榜樣

依蓋志與柏林納 (Gage & Berliner, 1988) 的看法，教師是學生的首要榜樣。「為人師表」一語，就是肯定教師在模仿學習中所扮演的積極角色。當然，此話的用意代表社會的深切期望：希望他們的子女在校，是在有學識、有才幹、友善、關心、開放、堅忍與公平的師表下求學；希望這些行為特徵成為學生的模仿對象。與此同時，家長們不願看到教室裡有知識浮淺、無能、愛動粗、急躁、易怒、易餒、冷漠與偏心的師表。於教學時，對學生最有影響的教師行為是：如何把觀念解釋清楚，如何做示範，如何解決問題，如何排解衝突，如何對社會、經濟、政治表達看法並做預測，以及如何在道德的陷阱中做價值判斷等。

㈡選擇適當的同儕，作為模仿的對象

兒童的同儕也是觀察學習的對象。根據研究 (Schunk, 1987)：⑴兒童懷疑自己的能力時，易以同儕為榜樣；⑵兒童懷疑同儕的能力時，易以成人為榜樣；⑶兒童喜歡同性的好榜樣；⑷兒童有高度的消極自我觀念者，喜歡模仿由失敗但克服困難而終於成功者。可知，瞭解同儕的影響，有助於協助學生從交友與參與社交活動中模仿其選擇的對象。

㈢增進有效的觀察學習

由於模仿學習在日常生活與學習中時時刻刻都可能發生，因此教師可以指導學生做更有效的模仿學習，以免在學習中因受挫而放棄。模仿受挫的原因很多，其中有些是可以控制的。例如，注意的焦點放在錯誤的表徵上（如以為西裝筆挺是成功者的表徵）、觀察不周而顧此失彼、對自己的仿做能力錯估、記憶模糊不清、展示時缺乏適當的回饋與增強的不足等。希望教師能從協助學生改善模仿效果著手：如指導學生分析行為的表徵、適當地分配注意、客觀衡量模仿某一榜樣的自我能力、增強記憶的保持（用筆記或錄音錄影設備）與給予展示應有的評量與增強。

許多兒童或成人喜歡模仿，但又經不起失敗的挫折，乃暗中私自進行，既缺乏指導，又不肯啟齒求助，由於一挫再挫，終於失去自信而放棄。

㈣提升學生的自我效能

學生的自我效能反映個人在特定學習上的成敗經驗，因此要提升學生的自我效能，不是喊喊口號或口頭鼓勵就能奏效，必須在妥善安排的作業中，逐漸讓學生嘗到成功經驗的喜悅，並在從旁支持中成功地解決實際問題。因此，沒有助益的比賽或較量應盡量減少，不切實際的籠統回饋（如對學生的任何表現都說好）也應該避免。

㈤培養自律學習的習慣

培養學生自律學習的習慣是教師的長期任務。它應從幼稚園與小學低年級開始。教師可以使用直接教學與示範著手，提供適用於自律學習的作業或活動，並採用回饋與增強，逐步培養自律學習應有的技能與態度，必要時給予適當的引導與練習。學生在校時，若能奠定「終身學習」的自律學習習慣，是他們的福氣，也是教師一生難忘的最大驕傲。

二、社會建構論的教學涵義

㈠提供學生建構知識的機會，使其學習富含意義

由學生自己建構的知識，對學生才有意義可言，也才會引起學習的興趣與努力。若教師將大量堆疊的作業，未經學生的體驗或建構程序，卻要學生抄寫或背誦，不僅對學生毫無意義可言，終將對學習產生厭惡。

教師應提供與現實生活有關與待解的實際問題，作為建構知識的最佳學習情境。由於多數待解的問題是複雜的，教師可以協助學生組成學習小組，以協同方式解決問題。學生亦得以討論的方式，學習聽取與綜合多方意見，提升其對知識的協調建構能力，也使所得的知識有廣泛的應用價值。

㈡視學生為積極的學習者與意義的發現者

填鴨式教學把學生看成被動的學習者，因此其教材也容易忽略學生的既有認知結構。新教材只有在它與既有知識相關聯時方能產生意義。例如，作者於美國任教時，對一群美國學生在黑板上寫一「口」字，然後問他們誰認識這個中文字。在沒人答對後，作者便改寫道："The dentist asked the patient to open his 口 ." 他們立即異口同聲地答道："mouth" 這時「口」字對他們產生意義，因為「口」字與他們已有的認知結構（牙醫的職務）有關的文句相關聯。可知，學生在學習時，一直試圖使「未知」與「已知」相關聯，以便使「未知」成為「新知」（但它也馬上成為「已知」）。因此，教師應看重學生積極主動學習的一面，進行有意義的學習，防止對學生死塞活塞所有教材。

㈢提供學生高度參與的學習機會

教導是教師的職責；學習是學生的責任。例如，過多的講演教學，無法讓學生做該詮釋的詮釋、該思考的思考或該發現的發現。採用解決問題教學法，能提供學生最多的學習機會：學生學習如何發現問題、瞭解問題性質、形成假設、搜集相關資料與進行證驗與評鑑問題解決的效度。教師的任務是提供結構良好的學習環境（使問題比較容易被發現與解決），協助學生形成假設與證驗假設，以達成解決問題的學習。

㈣設計並推展適合國情的建構學習

國人在教育改革中引進了建構學習的教學概念，值得讚許。不幸，在把建構學習一概念轉化到教材的編寫與實際教學時產生了偏差，因此遭受家長與社會的質疑。這個重視兒童思考活動的教學，本應是受歡迎的教學策略，結果有人誤將數學的一些演算步驟 (algorism) 當作知識的建構歷程 (constructivism)，每個兒童硬被要求「倒著走」，既沒有真正的由自己建構知識的學習歷程，又缺乏由建構而產生的新意義。

希望對學科教學有所專精的專家與學者，能與實地教學的教師合作，在建構論概念的指導下，設計並推展適合國情的建構學習計畫，並以合作學習與教師的支撐下，提高學習動機，培養人際關係，並改善學習成就。

本章內容摘要

1. 社會認知學習論重視認知、行為與環境的相互影響關係。它強調觀察式學習、自我效能與自律學習。

2. 觀察學習的步驟包括注意、保持、展示、動機等四步驟。

3. 社會認知學習論指出，增強有直接增強、替代增強與自我增強，後二者是符號增強。

4. 有效榜樣的特徵是：才幹、名望與權力、適合性別角色與有益於自己的現況。

5. 自我效能是個人自信能掌控情境、產生正面結果的一種信念。自我效能的發展受到自己的成敗經驗、來自他人的看待、外來的借鏡與團體的成敗經驗的影響。自我效能對行為的影響有：選擇活動、努力與堅持、學習與成就。

6. 自律學習的主要特徵是：自定目標與標準、自我監督、自我教導、自我評鑑及自我增強。

7. 自律學習能力可從觀察、模仿、自控、自律中習得。自律學習者的特徵是：有高度的自我效能、運用有效的學習策略、學習動機來自學習本身、堅持學習與以增長知識為學習目標。

8. 建構論的共同看法是：有意義的學習是經由自己的體驗主動創造知識的歷程；知識是經驗的自我詮釋，因此知識的本質不能完全轉移至他人；雖說知識是個己的，但真理則是大家共認的；知識經由分享不同觀點而改變或修正。

9. 社會建構論認為，知識建構的條件有：情境認知、支撐作用、認知見習與多方觀點。

10. 社會建構論被應用在教育上的計畫有：培養學習者社區、思維學校與協同學校。

11. 社會建構學習論的教學涵義有：教師應成為學生學習的榜樣；選擇適當的同儕，作為模仿的對象；增進有效的觀察學習；提升學生的自我效能；培養自律學習的習慣。

12. 社會建構論的教學涵義有：提供學生建構知識的機會，使其學習富含意義；待學生為積極的學習者與意義的發現者；提供學生高度參與的學習機會；設計並推展適合國情的建構學習。

第 8 章 | 資訊處理學習論

本章大綱

©iStockphoto

資訊處理學習 (information processing learning) 為一種重視認知歷程的學習論。它對學習有下列基本假設 (Snowman & Biehler, 2006)：(1)資訊是依序處理的，學習經由刺激的注意、刺激的確認、資訊的編碼、新舊資訊的關聯與意義的賦予，以及資訊的儲存與提取；(2)各資訊處理階段有其處理的能量限制；(3)人類的資訊處理系統是互動的，經驗影響新知，新知影響已知。

目前被研究廣泛支持的資訊處理論，將資訊的處理分為感覺記憶、短期記憶、長期記憶三個歷程，各歷程經歷編碼、儲存、提取三個階段 (Atkinson & Shiffrin, 1968; Searleman & Herrmann, 1994)。為了使資訊的輸入、編碼、組織、儲存，以及輸出有質與量的保證與靈活運用的原則，它有注意、確認、練習、監控等控制歷程 (control processes)。

第一節　資訊的編碼

一、編碼的功能

將刺激的物質能量 (physical energy) 轉換成大腦能辨識與儲存的神經化學代碼 (neurochemical codes)，稱為編碼 (encoding)。常用的代碼有形碼 (visual codes)、聲碼 (acoustic codes) 與意碼 (semantic codes)。這與中文常用的「形」、「聲」、「義」相同。例如，幼童初見一匹「馬」而不知如何稱呼，也不知牠是何物。此際，唯一的代碼是視覺代碼的實際馬形。

以後學會叫「ㄇㄚˇ」或「MAˇ」，則馬多一個聽覺代碼。後來瞭解馬是善跑能騎的優雅動物，則添加語意代碼。視覺代碼最為短暫，聽覺代碼次之，語意代碼最為持久。無論是何種編碼方式，有的是自動處理的 (automatic)，有的是需要費力的 (effortful)。自動處理是在不知不覺中進行；費力處理則必須有意識地進行。

二、感覺記憶的編碼

感覺記憶來自不同感覺的編碼，由於視聽覺對人類扮演重要功能，我們偏重介紹物像記憶與迴響記憶的編碼。物像記憶 (iconic memory) 是物像在大腦裡所留存的極短暫記憶，其保留時間約在一秒鐘以內。為瞭解物像記憶的容量與其時間的長短，史柏凌 (Sperling, 1960) 做了一個簡單而令人信服的研究。他將十二個英文字母分上中下三橫排、左右四縱列排列，同時快速地對受試者閃示。受試者若被要求立即報告所有呈現的十二個字母時，平均只能回答四至五個。他決定讓受試者一瞥全部十二個字母，但只需回答由實驗者挑選的一排字母。閃示十二個字母後，受試者如果聽到高音調，則報告上排四個字母；聽到中音調，則報告中排四個字母；聽到低音調，則報告下排四個字母。採用這種部分報告法的結果，三排加起來，受試者平均可以回答九至十個字母。根據史柏凌的解釋，快速看過十二個字母，理應記得十二個字母；但因物像記憶只有一秒鐘左右，報告不到一半，其餘的已很快地遺忘了。這一簡單的研究卻透露兩個真理：一則物像記憶的容量很廣闊，一則物像記憶的時間極為短暫。從資訊處理的觀點看，物像記憶是對視覺刺激引起反應後的短暫性延長，以便與次一記憶期做適當的連接 (Matlin, 1998)。

迴響記憶 (echoic memory) 是聽到的聲響在大腦裡留存的極短暫記憶，其保留時間約在四秒鐘以內。我們聽到汽車的喇叭聲、旁人的走路聲、老師的講課聲，雖說聲音已經消失，大腦裡仍有短暫的迴響。由於音響不似物體的長存，迴響記憶反而顯得更為有用 (Cowan, 1995)。迴響記憶的研究 (Crowder, 1982; Darwin et al., 1972) 支持此項記憶的兩項特徵：一是比較有限的容量，一是極為短暫的記憶。

三、短期記憶的編碼

短期記憶 (short-term memory) 又稱工作記憶 (working memory)，它的編碼是以聲音為主，亦得以形象或意義輔佐 (Baddeley, 1992; Nilsson, 1992)。例如，我們查閱電話簿而找到所需電話號碼時，通常將號碼有聲地讀出；雖然印在簿上的號碼是視覺材料，它的數字形象或數字所代表的意義（如頭三個號碼跟一朋友家所使用者類似）則居次要地位。因此，聲音的混淆常是短期記憶回憶錯誤的要因。維持記憶的方式有二：一是重複練習；一是增富其意義。

在短期記憶裡有個大家熟悉的序位效應 (serial-position effect)。如果你想回憶一連串的生字或數字，你會感到開頭部分與結尾部分都較容易，中間部分則較難。為什麼呢？一般認為：開頭部分易記的初始效應 (primacy effect) 是由於獲得較多的複習所致；結尾部分易記的時近效應 (recency effect) 則是因為剛結束的部分仍有短期記憶所致。在一個初次集會的個別介紹時，如果你希望有較佳的被他人回憶的機會，最好是在開頭或在結尾，盡量避免被「埋在」中間。

記憶的材料一旦進入短期記憶，個體為了編碼而自動地簡化原材料的結構，將一些相關聯的個別物體聚集成新的單位，這個歷程稱為塊體化 (chunking)。例如，23247851 原是一個八位數的電話號碼，它被塊體化成 2324–7851 後，就成較易於記憶的兩個單位的材料。不僅是數字的記憶有塊體化現象，許多被稱為專家的，他們在專業上有數以萬計的塊體知能。許多西洋棋王，居然在大腦裡有達五萬個棋藝塊體 (Gobet & Simon, 1996)。

短期記憶被稱為工作記憶，是因在記憶體裡將感覺記憶的訊息予以收納，將資訊予以組織、儲存、拋棄或與長期記憶相聯繫等，也被看成智力的運作 (Ackerman, Baker, & Boyle, 2005; Kane, Hambrick, & Convoy, 2005)。

四、長期記憶的編碼

　　長期記憶的編碼是以意碼為主。意碼 (semantic codes) 是意義的代像。我們看完一場一個半小時的電影，能用三兩句話把它簡介，就是意碼的功能。由短期記憶進入長期記憶的材料，必須經過重新編碼 (recoding) 的過程才能持久。我們知道，長期記憶裡的訊息都是依一定的規則或系統組成的，任何新進的訊息必須與既存訊息相關聯。根據一研究 (Craik & Tulving, 1975)，三組受試者分別對同樣的材料予以記憶：一組注意字的形狀，一組注意字的發音，一組注意字的意義。以再認法測試的結果，三組的記憶量分別是：字形組不到 15%，字音組 60%，字義組 90%。老師時常勸導學生「念懂才記」、「死記沒有用」，是很合乎記憶原則的。雖然長期記憶是以意碼為主，但聲碼與形碼也被配合使用。我們看到或聽到一個熟人的名字，就自然地想起其人，這就是形碼與聲碼功能的表現。

　　柯雷克 (Craik, 1979) 依其研究所得，乃倡議分層處理模式的記憶論。根據分層處理 (levels of processing) 模式，記憶有淺層、中層、深層之分，這是由於使用不同的編碼方式使然。例如，記憶文字是明體或楷書印刷的，是使用形碼，屬淺層記憶；記憶文字是如何發音念出的，是使用聲碼，屬中層記憶；記憶文字的含義是什麼，是使用意碼，屬深層記憶。一般而言，記憶層次愈深，愈能保持長久 (Baddeley, 1990; Craik, 2000; Lockhart & Craik, 1990)。

　　我們可以從兩個效應來支持分層處理的觀點：「發動效應」與「涉己效應」。發動效應 (generation effect) 是指由個己發起的資訊，比由外來的資訊有更佳的記憶 (Greene, 1992; Searleman & Herrmann, 1994; Slamecka & Graf, 1978)。例如，由自己編寫的講稿比由他人代撰的講稿更容易記憶。如果你將所念的課文以自己的文字重述，則必有較佳的記憶。涉己效應 (self-reference effect) 是指若能使記憶材料與記憶者自身相關，則會有更佳的記憶 (Bellezza, 1992; Brown et al., 1986; Rogers, 1983; Symons & Johnson, 1997)。多數人關心自己的生存、安危或福祉，因此與這方面相關的記憶最為深層、最能保持。假如我要你念一篇文章，並指明要考你

的閱讀能力，由於涉及你的成敗與自尊，必有良好的閱讀記憶效果。圖 8～1 是比較四種不同層次的記憶效果。

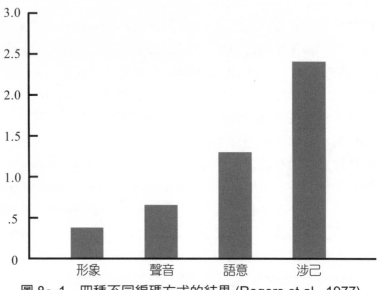

圖 8～1　四種不同編碼方式的結果 (Rogers et al., 1977)

第二節　資訊的儲存

　　儲存 (storage) 是保持記憶的歷程，是記憶的核心。感覺記憶中的物像記憶只保持在一秒鐘以內，迴響記憶保持在四秒鐘以內，短期記憶則可保持到三十秒鐘左右。短期記憶時間雖短，但工作量與功能很大，因此愈來愈受到專家的注意與研究。

一、不同類別的長期記憶

　　長期記憶既然是長期的，它是如何儲存的呢? 杜爾文 (Tulving, 1985, 1993) 對此有獨到的看法。根據杜爾文的研究，長期記憶包括兩類記憶: 敘述性記憶與程序性記憶。敘述性記憶 (declarative memory) 又包含語意

記憶與事件記憶兩方面。語意記憶 (semantic memory) 是指文字、概念、原則等知識方面的記憶，如幾何的畢氏定理，印度的首都在新德里；事件記憶 (episodic memory) 是指與事情發生有關聯的人、事、物、時間、地點等的記憶，如「去年的今天，有一部南下的卡車在中壢附近出事」。另一種記憶稱為程序性記憶 (procedural memory)，是指經由

圖 8～2　無論年歲多大，記憶力其實因人而異。倘若透過練習，強化大腦皮質中神經元的聯結，老年人的記憶力不見得比年輕人差！

學習而得的習慣與技能方面的知識，如開車、打字、彈琴、操作電腦、修護儀器等。

　　敘述性記憶與程序性記憶有下列幾個主要的差異：(1)敘述性記憶是全有或全無的，程序性記憶則是逐漸獲得的；(2)敘述性記憶是以語文溝通的，程序性記憶是靠演示來溝通的；(3)敘述性記憶儲存於大腦皮質部，程序性記憶儲存於小腦與腦幹 (Daum & Schugens, 1996; Squire, 1987; Swick & Knight, 1997)。

　　近年來盛行神經網絡 (neural network) 的心理研究，旨在重視神經觸處的聯結對訊息輸入與輸出的關係 (Schneider, 1993)。馬克里蘭 (McClelland & Rumelhart, 1986) 以此觀點來解釋記憶的儲存，稱為同步分配處理論（parallel distribution processing theory，**PDP**）。根據此一理論，所有被儲存的不同訊息（如某人的身高、體型、髮型、五官的配置、膚色、語言音調、性別等）彼此相互聯結，形成眾多分量不同的結 (nodes)。愈經過練習的結，其分量愈重，訊息通過的速度也快。由於結的分量不同，提取線索的強弱亦因而互異。任何屬性均能經由神經網絡而引發其他屬性（圖 8～3）。例如，如果我忘了某人的膚色，但他的髮型或說話聲調亦可促動其他屬性，因而獲得對某人的整體記憶，此一特徵被稱為內容可及性 (content addressable)。這個理論強烈暗示記憶分配於許多不同的聯結之處。此一觀點與神經元及大腦的組織相當一致 (Crick, 1994;

Lewandawsky & Li, 1995)，它對記憶儲存的瞭解，尤其是認知作業方面，將有重要貢獻。

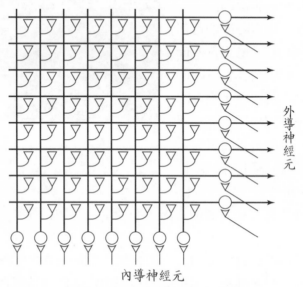

圖 8～3　神經網絡的傳訊概念 (Schreider, 1987)

二、長期記憶儲存的生理基礎

　　資訊既然有所儲存，必須要有儲存的地方。由於近年來透視大腦能力的進步 (Sousa, 2012)，加上對神經生化作用的瞭解，我們對大腦儲存記憶的生理現象有相當突破性的認識。茲分別介紹神經元觸處的變化、神經元樹狀突的增加、壓力賀爾蒙的角色、大腦部分的記憶功能等。但須注意，有效的資訊處理是大腦各部位充分合作的結果 (Kolb & Whishaw, 2011)。

㈠神經元觸處的變化

　　有一項研究 (Kendel & Schwartz, 1982)，利用古典制約使海蝸 (sea snail) 對噴水（與電擊配對）引起收縮反應。結果發現，許多神經元之間

觸處的血清緊素 (serotonin) 因學習而顯著增高。這一神經傳導物的增加，使觸處傳遞訊息的效能大大提高，訊息通過的速度也因而加快。神經觸處效能的提高，使神經網絡保持其靈敏度達相當長久的時間（從幾小時至幾星期不等）。這一稱為長期潛勢 (long-term potentiation) 的神經功能，提供了學習與記憶相聯結的基礎。研究顯示 (Lynch & Staubli, 1991)，若以藥物阻擋長期潛勢，會嚴重地阻礙學習；相反地，若以藥物增強長期潛勢，結果受益的老鼠在走迷津時竟然錯誤減半 (Service, 1994)。

根據枸德 (Gold, 1993) 的一項研究，二十二位健康的老年人，傾聽事先錄好的文章後立即喝飲料，一組喝蔗糖檸檬汁，另一組喝糖精檸檬汁；次日測試的結果，蔗糖組比糖精組多回憶 53% 的文章內容。這清楚地證明，蔗糖所提供的葡萄糖增加神經元間觸處的傳導物，也增強記憶的能力。為考試而苦讀之後，適量的「營養」補充應該是一項善策；但千萬要避免飲酒，因為酒精是神經傳導物的阻擋者 (Weingartner et al., 1983)。

㈡神經元樹狀突的增加

最近有人發現大腦神經元的細胞核裡有一種 CREB (cAMP Response Element Binding) 的蛋白質 (Carew, 1996)。當代表訊息的神經衝動通過神經元而促動 CREB 時，CREB 引發去氧核糖核酸 (DNA) 裡的基因，基因乃促使細胞核生產必要的蛋白質，使新的樹狀突得以添生。樹狀突的添生使神經元間有更多、更快的接觸，學習與記憶的關係也因而強化。

㈢賀爾蒙與記憶

人類在興奮或有壓力感時，身體會自然地分泌賀爾蒙，這一來賀爾蒙也推動了學習與記憶。這說明了為什麼我們對特別興奮、震驚、緊張的事有難以忘卻的記憶，如我們對重大的天災或人禍都有相當長遠的記憶。當我們因事而感到憤怒時，若使用藥物以阻擋壓力賀爾蒙的分泌，我們對該事細節的記憶便十分困難 (Cahill, 1994)。

㈣大腦裡的記憶

既然記憶需要儲存，則我們應該在大腦裡找到儲存記憶的地方，科

學家已在這方面取得很大的進步。促使這一進展的主因有二：臨床的研究與大腦活動的透視。

在記憶的臨床研究上最被廣泛引用的個案要算 **H. M.**(人名的縮寫)。**H. M.** 在七歲時被腳踏車撞擊而傷及頭部。幾年後，他開始經驗癲癇症，並逐漸由輕微而日趨嚴重。在他二十七歲那年（1953 年），由於症狀嚴重，醫生只好以手術切除他大腦裡大部分的海馬 (hyppocampus) 與杏仁 (amygdala)。手術之後，**H. M.** 雖然仍舊記得 1953 年以前的往事，但無法對新經驗保持記憶 (Scoville & Milner, 1957)。我們稱此一現象為順行失憶症 (anterograde amnesia)。這種人對新經驗只有短期記憶，如無法記得不久以前才看過的人、吃過的午餐或看過的電視節目。

H. M. 仍然保有手術前的長期記憶，卻無法形成新的長期記憶。這代表什麼意義呢？首先，它顯示海馬是為新學習做長期記憶編碼的主要組織。一旦缺乏海馬，新學習無從編碼，經驗很快消失 (Baddeley, 1988)。其次，海馬被移除後舊記憶仍然存在，記憶訊息在海馬編碼與儲存一段時間後，被分送到大腦額葉與顳葉的不同皮質部裡 (Squire, 1992; Fuster, 1995; McClelland et al., 1995)，如語文記憶在左腦、空間記憶在右腦。使用正子放射型電腦斷層攝影 (Positron Emission Tomography, PET) 透視大腦，證明左右腦在記憶功能上的前述差異。海馬的記憶功能有另一佐證：人們對其三歲以前的生活經驗幾乎沒有記憶可言，因為此時期的海馬是大腦中最晚成熟的部分。

雖說海馬有進行編碼與暫時儲存訊息的功能，進一步研究卻發現海馬所處理的訊息是屬於明顯性記憶，而不是隱含性記憶 (Cohen & Eichenbaum, 1993)。明顯性記憶 (explicit memory) 是敘述性記憶，它包括何時、何處、發生何種事情等記憶；隱含性記憶 (implicit memory) 是非敘述性記憶，如經歷許多大小事情，雖然說不出做了什麼事，但事情愈做愈熟練。就以 **H. M.** 為例，他少了海馬，無法明顯地回答新經驗所留下的記憶，但他對技能學習仍然有記憶的保存。技能學習的記憶屬於隱含性記憶，它既然不在海馬，會在哪裡呢？最近的一些研究 (Daum & Schugens, 1996; Krupa et al., 1993) 提供相當可信的答案。將傳導神經衝動的路徑，從腦幹到小腦的一段予以切斷（以兔子做實驗），或小腦受創傷

（人類的臨床病例），則個體無法進行技能學習（如學習對信號眨眼）。可見，負責儲存隱含性記憶的是腦幹與小腦。

第三節　資訊的提取

　　將儲存在長期記憶內的訊息予以提取 (retrieve) 是記憶的重要歷程。在日常生活裡，我們無時無刻不在提取儲存在長期記憶內的訊息，但也時常遭遇回憶的困難。假如我們確實學習過，但無法回憶所學，則應該自問：到底訊息是否已被編碼而儲存於長期記憶之內呢？到底無法回憶是否由於提取訊息有困難？我們埋頭學習時，有些訊息可能只在短期記憶內，很快地消失殆盡，我們可能還以為被永久儲存。至於提取訊息的困難，多數是由於缺乏適當的提取線索之故。

一、提取線索

　　提取線索 (retrieval cues) 是與訊息相關聯的刺激或屬性，成為提取訊息時聯想的指引。為什麼從長期記憶中提取訊息需要線索呢？長期記憶的編碼是非常複雜的建造歷程，訊息本身不是直進而後直出的。編碼不僅聯結新舊訊息，而且使新訊息成為整個語意聯網 (semantic network) 中的一分子。假如你邀朋友們看看你家新購的小轎車，他們看的雖是一部小轎車，但是車子停放地點的環境、你比手畫腳的介紹、車輛的各種屬性（如大小、顏色、形狀）等，都可能也被編碼而儲存，也都可能成為回憶該車的線索。如果他們一時記不起來，你只要提供相關的線索，他們可能豁然地回憶它。你念書時的畫記或眉批，老師上課時的妙喻，同學間的相互辯解，甚至你上課時的心情，都可能成為提取線索。

二、編碼特定原則

　　編碼特定原則 (encoding specificity principle) 是指訊息如何提取要看

訊息如何編碼，二者相互一致則有最佳的回憶效果。提供的線索若來自學習時的情境因素，稱為情境效應 (context effects)。「學習情境」與「測驗情境」愈近似，則愈有良好的回憶。提取線索若來自學習時的身心境界，稱為境界記憶 (state-dependent memory)。如果你喝了微量的酒後進行學習，以後也於飲微量的酒後回憶，會有較佳的結果。提取線索若來自學習時的情緒狀態稱為依情記憶 (mood-dependent memory)。例如，在心情愉快時學習，也在心情愉快時回憶，有一致性的關聯結果。提取是解碼 (decoding) 的歷程，解碼若使用原編碼的聯想刺激，可以避免不相干刺激的干擾或誤導。

三、明顯性記憶與隱含性記憶

我們平時所評量的記憶是明顯性記憶。各級學校對學生所測試的，大多數也是意識界所及的明顯性記憶。我們僅從明顯性記憶的表現以評定記憶的有無，必定忽略隱含性記憶的存在。隱含性記憶是近年來被重視與研究的課題。例如，一個大腦額葉與顳葉受傷的患者對他剛做完的拼圖工作 (jigsaw puzzle) 無法回憶，他卻一次比一次進步。顯然由於小腦時刻在默默地維持著隱含性記憶的功能 (Moscovitch & Winocur, 1992)，即使他的意識界一無所知，他的前一次工作經驗確實影響他的後一次工作。

四、記憶的建造

使用字、詞、無意義音節、數字、圖片、配聯學習等材料對記憶進行研究，儘管已對記憶的「基本歷程」有相當大的瞭解，然而與我們息息相關的日常生活的記憶現象，殊難完全從人為材料的研究去解釋，因它牽涉到人為控制研究的生態效度 (ecological validity) 問題。例如，人們對過去發生的事有許多失實的回憶，法院裡目擊證人回憶上的錯誤，個人控告兒時被姦污或虐待所做回憶的虛實不定，這些都是活生生的記憶現象。因此，近年來許多心理學家已對實際生活的長期記憶做系統的研究，以補充人為控制研究上的不足。

圖 8～4　矗立在美國華盛頓的硫磺島紀念碑 (U.S. Marine Corps War Memorial)。人們透過文字、影像、創作等方式紀錄記憶，使往事並不如煙；記憶不只針對過去，還牽涉到未來人們的共同記憶。

　　在提取儲存的記憶時，我們不是直接到儲藏室裡把所要的訊息原封不動地搬出來，而是經過「雕琢」的建造工夫後呈現的。也許你會問：「為什麼要雕琢呢?」或「為什麼要建造呢?」理由很簡單：我們藉過去儲存的訊息與現在的觀點共同去推想過去發生的事。

　　前面說過，長期記憶以語意編碼，它只重視儲存訊息的要義，忽略其餘的細節。假如我們必須回憶過去發生的某件事情，我們常只能記得事情的「粗枝大葉」，難以回憶眾多的細節部分。此際我們對該事的認知結構立即派上用場，以「合理地」填補我們失憶的部分。假如你被要求回憶你十五歲那年的慶生會時，你會立即撩起「慶生會」的認知結構，以協助你回憶那天的盛會情況。正因為如此，你可能把符合慶生的認知結構（例如，你認為一般生日都有擺設蛋糕、點蠟燭、唱「生日快樂」、許願、吹蠟燭、欣賞禮物等活動），不知不覺地摻入你那年的慶生活動。假如你清楚地記得父母為你安排生日盛會（語意編碼的結果），但你對細節已經模糊，因而自然地摻進「你以為有、但可能沒有」的慶生細節。也許你沒點、吹蠟燭，也沒許願，但在你的回憶中，它們似乎歷歷在目。因此，回憶往事常不如我們所想像的精確，它們時常「錯得離譜」而不被覺識。

五、自傳性記憶

　　人們不僅關心發生於周遭的往事，也對自己的過去有眾多的回憶。

自傳性記憶 (biographical memory) 是人們對發生於自己的往事所保存的記憶。雖說人們多回憶新近而非久遠的往事，但是六十歲以上的人對其青年期及早期壯年期的往事有大量的回憶 (Jansari & Parkin, 1996)，而且對首次發生的事（如首次考大學、男女約會、上街遊行等）有良好的記憶 (Pillemer et al., 1996)。同時，人們對特異的事記得清楚，對例行的事容易忘記。例如，人們對生死、婚喪、變故、災難、傷害、運動比賽、約會、假期旅遊等有深刻的記憶 (Rubin & Kozin, 1986)。最令人難忘而且非常清晰的一種記憶，稱為閃光燈記憶 (flashbulb memory)，這類記憶是關係自己的、重要的、突發的、引起情緒反應的。

自傳性記憶把往日的自我與現今的自我銜接起來，因而是維繫自我認同的重要成分 (Kassin, 1998)。自我對記憶的處理採取兩種方式：人們有意扭曲過去，以便為提升現在的自我而服務；人們抱持著「事後有先見之明」的偏見 (hindsight bias)，把過去所發生的事都認為自己「早已心中有數」。可不是嗎？根據一研究 (Bahrick et al., 1996)，有九十九個大學生被要求回憶他們的高中成績等第。與實際成績核對的結果，大多數成績的回憶算是正確；其不正確的部分中，多數膨脹其等第，而且多數來自差的成績。再說，天下父母都嫌今天的孩子不如早期的他們，羅斯 (Ross, 1989) 認為，這可能是因為他們以現在的眼光看往日的他們（自然地提升自己）。人們時常歌頌美好的往日，往日在當時看來會是真正的那麼美好嗎？這些都是自傳性記憶的特點，也就是研究記憶者有興趣繼續探討的課題。

第四節　高層認知

高層認知 (metacognition) 又稱自知，是指對自己的認知活動的覺識，也就是知道自己在想什麼、如何想 (Flavell, 1999)。高層認知包括對自己的認知、對作業的認知與對工作或學習策略的認知 (Flavell, 1987)。高層認知的發展能增進解決問題的能力與批判思考的能力 (Farrari & Sternberg, 1998; Kuhn, 1999; McCormick, Dimmit, & Sullivan, 2013)。

一、高層認知的獲得

高層認知的能力是習得的。一般而言，兒童在七、八歲以後，才有能力思考自己在做什麼。茲列舉維克次基的分析與普瑞斯利的建議。

㈠維克次基的分析

根據維克次基 (Vygotsky, 1986)，高層認知能力獲得的步驟如下：

1. 兒童被告知：什麼是真、什麼是假；什麼是對、什麼是錯；什麼事可做、什麼事不可做；它們的理由是什麼（例如說：「孩子，別碰爐子，它太熱，若碰了它，你會被燙得好痛」）。
2. 當機會來臨，兒童將所學應用在規律自己與他人的行為上（例如，告誡自己或他人：「別碰爐子，它太熱」）。
3. 兒童開始使用內在語言規律自己的行為。

㈡普瑞斯利的建議

普瑞斯利 (Pressley et al., 1989; Schneider & Pressley, 1997) 提供優良資訊處理模式 (Good Information Processing Model)，將策略、知識、動機、高層認知結合起來。其建議如下：

1. 由父母或教師教導孩子使用某特定策略。在練習時，使孩子感受到使用該策略的特點與好處。同時，使家庭或學校成為使用策略的益智環境。
2. 教師可在某一科目（如數學）上，示範不同策略的異同點，使學生體會策略間的不同。這樣，會增長兒童的關聯知識 (relational knowledge)。
3. 此際，學生確認使用各種策略的一般好處，形成一般策略知識 (general strategy knowledge)。學生會將學習結果歸功於自己費心在評鑑、選擇與監控策略的運用。

二、提升高層認知的能力

高層認知是策略性認知，它有助於學生對自己學習歷程的監督與瞭解，提升解決問題的能力 (Alexander, Graham, & Harris, 1998)。因此，教師可以：⑴讓學生體認高層認知是解決問題的關鍵；⑵向學生示範各種有效策略；⑶讓學生熟練有效策略，提供適當的回饋，使學生能逐漸獨立使用策略；⑷培養學生使用策略，需要教師耐心地在旁支持，直到熟練為止；⑸鼓勵學生練習並選用多種策略。

第五節　遺　忘

魯賓與溫鄒 (Rubin & Wenzel, 1996) 將二百一十個研究記憶的報告予以分析，結果發現圖 8～5 的艾賓豪斯遺忘曲線仍然代表典型的遺忘現象。換言之，學習後的頭一小時之內，記憶迅速地消失約達 60%，其餘40% 則呈長期而微量的減弱。既然一般記憶經過編碼與儲存的歷程，為什麼仍會遺忘呢？

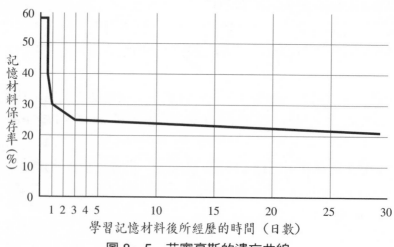

圖 8～5　艾賓豪斯的遺忘曲線

一、遺忘的原因

遺忘 (forgetting) 的原因，目前已知的說法有：編碼的疏失、憶痕的衰退、訊息間的干擾、壓抑與整合失敗等 (Schacter, 2001)。

㈠編碼的疏失

許多記憶的材料是以意碼為主而編碼的，因此材料的細節或多或少地被忽略。美國的尼卡森與阿丹姆斯 (Nickerson & Adams, 1979) 將一分錢銅板的正面畫成十五個非常近似的圖像，其中只有一個是正確的，然後要求大學生指認出正確的銅板。雖然人們幾乎天天使用銅板，但居然有 58% 的受試者無法正確地認出銅板來。顯然，人們只要一看或一摸就認出一分錢輔幣來，何必知道它的設計細節呢？也因此，在記憶編碼時將細節予以忽略，以求合乎認知上的簡易原則。這類事例很多，如百元或千元紙幣、報紙首頁的設計等，你不妨試試你記憶的正確性。同理，我們在書寫時，可能因注意聲碼而忽略形碼（知道一字怎麼念，但寫不出來），或只注意形碼而忽略聲碼（知道一字怎麼寫，但忘了怎麼念），或形聲具備，就是忘了意義。

㈡憶痕的衰退

這是一個最古老的遺忘理論，假定記憶在大腦裡的痕跡隨時間的消失而衰退 (decay)。這一說法常與事實不符。一則諸多記憶即使天天複習仍然易忘；反之，一些經驗只需一次卻永久長存。次則憶痕的衰退並無可資查證的生理基礎。此一說法的最大困難是：它無法進行有效的實驗研究，因為我們無法要求受試者不要複習所學，以觀察記憶在不受複習下的影響。人們有個最奇特的心態：愈是要他們別去想，他們想得愈是多！

㈢訊息間的干擾

目前被證實為比較實際的遺忘理論是干擾論 (Dempster & Corkill, 1999)。干擾 (interference) 是指兩個學習在回憶時彼此抑制的現象。干擾

有兩個不同的方向：一是順向抑制，一是逆向抑制。順向抑制 (proactive inhibition) 是指先前學習的記憶對後來學習的記憶所產生的抑制現象。例如，你先記一電話號碼 2856-7843，後記另一電話號碼 2856-7483；由於記住前一號碼，使回憶後一號碼發生困難。你有沒有發現：兩學習愈近似，干擾就愈嚴重。逆向抑制 (retroactive inhibition) 是指後來學習的記憶對先前學習的記憶所產生的抑制現象。例如，你先記一電話號碼，後記另一電話號碼；由於記住後一號碼，使回憶前一號碼發生困難。如果你剛念完與歷史年代有關的史跡，以備次日的考試，千萬別再碰任何數字（如電話號碼、帳簿數據或減價廣告等），否則考試時，可能產生逆向抑制。最佳的奉勸是：念完書，去睡覺！

㈣壓　抑

壓抑 (repression) 是指為避免極端不快、不安或內疚的回憶而引起的遺忘。根據佛洛伊德的說法，每個人都有一種無意識的「防衛機構」，為避免痛苦難堪的記憶進入意識界，乃將它們暫時壓抑在下意識裡，這就構成一種特殊的遺忘現象。也因此，壓抑又被稱為動機性遺忘 (motivated forgetting)。由壓抑所引起的遺忘，需以心理治療方式去處理，以恢復記憶。

㈤整合失敗

在學習完成之後，大腦需要一段時間去整合各方訊息，使成為有意義的記憶體。若在此際頭部受到重擊、電痙治療 (ECT) 或藥物干擾（如氯化鉀），則大腦對訊息的整合產生困難，無法記憶所學，這就是整合失敗 (consolidation failure) 的遺忘現象。一個人在車禍後清醒時，一般而言無法回憶車禍前一剎那的所見所聞，這被認為是整合失敗之故，也稱為逆溯失憶症 (retrograde amnesia)。

二、增進記憶

瞭解記憶歷程與遺忘現象之後，我們必須面對一個切身的問題：如

何增進記憶。由於學習（編碼）影響回憶（提取），因此我們不妨從不同的角度來介紹增進記憶的方法。重視練習、講求含義性、關係自身、善用線索、減少干擾、自我評量、講求組織、利用記憶術等是幾個比較重要的改善記憶的方法。

㈠重視練習

學習之後立即重複練習，其好處有二：一則可使訊息得以編碼而儲存在長期記憶裡；一則有牢固的訊息，可以避免因誤導而扭曲訊息的真實性。練習的方式宜採分配練習，少用集中練習。至於練習的策略，應多用延伸性練習 (elaborative rehearsal)，以增富訊息的意義，並輔以機械式重複的維持性練習 (maintenance rehearsal)。多舉實例、多加闡述與多參與相關資料是延伸性練習的特徵。

為瞭解延伸性練習對記憶的影響，研究者 (Palmere et al., 1983) 有一篇包括三十二個段落的文章，每一段落有一主要概念與解釋該概念的例子。在整篇文章的頭八個段落中，每段落有一主要概念句與三個例子的文句；次八個段落中，每段落有一主要概念句與兩個例子句；再次八個段落中，每段有一主要概念句與一個例子的文句；最後八個段落中，每段只有一主要概念句，沒有例子句。測驗的結果顯示，主要概念的回憶量與例子的數量成正比。頭八個段落平均答對約五個，次八個段落平均答對約三個，再次八個段落平均答對約二個，最後八個段落平均只答對一個。可知，以愈多的例證延伸概念，可使概念獲得愈好的記憶。也許你已經注意到，本書在撰寫時盡量提供例子，就是要符合這個原則。

㈡講求含義性

若將表面上無意義的資訊做適當的安排，可以增富其含義性，因而得以長久保持。即使是原無意義的數字（如電話號碼），也可以其發音或以其與生日或歷史年代的類似性等使它們產生意義，則較易於記憶。例如，有家銷售各種紙張的直銷公司，將其電話號碼 1–800–272–7377 亦寫成 1–800–A–PAPERS，豈不是好記多了嗎？當學生的，與其死背生字的意義，不如令同一生字在不同句子中出現。如此，生字成為可應用與有

意義的文字；在回憶時，也可以藉包含同一生字的不同文句做線索。

㈢關係自身

自我是記憶的主宰。任何與「自我」相關的經驗最有記憶的可能。從前面圖 8～1 可以看出，涉己的記憶在意義上是最深層的，也有最佳的回憶效果。欲增進記憶，就應盡量使記憶的訊息與自我連繫起來。根據貝列薩 (Bellezza, 1984; Bellezza & Hoyt, 1992) 的解釋，自我可以被視為與訊息聯結的一組豐富的「內在線索」。就舉他的一個研究來看，受試者能記住的形容詞中，適用於自己的形容詞達 46%，不適用於自己的形容詞只達 34% (Bellezza, 1992)。

㈣善用線索

愈是孤立的經驗，愈是難以記憶，因為它難以提供聯想的線索。線索與記憶訊息愈相關，愈能迅速地找到儲存的訊息。前面提過的依境記憶與依情記憶，表明學習時的「情」與「境」都能成為回憶的線索。例如有人自動向你自我介紹，如果你能將當時的有關情境與這個人的屬性（如身材、髮型、臉部特徵、口語腔調、姓名特性等）做必要的聯想，也能在同一情境之下提取訊息，則有許多可用的線索為你同時檢索尋找。你在上課時，聽講解、做筆記、發問、辯解答案等都能成為建立線索的機會。獨自閉門苦讀，雖較能專注，但從記憶的觀點看，不全是善策。

㈤減少干擾

不論是順向抑制或逆向抑制，干擾使回憶產生困難。如果作息安排得當，可使干擾減少到最低程度。假如你明天下午一點起要考教育心理學，你明天整個上午複習它，然後赴考，一定比今天晚上複習它，明天上午複習後天要考的社會學，成效要好得多，因為你可以避免社會學對教育心理學在記憶上產生干擾。讀完書，盡量完全休息（讓大腦有機會整合訊息）；最佳的休息是睡眠。加之，如果能採用分布練習，也可以減少集中練習後大量訊息間的干擾。

㈥自我評量

在學習時，個人若能定時評量自己是否學有所得，則會有良好的記憶表現。自我評量是自我監控的一種高層認知活動。若無自我評量，則個人可能無法知悉學習結果，或對學習過分自信。邵內喜 (Shaughnessy & Zechmeister, 1992) 將學生分為兩組：重讀組與自測組。兩組受試者都念同樣的文句，也接受回憶測驗，所不同者是：重讀組將文句一讀再讀，然後接受測驗；自測組則於念完文句後，一一回答文末的問題，然後接受測驗。結果兩組在回憶測驗上的表現不相上下，但自測組能清楚地區辨他們的所知與所不知。

㈦講求組織

有組織、有系統的訊息比散漫、無組織的訊息容易記憶。豪爾畔 (Halpern, 1986) 要求受試者記憶五十四支流行歌曲，她發現將歌曲以階梯式組織起來的那一組，比把歌曲零亂混雜地記憶的另一組，有更佳的回憶效果。以大綱方式重新整理你的筆記，將原來彼此無關的一些字詞編組成一個故事，都是改善學習與記憶的善策。

㈧利用記憶術

記憶術 (mnemonics) 是改善記憶的技巧。已經證實有效的記憶術有地點法、栓字法、心像法等。

1.地點法 (method of loci)

是將欲記憶的訊息與地理位置相聯結。例如，為記憶廚房的必需品，乃將必需品分別與房屋的主要地點相配對：食用油－車庫、米－側門、鹽－廚房、糖－餐廳等。如此，到超市或菜市場購買必需品時，可以假想駕車回家，由車庫開始聯想不同的食品。

2.栓字法 (peg-word method)

是將欲記憶的訊息與序數相聯結。例如，學習英語常用的栓字法是：One is a bun; Two is a shoe; Three is a tree; Four is a door. 數字與英文字相聯結，既押韻、又易記。

3. 心像法 (imagery method)

是以心理方式建造代表物體或行動的形象。假如你念一段故事，你可以把故事想像成活生生的現實事情，甚至於自己扮演其中的主角，如此你對故事會有良好的記憶。許多研究證實，使用視覺心像是增強記憶的有效策略 (Bellezza, 1996; Paivio, 1995)。許多人在記誦長篇詩詞時，是利用非常鮮明的心像協助記憶 (Rubin, 1995)。人在使用視覺心像時，若以 **PET** 對大腦透視，可以看到大腦的枕葉區充滿血氧的活動 (Kosslyn, 1994)。

第六節　資訊處理學習論的教學涵義

資訊處理學習論對資訊進入大腦至提取所需要的條件、所經過的歷程與所接受的控制，都試圖做系統的分析與統整。教師應瞭解資訊處理學習的條件、歷程與控制，使學生能有最有效的學習。下列建議可以協助教師改進其教學。

一、增進有效的資訊處理與控制歷程

㈠時刻瞭解學生對教材的注意焦點

沒有注意，教材便無從被系統地編碼，更無記憶的可能。因此，教師應該時刻導引學生的注意，尤其注意新教材的重要部分與新舊教材之間的關係。為維持其注意的焦點，教學應避免被動或缺乏含義性的學習。

㈡提供有效的複習方法

教師不僅要強調複習對長期記憶的重要性，而且要積極指導學生多做深層複習，使用分配練習 (distributed practices) 以取代集中練習 (massed practices)。例如，三個學分的課分三天（星期一、三、五）每次一小時，而不是一口氣上三小時的課。多採取延伸性練習 (elaborative rehearsal) 取代重複複習 (repetitive rehearsal)。例如，要記得某一個生字的字義，盡量使這個字與其他的字、詞、句相關聯，而不是只重複背誦該字的單一意義。以多感官經驗的複習取代單一感官經驗的複習。例如，對教材使用看、聽、講、論、寫、想、做等多媒介方式學習以增加指引，而不只是靜坐閱讀。

(三)使用有效的學習策略

有一稱為 PQ4R 的學習系統 (Thomas & Robinson, 1972)，是由原來證明有效的 PQ3R (Robinson, 1970) 所修改而成。此法要求學生依預習 (preview)、發問 (question)、閱讀 (read)、思考 (reflect)、複誦 (recite)、複習 (review) 等六步驟依序學習。這六步驟與資訊處理歷程相重疊，若能持之以恆，必有良好的學習效果。例如，你在學習本章時，先概覽本章大綱，以對本章的全貌有概括的瞭解，也使已知的相關知識準備就緒；然後對自己發問，一面肯定本章所應討論的要義，一面引起閱讀教材以發現答案的動機；其次，開始仔細閱讀本章內容以求答案；讀完本章後，對內容要義做各種思考，預想新知識對自己以後學習的貢獻，並評析新舊知識的關聯；這時，開始以自己的語言從頭到尾重述本章的內容；最後，以摘要方式對本章做總複習，以對「學習」有完整的瞭解。研究顯示 (Adams et al., 1982; Anderson, 1990)，使用 PQ4R 比不使用它的各級學校學生，有更佳的學習結果。

二、培養高層認知的學習習慣

教師應有系統地培養學生的高層認知的學習習慣。為此，教師可以設計各種使用策略、運用多策略與選擇策略的學習計畫，並尋求與家長合作，以便學生於國中時已具備運用與選用策略的基礎，解決問題時，能獨立監控自己的解題歷程，並且自我評鑑所使用策略的得失。

三、增加學習的保持，減少記憶的喪失

㈠教學時，鼓勵學生盡量做深層處理，以增富學習材料的意義

以意碼為主而編碼的材料（如綱要），應輔以聲碼與形碼（如文章細節）。同理，以聲碼與形碼為主而編碼的材料（如年代或數字），應賦予意碼（如意義）。而且愈是多樣性的編碼，愈能提供回憶的線索，也愈能保持所學，減少記憶的喪失。

㈡適當地調節作息時間，減少學習材料的相互干擾

學習材料間的相互干擾是遺忘的主因，因此在校時，教師應適當安排學習課程，避免一學習對另一學習的干擾，並於學習後有充分的休息。學生在家複習功課時，教師也應提醒學生，複習材料間有干擾的可能，要求學生做最有效的複習安排，並報告其心得，使同學能分享其成果。

本章內容摘要

1. 資訊處理論將資訊的處理分為感覺記憶、短期記憶、長期記憶三個歷程，各歷程經歷編碼、儲存、提取三個階段。

2. 將刺激的物質能量轉換成大腦能辨識與儲存的神經化學代碼，稱為編碼。常用的代碼有形碼、聲碼與意碼。

3. 物像記憶是物像在大腦裡所留存的極短暫記憶，其保留時間約在一秒鐘以內；迴響記憶是聽到的聲響在大腦裡留存的極短暫記憶，其保留時間約在四秒鐘以內。

4. 短期記憶的編碼是以聲音為主，亦得以形象或意義輔佐。記憶的材料一旦進入短期記憶，將一些相關聯的個別物體聚集成新的單位，這個歷程稱為塊體化。

5. 長期記憶的編碼是以意碼為主。意碼是意義的代像。根據分層處理模式，由於使用不同的編碼方式，記憶有淺層、中層、深層之分。長期記憶包括：敘述性記憶與程序性記憶，敘述性記憶又包含語意記憶與事件記憶。

6. 長期記憶與神經元觸處的變化和神經元樹狀突的增加有關。大腦中的海馬處理明顯性記憶，腦幹與小腦則負責處理隱含性記憶。

7. 提取線索是與訊息相關聯的刺激或屬性，成為提取訊息時聯想的指引。編碼特定原則是指訊息如何提取要看訊息如何編碼，二者相互一致則有最佳的回憶效果。在提取儲存的記憶時，我們不是直接把所要的訊息原封不動地搬出來，而是經過「雕琢」的建造工夫後呈現的。

8. 自傳性記憶是人們對發生於自己的往事所保存的記憶。

9. 高層認知又稱自知，是指對自己的認知活動的覺識，也就是知道自己在想什麼、如何想。高層認知包括對自己的認知、對作業的認知與對工作或學習策略的認知。

10. 目前已知的遺忘的原因有：編碼的疏失、憶痕的衰退、訊息間的干擾、壓抑與整合失敗等。

11. 干擾是指兩個學習在回憶時彼此抑制的現象。干擾有兩個不同的方向：順向抑制與逆向抑制。

12. 增進記憶的方法有：重視練習、講求含義性、關係自身、善用線索、減少干擾、自我評量、講求組織、利用記憶術等。

13. 學習之後的練習宜採分配練習，少用集中練習，應多用延伸性練習，並輔以機械式重複的維持性練習。

14. 記憶術是改善記憶的技巧，它包括

地點法、栓字法、心像法等。

15. 資訊處理學習論的教學涵義有：增進有效的資訊處理與控制歷程、培養高層認知的學習習慣、增加學習的保持與減少記憶的喪失。

第 9 章 ｜ 複雜的心理歷程

本章大綱

©ShutterStock

我們的天賦，不僅使我們能瞭解所處的物理與社會環境，克服日夜所面臨的天然或人為的困難，也允許我們去利用或創新環境。這些複雜的天賦已潛藏在每個學生身上，有待我們當老師的去啟發、磨練與發揮。複雜的認知涵蓋多方面的學習領域，在此分別討論概念的獲得、原則的學習、思考歷程、解決問題與學習遷移等的教學課題。

第一節　概念的獲得

　　人類對外界事物的知覺，並非零碎感官經驗的湊合。它根據一些特定的原則，對感官經驗予以選擇、組合並賦予意義。人類的認知能超越個別事物，根據許多事物的共同屬性與事物間的邏輯關係，形成對事物的概念與原則。人們利用概念與原則，以瞭解環境、解決問題，或以新組合創造新事物。

一、概念的意義、功能、形成與種類

(一)概念的意義

　　概念 (concept) 是從事物的共同屬性或特徵所獲得的抽象命名或分類 (Tennyson & Park, 1980; Zacks & Tversky, 2001)。例如，「車輛」為一

概念，通稱不同大小、形狀、顏色、功能等各種陸上交通工具，因所有車輛具有下列共同屬性：陸上行駛的交通工具，通常有車輪與車廂。概念因其所包含屬性的多寡而有廣狹之分。例如，「生物」較「動物」或「植物」為廣；「動物」又較「胎生動物」或「卵生動物」為廣。一概念包括許多個別事物。例如，「人」包括男、女、老、少。個別的人、事或物，可能隸屬於不同概念之下。例如，「陳凱」可屬於男人、學生、好人、勇者、老大或高材生等不同概念。

(二)概念的功能

1.減少情境的複雜性

人們稱樹木滿布為森林，或稱所有求學的人為學生，此一化繁為簡的功能，使思考得以暢行。例如，如果老師要學生「帶把傘來」，學生應一聲「是」。這表明學生知道要帶的是「傘」：大傘、小傘、黑傘、花傘等都行。字典裡的字、詞，除專有名詞外，絕大多數代表概念。

2.認清事物

兒童若對事物認識不夠明確，常有誤認或混淆不清的現象。認識不清，可能是由於屬性欠明（例如我家桌子沒有腳）、過度類化或辨識不周。概念學習，可以經由提供合乎概念的實例，協助學生廓清對事物的認識。例如，若學生對「騾」與「馬」都有正確的概念，就不致「指騾為馬」。

3.增加經驗的意義

有些學習經驗在納入某一概念之前，常因孤立而缺乏其應有的意義。例如，若以六書的概念協助學習中國文字，對其形聲義的瞭解更有助益。

4.增加對事物間關係的瞭解

事物間因屬性的近似而類化，也因屬性的差異而區別，事物的概念也因而形成。在學習哪些事物屬於某一概念，哪些事物不屬於某一概念時，學生開始注意事物間的並存、從屬或相對關係。例如，學過透視概念的學生，易於瞭解物體的遠近與其大小的關係。

(三)概念的形成

概念的形成經過抽象化、類化與辨識等歷程。

1.抽象化 (abstraction)

概念形成的第一步為瞭解事物的屬性。欲瞭解事物的屬性，首需將事物特徵予以抽象化。例如，兒童被要求將一堆積木分類時，他們必須看出各積木的屬性，如顏色、大小、形狀或功用等。這種從積木確認其屬性的歷程是抽象化作用 (abstraction)。由於兒童的能力與經驗的不同，一積木可被確認的屬性數目便因人而異，因此有的只見顏色而不見大小。

2.類　化 (generalization)

屬性被抽象化後，兒童開始將相類似屬性加以認同，稱為類化作用。例如，稱呼一堆尺寸接近的較大積木為大積木，便是類化。可見個體於類化屬性時，只顧及其相似性，忽略其差異性。否則，天地之間殊少完全相同的人、事或物，如無類化現象，概念便無法形成。

3.辨　識 (discrimination)

認知屬性間的相似性是類化；區辨屬性間的差異性是辨識。例如，辨認出有些積木在尺寸上比大積木小，稱它們為小積木，以別於大積木，便是辨識。由於辨識，概念便有分類的廣狹之分，亦有層次的高低之別。概念愈廣泛或層次愈高，其包括的屬性愈多。例如，「人」一概念，便比「男」、「女」概念高而且廣。

(四)概念的種類

概念有千萬之譜。然而，概念從集合 (set) 的觀點可分類為：單一概念、共同概念、區分概念與關係概念等。例如，「我的家庭」為單一概念；「家庭」為共同概念；「好家庭」為區分概念；「東鄰」為關係概念。

從教學觀點看，概念可分為時間概念、空間概念、數字概念、因果概念、價值概念與道德概念等。此種分法於教學上頗為有用。許多評鑑心智發展的量表，多以此種分類為基礎，以觀察個體概念發展的常模，分析各種概念發展間的相互依存與助長關係，並研究概念發展的個別差異現象。甚至課程的分門別類也以概念分類為依據。

二、影響概念學習的因素

(一)學生的過去經驗

人類的認知能力由具體而抽象地發展。換言之，個人對其外界事物的認知，需從具體的感官經驗開始，然後逐漸進入抽象的思考階段。因此，學生過去對具體事物獲取概念的經驗，影響後來新的或更複雜的概念學習。例如，從未見過「小麥」的學生，其對「麥」的概念便十分模糊。如果教師要求他們從一堆穀物中指出小麥來，這種區辨便十分困難。如果兒童能將一堆積木做許多不同的分類，這是經驗的結果。對事物的經驗愈多，其概念便愈詳實。

(二)學生的語文能力

不論語文能力是先天的或後天的，語文對概念的形成具有助長作用。語文給予事物分別命名，對事物的屬性與功能予以敘述。對事物命名，可以將事物的心像予以簡化，並可以防止事物因形象的變化而混淆概念。例如，一旦給予椅子命名，不論椅子在設計與外觀上如何變化，我們仍然可以辨認出椅子來。由於屬性可藉語言敘述，若兩事物具備類似的敘述，便可由類化而歸納為同一概念；若兩事物具備相反或不同的敘述，便易於區辨而形成不同的概念。有語文的命名與敘述，兒童於形成概念時無需對事物從頭觀察與尋找屬性。因此，概念學習得因語文能力的發展而增進。

(三)學生的認知能力發展的階段

兒童對事物概念的形成，於不同認知期內有其不同的內涵，因此概念的教學必需顧及兒童的認知發展階段。例如，四歲兒童認為善惡概念是獎懲等外力對行為施予的結果；但對十四歲的青少年而言，善惡概念來自傳統上大家認可的習俗。

三、概念的教學原則

㈠敘述學生習得一概念後應有的行為表現

為測知學生是否學會一概念，並作為後來學習另一概念參考，教師應敘述學會一概念後應有的具體行為表現。例如，學生學會「哺乳動物」一概念後，應能將人、牛、馬、猴、獅、鼠、鯨等列入該一概念內，並能將非哺乳動物區別於外。如果某些學生誤把鳥類列入哺乳動物，則表明該一概念的學習不夠充分，進一步學習勢屬必須。

㈡教導學生創建概念圖

概念圖 (concept maps) 是概念組織系統的視覺心像，以表明一概念下所屬事物間的關係。例如，「生物」之下有「動物」與「植物」；「動物」之下有「胎生動物」與「卵生動物」。要求學生建構一個包括實例與非實例的概念圖，可以協助學生從中學習概念 (Nicoll, 2001)。

㈢於學習複雜概念時，應使重要屬性彰顯，並減少不重要屬性

高層次的概念常包括許多共同屬性。然而，共同屬性有主次之分。教師應協助學生指認何者為主要屬性，何者為次要屬性。例如，學習哺乳動物一概念時，應以「哺乳」一共同屬性統御其他屬性，避免強調「四肢」或「陸上棲息」等次要屬性。因為有四肢而棲息陸上的動物並非全是哺乳類。常見學生學習中國史時，因記誦不少次要的朝代屬性，反而無法對各朝代的重要歷史特徵有明確的概念，因而混淆朝代或不清楚各朝代的主要史實。

㈣強調定義與實例配合的概念教學

根據研究 (Crisman & Mackay, 1990)，無論是先定義、後實例，或先實例、後定義，兩者並重的概念教學效果，比只教定義或只舉實例為佳。當然，教學定義必須理解定義的涵義，死背定義對概念學習並無助益。

如果實例缺乏，可以佐以圖畫、照片、模型、圖表、地圖、影片等 (Anderson & Smith, 1987)。

㈤提示一概念下的各種實例，同時正負實例並舉

概念既然包含事物的共同屬性，教學概念時便應將實例同時並示，期能從實例中觀察出共同屬性，並有效地掌握概念 (Ranzijn, 1991)。正面實例 (example) 是指某一實例屬於正在學習的概念之中；負面實例 (non-example) 是指一事物並不隸屬所學習的概念之內。一般而言，利用正負兩面實例協助概念學習，較之僅用正實例或負實例為優 (Tennyson & Park, 1980)。

㈥詢問學生其概念如何形成

學生對各種人事物有其不同的概念，為瞭解其概念是否清楚或正確，可以詢問其概念的由來或如何形成，以便藉機指導。

㈦給予學生形成概念的練習機會

教師對概念的解釋與提供實例，只是教學的起點。教師的另一任務是協助學生發現新概念。例如，一兒童除了能將一堆積木依顏色分類外，呆坐終日仍無法「找出」他種分類法（概念）。教師可以借機安排練習概念形成的機會，將一些積木略微調位，以提供「大小」一概念的指引或線索。若學生成功地把握此一概念，則立刻給予應用的練習，以熟悉此一概念的普遍性。

第二節　原則的學習

一、原則的意義與功能

㈠原則的意義

　　原則 (principle) 為概念之間關係的敘述。原則所敘述的概念間的關係為相當持久不變的關係。例如，「二加二等於四」是原則，因它在敘述「二加二」與「四」的關係；「他進我家，我已走了」便不是原則，因為「他進我家」與「我已走了」並無必要的關係可言。可見「行人必須靠右」是原則。原則常被用以說明宇宙間事物的因果關係，如各種定理與定律便是。原則亦遍及人類社會體系之中，如憲法、法律、規則、契約等。人類用以溝通思想的語言文字，亦有法則可循，以避免混淆。一般課程內容、概念與原則的敘述、舉例與說明占主要部分。

㈡原則的功能

1.原則可以使人瞭解事物間關係的普遍性與恆常性

　　宇宙內的萬象千頭萬緒，其關係異常錯綜複雜。原則的發現與教學，可使學生瞭解事物及其間的關係，能化繁為簡、去蕪存菁，並免於被事物的表象混淆或矇蔽。因此，對原則的正確瞭解，可以端正人們對事物的曲解並糾正誤解。

2.原則可以成為行為的指導

　　由於原則的普遍性、恆常性與規律性，若能依原則而思考、而行動，可使思考、行動與環境相和諧，防止不必要的紛擾。例如，「先舉手、後發言」為議會或座談的重要規則。如果與會者均能依此原則討論，則會場秩序得以維持。

3.原則可以作為解決問題的工具

　　問題之解決可以被視為一習得原則的應用或將習得的原則組成一新

的高層原則。例如學會加減乘除的運算原則，便可以解決簡易的交易與記帳問題；瞭解汽車引擎的結構及其作用的原理，可以協助修護所使用的汽車引擎。新原則的建立，常是一種創新活動。

二、影響原則學習的因素

㈠概念的正確性

原則既然在敘述概念之間的關係，若學生對涉及的概念缺乏明確的瞭解，則原則的理解將受到影響。例如，教師欲學生學習「人必自助而後人助」的道理，若學生不甚瞭解「自助」一概念，結果「自助人助」的原則便無法被體會而應用。

㈡認知能力

原則學習的主要內在條件為學生的認知能力。學生欲徹底瞭解原則所代表的意義，至少對涉及的概念與原則有充分的認知能力。因此，較抽象原則的教學，諸如文法、代數、幾何、物理、化學、社會、法律等，均自國中才正式開始。否則，過早教導抽象原則，學生除了死記原則外，別無他途可循。

㈢語文能力

語文為組織完備，系統嚴明的抽象符號系統。語文本身不僅代表許多普遍法則，它亦被用於敘述原則。因此，語文為原則教學的首要工具。缺乏語文能力的學生，難以有效地使用語文作為學習原則的工具。無怪乎，學生的語文能力與學業成就有高度的相關。

㈣學習需欲

原則學習為高層的認知學習，它需要強烈的學習動機予以推動。例如，欲當有效教師，對教育心理學便會有強烈的學習需欲；擬推展國際貿易，對國際貿易法與財稅法自然會有強烈的學習興趣。

三、原則的教學要點

㈠敘述學生習得一原則後應有的行為表現

為瞭解學生是否學會一原則，並作為學習次一原則的參考，教師應告知學生學會一原則後應能表現的具體行為。例如，學生學會「氣熱則上升，氣冷則下降」的原理後，應能說明冷氣機內部格式安排的道理；學會「慣性定律」，應能解釋緊急剎車時乘客頓時前衝的理由。

㈡決定何種相關概念與原則應予以回憶以便學習新原則

新原則的學習，常須建立於某些已學會的概念與原則之上。因此，及時回憶並廓清有關概念與原則，有助於新原則的學習。例如，欲學習「三角」的 $\tan t$ 就應回憶剛學過的 $\sin t$ 與 $\cos t$。

㈢提供應用原則的練習機會

原則學習應注重應用，以便對原則有深入的認識。否則，死記原則，既不能活用所學，更無助於知識的增益與問題的解決。例如，常見學生死背文法，卻不能正確地造句。因此，教師應提供機會並鼓勵學生，對所學原則學以致用。惟須注意，練習單一原則比練習多原則更為優越，因為原則多，彼此干擾的可能性高，影響學習的保持。

第三節　思考歷程

思考 (thinking) 是形成概念、組織觀念、解決問題、進行推理、下判斷等認知活動歷程。我們在日常生活與事業裡，有許多事需要去思考、推理與下判斷。從上大學、選科系、交朋友、購置衣物等，都需要自己花心思去做最佳的決定。到底我們是以何種方式進行推理？學生應該具備哪些批判思考能力？如何培養學生的創造性思考？下判斷與做決定是

根據哪些原則？有什麼可能的誤差？這些是本節所要回答的問題。

一、推理的歷程

　　若以理智的方式去達成思考的結論，通常要經過一番推理的工夫，其結果才有效度。推理有兩個基本上相反的策略：歸納式推理與演繹式推理。

㈠歸納式推理

　　歸納式推理 (inductive reasoning) 是以個別事實或特殊事例形成普遍原則，它常被稱為「由下而上」的推理歷程。人們從所見所聞找出其中的道理，是典型的歸納思考，許多的發明或發現便是從觀察中歸納出來的。歸納式推理對現代科學（包括教育心理學）的進步貢獻很大，因為它是由事實出發的，是有根據的，是讓事實為其結論「說話」的。測驗常用的類推 (analogy)，是一種歸納思考 (Goswami, 2004)，如：「上對下，一如左對＿＿」，因為左對「右」是根據對上與下關係的推論而找出的答案。

　　然而使用歸納式推理，並不是無瑕疵的。如果對個別事實的觀察不夠精確，推理的結果是可疑的；如果抽樣所得的資料 (samples) 不能代表母群 (population)，則其結論的普遍性是有局限的。如果有位老師在辦公室不滿地說：「我天天早上利用早自修課為學生補習，結果大考成績一樣糟，這些學生真『笨』！」在此，「補習」與「大考成績」是事實，由老師的補習推論學生的「笨」，卻是值得商榷的。雖然老師有「補習」的行為，但學生有沒有「從補習中受益」，在推論上是有必要考慮的。我們應該確定，這位老師在觀察上有無缺陷。

㈡演繹式推理

　　演繹式推理 (deductive reasoning) 與歸納式推理相反，是從普遍原則推論到特定事例，是「由上而下」的推理歷程。人們有見解或想法在先，然後去找事實當佐證，便是典型的演繹推理。許多哲學家、思想家有他

們的先驗想法或理論在先，然後舉例予以證驗或支持。

　　最嚴謹的演繹推理方式是形式邏輯 (formal logic)。在此，我們討論兩種邏輯推理：三段論法與條件推理法。

1. 三段論法

　　三段論法 (syllogism) 有三個命題：大前提、小前提、結論。命題 (proposition) 是一種陳述、一種論點或一種提議。第一個陳述稱為大前提 (major premise)，第二個陳述為小前提 (minor premise)，最後一個陳述是結論 (conclusion)。大前提通常陳述一個普遍原則；小前提則陳述特殊事例；結論是從兩個前提推論出來的論證。現在把一個典型的三段論模式與例子列舉於下。

模　式　陳　述
大前提：所有的 **A** 是 **B**
小前提：所有的 **B** 是 **C**
結　論：因此，所有的 **A** 是 **C**

舉　例　陳　述
大前提：所有的西瓜是瓜
小前提：所有的瓜是植物
結　論：因此，所有的西瓜是植物

　　上面的模式與例子有兩個真實的陳述作為前提，也因此獲得合理的結論。然而，下面的例子也是使用三段論的模式，但它的結論顯然並不真實。因此，兩個真實的陳述並不一定成為合理的大小前提，使用時應特別留意。

舉　例　陳　述
大前提：所有的西瓜是瓜
小前提：木瓜不是西瓜
結　論：因此，木瓜不是瓜

2.條件推理法

條件推理 (conditional reasoning) 是以「如果……則……」的方式推論。這個推理看來似乎很簡單，結果的可靠與否有待實際的檢驗才能分曉。以下是條件推理的模式、例子、檢驗方式。

　　㈠主模式：「如果是 A，則 B。」

　　　　例　子：「如果小明在校，則有禮貌。」

　　㈡檢　驗：「如果是非 A，則 B。」

　　　　例　子：「如果小明不在校，則有禮貌。」

　　㈢檢　驗：「如果是 A，則非 B。」

　　　　例　子：「如果小明在校，則沒有禮貌。」

如果上述㈡與㈢也都對的話，則㈠的正確性也就可疑了。根據魏森 (Wason, 1960)，人們的推論大多數並非刻板地依邏輯法則進行。在大學裡，即使予以學生整個學期的邏輯學訓練，他們在推理方面的表現，只改善 3% (Cheng et al., 1986)。有人試用「具體事實」的心理學訓練方式，以別於「抽象模式」的哲學訓練方式，結果心理學訓練方式在三年裡改善條件推理能力達 33%，而哲學訓練方式絲毫沒有改善條件推理能力 (Morris & Nisbett, 1993)。

現代的科學研究，已不再是到底應使用歸納式推理或演繹式推理的問題。從形成假設、搜集資料、統計分析、證驗假設至陳述結論，既有演繹又有歸納。因此，科學研究只要依嚴格的程序進行，其結論是相當可信的。

二、批判性思考

批判性思考 (critical thinking) 是以理性對事實或結論做系統的、客觀的、熟慮的評鑑歷程。鑑於世上充斥大量資訊，為避免青年人因盲目地接受或輕信它們而受害，教育及心理學家特別重視批判性思考的教學或訓練 (Bonney & Sternberg, 2011; Winn, 2004)。事實上，許多教師要學生背誦、下定義、敘述、列舉或給正確答案，許多好學生也都交作業、考

好試、得到好成績，但學生從未學習如何深思、如何批判 (Brooks, J. G. & Brooks, M. G., 2001)。貝亞 (Beyer, 1988) 認為，批判性思考可從下列十項能力中展現出來。

㈠批判思考的能力

1. 區辨可證驗的事實與價值的主張。
2. 區辨有關與無關的資訊、主張或理由。
3. 確定聲明的真實性。
4. 決定來源的可信度。
5. 指出模稜兩可的主張或論點。
6. 認出未陳述的假說。
7. 查出成見。
8. 找出邏輯上的謬誤。
9. 指認推論歷程中的不一致性。
10. 確定一主張或論點的優點。

㈡培養批判思考能力的教學技術

杉綽克 (Santrock, 2006) 提供以下培養批判思考能力的教學技術。
1. 不僅要問「是什麼」，也要問「如何」與「為何」。
2. 檢驗信以為真的事實，並決定它是否受到事實的支持。
3. 爭論時，訴諸理性，不是情緒。
4. 認識到，有時有一個以上的好答案或好解釋。
5. 比較同一問題的不同答案，並判定何者為最佳答案。
6. 評鑑他人的看法，不立即信以為真地接受。
7. 對已知的予以質疑或推想，以創建新觀念與新資訊。

希望教師都能體驗批判思考在現代生活中的重要性，多利用爭議性的問題，多採用上列的教學技術，使學生能展現貝亞所指出的批判思考能力。

三、做決定

推理的目的是為了做結論與做決定。做決定 (decision making) 是評鑑選項並進行選擇的歷程。在此我們來看看做決定所依循的原則與做決定可能陷入的誤差。

㈠做決定的原則

做決定不是盲目的，它是根據一些原則來決定的。一般而言，個人做決定時可能遵循的原則有三：最大效益模式、滿意模式、遊戲模式 (Sternberg, 1998ab)。

1. 最大效益模式

最大效益 (utility-maximization) 是指個人希望做決定的結果可以獲致最高的快感（正的效益），同時也最能解除痛苦（負的效益）。例如，期考前好友邀你共賞獲得多項奧斯卡大獎的電影。依據這個模式，看名片可使你快樂；但放棄幾個小時的應考準備會令你擔憂。為了兩相兼顧，你可能決定考完後才去，既可以放心觀賞電影，又不再為考試而擔心。

圖 9～1　面對一整排各種樣式的牛仔褲，不知道該選哪一種？如何做出最佳的選擇？

最大效益模式是一個刻板的理想模式，常與現實有差距。例如，你的好友可能急於觀賞名片，也顧不得你的建議了。認知心理學乃倡議主觀用處論 (subjective utility theory)，認為每個人對什麼是最高效益各有其主觀的見解。例如，某太太在先生面前對友人訴說：「我買東西精打細算、等廉價，因此貨美價廉。我先生就不同了，他一進店，只知抓貨付帳，簡直是浪費。」先生禮貌地辯解說：「時間是金錢，我快買快穿，既趕時髦又光彩，這才是貨真價實的真義。」可見，所謂「效益」是相當主觀的，因此傳統的效益論，

已無法充分解釋做決定的標準了。

2.滿意模式

　　根據賽蒙 (Simon, 1957)，人類在做決定時，其典型的決定因素是滿意 (satisfying)。在面對無限的選擇機會時，個人往往只找出幾個選擇，然後從中挑選最令其滿意的，縱然他深知可能還有更佳的選擇，但他對自己的選擇感到滿意就夠了。可不是嗎？銷售心理學最關切的是「顧客是否滿意」。他們有個格言：「顧客因情緒而購買，但用理智去解說。」可知，我們的許多決定取決於非理智的情緒上。試想：我們是否購買許多不需要的東西，只因購買的滿足感實在太難抗拒了。

3.遊戲模式

　　當我們的決定牽涉到自己與他人的利害時，上述兩個原則就很少效用，因為人己的關係可能因而相互消長。遊戲模式 (game theory) 認為，做決定必須考慮雙方最後是否一贏一輸、雙贏或雙輸的結局。若是一贏一輸，贏的一方固然歡欣，輸的一方也不見得甘心罷休，因此是屬於零和 (zero-sum) 的遊戲。近年來社會上大力倡導雙贏 (win-win) 的遊戲方式，希望因而有和諧的結局。例如，在罷工之前，雇主與員工的彼此妥協，雙方因而保持了各自應有的尊嚴與利益，這便是雙贏策略的成效。當然，錯誤的決定常導致雙輸 (loss-loss) 的後果，使兩敗俱傷。例如，有一家工廠，工人集體罷工，幾經談判不成，廠方憤而關閉工廠，工人也因而失業在家。

(二)做決定的誤差

　　做決定時常有誤差而不覺。常見的判斷誤差有：代表性啟示、可利用啟示、定位效應、措辭效應與過分自信等。

1.代表性啟示

　　代表性啟示 (representativeness heuristic) 是決定特定事件發生的可能性，端賴該事件是否與原型（即典型）相符。有一個良好的例子可以詮釋這個概念 (Nisbett & Ross, 1980)。研究人員對學生說：

　　　　「有個陌生人對你說：有一個矮小、瘦削並愛閱讀詩詞的

人。你猜他是某大學的古典文學教授？還是卡車司機？」

結果多數學生猜測：那位矮小、瘦削並愛閱讀詩詞的人是古典文學教授，不是卡車司機。一個矮小、瘦削並愛閱讀詩詞的人符合學生對古典文學教授的刻板印象，這就是代表性啟示的具體表現。然而，從古典文學教授與卡車司機人數的比例看，猜他是卡車司機而答對的機率要大得多 (Myers, 1998)。

2.可利用啟示

可利用啟示 (availability heuristic) 是決定特定事件發生的可能性，完全以當時在情境中、思考中或記憶中可利用的資訊作為根據。這大大地限制可供研判的資訊來源，其誤差也因而難以免除。假如最近有個空難事件，使你決定改乘汽車由臺北去高雄。空難的傷亡報導成為你決定交通安全的主要依據，也使你忽略一個事實：地上車禍的傷亡人數遠超過空難的傷亡人數。由於媒體的報導與群眾的反應，令你在做決定時，感到空難事件有「歷歷在目」或「餘悸猶存」的啟示作用，也因而產生做決定的誤差。

3.定位效應

做決定必須有個定位，作為出發點或參照點。定位效應 (anchoring effects) 是一個定位對次一位置在做決定時所產生的誤差。例如，與鄉村（定位）做比較，大都市便顯得特別喧鬧；中產階級與低收入者相比，還算「小康」；但與富豪相較，則頗有「捉襟見肘」之感。從事募捐的人善於利用定位效應。原則上他們要你這位「善士」捐款一千元，他們先說你「樂善好施」，於是建議你至少捐獻二千元。經過一番「你來我往」，你終於開一張一千五百元的支票。你覺得省了五百元，他們則為多募五百元而慶幸。

4.措辭效應

文字與數字是溝通訊息的有力工具。人們的許多決定常受「措辭運用」的影響。措辭效應 (framing effects) 是指同一資訊以不同的措辭來陳述，足以影響個人的判斷。例如，根據一研究 (Linville et al., 1992)，年輕人若聽說「避孕套有 95% 的成功率」時，多數相信它的安全性；但他們

若聽說「避孕套有 5% 的失敗率」時，多數人不敢相信它的安全性。「95% 的成功率」不就是「5% 的失敗率」嗎？廣告業者在宣傳其產品或服務時，對措辭效應相當注意，以增強顧客的信心或減少顧客的疑慮。

5.過分自信

　　自信本是美德，我們無法相信一個缺乏自信的人。但是，人們對自己的決定常有過分自信的誤差。過分自信 (overconfidence) 是指信心超越實際表現 (Kahneman & Tversky, 1996)。股票投資者常過分自信他們的選擇 (Malkiel, 1995)；建商常自信可於短時間內以低價趕完工程 (Buehler et al., 1994)。一般而言，過分自信的人比較快樂，也比較容易對難題做決定 (Baumeister, 1989)。

四、創造性思考

　　創造力是難得的天賦，應該珍惜。可惜許多創造性思考活動被無情地壓抑或摧毀 (Goleman et al., 1993)。創造性思考 (creative thinking) 是新的 (new)、原始的 (original) 的思考，也是適用的 (appropriate) 與有結果的 (productive)。可知創思不是胡思亂想，也不是不著邊際的。創造性思考是一種分歧性思考 (divergent thinking)，不是聚斂性思考 (convergent thinking)，前者對一問題試圖提供多樣的可能解答，後者對一問題從多方整合成一個可接受的答案。

㈠創造性思考者的特徵

　　根據賽蒙頓 (Simonton, 2000)，高創造性思考活動的人有下列心理特徵。

1.對問題或情境的解釋具有彈性。
2.對特定作業有非常豐富的資訊。
3.將現存資訊與觀念以嶄新方式予以組合。
4.以高標準評鑑自己的成就。
5.熱衷於所為，因此肯花時間與精力於所投入的事。

⑵提升創造性思考的策略

　　為提升創造性思考，教師可嘗試下列教學策略 (Plucker et al., 2004)。

1. 以團體或個別方式鼓勵創造性思考活動，如使用腦力激盪術。
2. 提供刺激創造力的環境，如圖書館、博物館、旅遊。
3. 不再過分控制學生的言行或思想，不總是要求一致的思想。
4. 鼓勵內在動機，不濫用物質獎勵。
5. 培養有彈性的、好玩的思考，幽默或輕鬆地對待思考。
6. 介紹學生去接觸有高度創意的人。

第四節　解決問題

　　教育的主要任務之一為培養學生的解決問題能力。我們總期望學生不僅能解決其課業上的練習問題，而且冀望學生能解決其實際生活、人際關係、個人身心健康與未來事業等問題。

一、問題的意義與種類

　　問題 (problems) 是指達成目的之手段有待發現的狀態 (Gagne et al., 1993)。解決問題 (problem solving) 是利用已有知能發現達成目的之手段的歷程。從教學的觀點看，問題可劃分為結構良好問題、結構不良問題與爭論性問題三類 (Hamilton & Ghatala, 1994)。

⑴結構良好問題 (well-structured problems)

　　此類問題有良好的結構，其解答有清楚的參照標準，並能從個人回憶與應用已有知能提供確切解答者。例如，「$2x - 4 = x + 3, x = ?$」或「首先踏上月球表面者為何人？」等為結構良好的問題。這類問題的答案多數已知或可以簡易地求出，因此其主要功能為應用所學或練習解題。

㈡結構不良問題 (ill-structured problems)

此類問題缺乏良好的結構，其答案並無明顯的評定標準，解答指引亦少，因此其解答也較不明確或肯定。例如，「如何增進學習效率?」或「通識課程應如何編訂?」等是屬於結構不良問題。此類問題多出現於日常生活及行為與社會科學中，其功能在對問題提供各種不同但有效的解答。

㈢爭論性問題 (controversial issues)

此類問題缺乏良好的結構，作答它們常令人針鋒相對，堅持不下；其答案難有可循的參照標準，結果也難令爭論的雙方滿意。例如，「何種體制適合我國：總統制或內閣制?」或「該不該有死刑的法規?」等是爭論性問題。可見，此類問題的功能主要在對問題提出「合理的見解或主張」，而不在要求找出解決問題的「正確」答案。

二、解決問題的策略

我們在此特別強調解題的策略，因為它們與人類的思考與行為密切相關。除了易解的問題之外，多數問題因性質的差異需要不同的策略以求解答。常見的策略不外是：嘗試錯誤、定程法、啟示法、領悟等四種。

㈠嘗試錯誤

當我們面對一個比較簡單的問題，而且對它的解題步驟又缺乏認識時，我們常採取嘗試錯誤的方式以尋求解答。嘗試錯誤 (trial and error) 是以各種不同步驟嘗試，然後從中逐漸淘汰無關解題的錯誤，並逐步增加有助於解題的步驟，直到問題得到解決為止。例如填字謎、猜謎語、拼圖等，我們常試圖從猜測與嘗試中解答。雖然此法相當浪費時間，其成效也多數不彰，但是歷史上的一些重大發現何嘗不是嘗試錯誤的結果。

㈡定程法

定程法 (algorithm) 與嘗試錯誤相反，它循一定的規則與步驟進行，

而且保證可以因而獲得答案。步驟嚴明的數學解題歷程或演算公式便是典型的定程法。假如我請你將 **CDKU** 四個字母拼成一個有意義的英文單字，你可以拼成 24 個不同的組合，然後找出 **DUCK**（鴨子）一字。這些例子證明定程法的科學性及其優勢。然而，這種解決問題的方式，除非利用電腦，既機械、又費時，人們常因而選用更為直接的策略。

(三)啟示法

人類的高度智慧與經驗的累積，使人們從靈感上獲得更為快速而便捷的解題途徑。使用靈感與經驗的組合以快速而便捷地解決問題，稱為啟示法 (heuristic)。例如，要從 **CDKU** 四個字母拼成一個有意義的英文單字，我們可以從英文字的組型來判斷：**CK** 常是一字的末端（如 check, dock, neck, pick...），剩下的只有 **D** 和 **U**，由於字的開端少用 **UD**，多用 **DU**，**DU** 與 **CK** 便一拍即合而成 **DUCK**。這種解題的思路，一面觀察問題與答案間的關係，一面借重過去解題經驗中所獲得的啟示，可以提供便捷的解題途徑。它比嘗試錯誤有規律、有條理，也比定程法便捷得多，因此是我們解決問題常用的策略。

有一種非常有用的啟示法，稱為類推法。所謂類推 (analogies) 是將新問題與過去已解的舊問題相比較，如果二者相近似，則以舊問題的有效解法作為模式嘗試應用在新問題上。當我們面對一新問題需要解決時，一位熱心的朋友從旁建議說：「我來幫忙，因為我解決過類似問題！」這就是類推的啟示法。經驗畢竟是良師，我們在面對難題時，不時思索往日是如何解題的，以便參照應用。

(四)領　悟

領悟是一種奇特的解題經驗。在解答來臨之前，解題者似無所感知，也無法敘述其所思 (Sternberg & Davidson, 1995)；解題者可能在轉換策略、重新規範問題、移除思路的障礙或進行類推 (Simon, 1989)；解題者的定程法可能已進行至尾聲，答案即將呈現而不自覺 (Weisberg, 1992)；或所面臨的是屬於一種全有或全無的解題法 (Smith & Kounios, 1996)。總之，領悟 (insight) 是個體尚未意識到問題已有解決的跡象時，答案突然

湧現的一種解題歷程。研究顯示 (Schooler et al., 1993)，在進行領悟性問題解決時，若要求個體一路敘述其思考歷程，則其解題表現開始潰散。可見，領悟性問題解決是一種很特殊的解題策略。

三、解決問題的步驟

通常，一個問題的解決必先認識問題的存在、界定與描述問題的性質、決定解題的策略、實際進行問題的解決，然後檢討解題的得失等。然而並非所有問題的解決都須刻板地經過五個步驟，此等步驟適合一般性問題的解決 (Bransford & Stein, 1993; Krulik & Rudnick, 1993)。

㈠認識問題的存在

研究顯示 (Okagaki & Sternberg, 1991) 好的問題解決者對問題的存在較一般人為機敏。問題的確認需要對現狀的好奇與不滿 (Snowman & Biehler, 2006)。因此，當事者必須經由認知方能確定問題的存在與否。例如，關懷學生健康的教師，便易於覺察教室光線不足與學生視力問題；對學生的行為充滿好奇的教師，較能發覺沉默學生的心理健康問題。

㈡界定與描述問題的性質

對問題予以適當的描述，不僅代表對問題的正確瞭解，亦能協助問題解決者集中其注意於主要焦點上。界定問題需對問題有充分的知識，並對類似問題情境與其解決相當熟悉。據研究，專家們 (experts) 之所以能有效解決問題，乃是他們具有大量而組織完整的專業知識作為基礎 (Gagne et al., 1993; Gick, 1986)。在描述問題時，個人應能從長期記憶中提取相關的認知結構（如事實、概念、原則、步驟等）。一般而言，解決問題的生手 (novices)，只會回憶過去所學的資訊，但它們是否有關、能否直接用上，未能充分把握。諾貝爾物理獎得主費因曼博士 (Feynman, 1985) 感慨地指出，那些不能學以致用的知識，是由不懂而死記的脆弱知識。

㈢準備解題的策略與資料

事實上，結構良好問題的解決，因屬於練習性質，其解題策略與資料的準備，大致已於描述問題時完成。然而，較複雜的問題與爭論問題，不僅需要回憶相關資料與解題經驗，必要時也應尋求他人的意見與支持 (Ruggiero, 2004)。策略多、相關資料豐富，則解決問題的成功機率大。

㈣進行問題的解決

1.選用有效的策略

史諾曼 (Snowman & Biehler, 2006) 介紹下列六個已被證明相當有效的解題策略：(1)研究解過的問題前例；(2)參考比較簡易問題的解決策略；(3)將問題分成幾部分逐漸解決；(4)採用由已知答案反向找出解題歷程的解題策略；(5)解決與原問題類似的問題；(6)創建代表問題的心像。

2.阻礙問題解決的因素

一般而言，解題失敗多由於對問題認識不清、描述不實或策略不當。然而，下列因素亦常阻礙問題的順利解決：(1)功能固著 (functional fixedness)：無法對事物賦予新的功用；(2)反應心向 (response set)：採取熟悉與常用的反應模式，不察情境或需求的改變；(3)確認偏差 (confirmation bias)：只注意支持自己想法的證據，因而忽略其他有用的證據；(4)情緒管控不良，如不能平心靜氣、過分急躁、焦慮或冷漠。

㈤評鑑與檢討

不論問題解決的結果如何，為吸取經驗與策進未來，對問題解決的歷程與結果有必要評鑑並檢討得失。評鑑與檢討本身是重要的認知學習歷程。主要的評鑑與檢討項目可以包括：何以某一策略能成功地解決問題？於問題解決過程中有何瑕疵？有何衍生的弊端？本策略是否經濟實效或徒勞浪費？他人對結果的看法與評語如何？是否可取？未來重遇類似問題有待解決時，如何改善？此處所指的雖是屬於總評性質，但問題解決的每一步驟都可能有評鑑與檢討的需要，只是其評鑑與檢討的幅度與目的有些差異。

四、解題專家的特徵

假如人人都善用不同的解題策略，也能避免解題的各種心理障礙，都應變成善於解題者，何故有些人是專家，有些人卻一直是生手呢？根據史坦波格 (Sternberg, 1998b) 的綜合看法，專家有異於生手的主要關鍵有二：豐富的知識與優越的組織。除此而外，他列舉一些特質以資對照。下表節錄其要者，以供參考。

表 9～1　已被發現的專家與生手的解題特質對照表

專　家	生　手
大量而豐富的認知結構	有限而貧乏的認知結構
認知結構間彼此有高度的連結	認知結構間的連結不良、零亂而鬆散
在解題之前，以大量時間認知問題	花大量時間於找尋與執行解題策略
發展複雜的問題心像	發展相當浮淺的問題心像
由已知資訊經由策略發現未知資訊	由未知資訊逆向解題
認知結構中具有豐富的解題歷程知識	認知結構中具少量的解題歷程知識
能彈性地適應與原策略不相容的新知	解題策略的步驟多數尚未自動化
由於高效率，解題快速	由於效率偏低，解題速度遲緩
細心地監控自己的解題策略與進度	對自己的解題策略與進度監控不良
非常正確地獲取適當的解答	不十分正確地獲取適當的解答
許多解題策略的步驟多數已被自動化	不大能適應與原策略不相容的新知

到底生手要如何才能變成專家呢？寶克洛斯與哈林敦 (Delclos & Harrington, 1991) 從其研究問題解決中發現，下列三因素可使生手變成專家：(1)對即將解決的問題，提示所需的事實，並提供如何利用此等事實解決問題的幾個實例；(2)允許學生運用事實練習解決許多實際問題；(3)正值學生解決問題之際，教導學生如何自我監控 (self-monitor) 其策略的運用。

五、一般問題解決的教學原則

教導學生解決一般性問題，下列各點是原則性的建議 (Ormrod, Anderman, & Anderman, 2017; Snowman & Biehler, 2006)。

㈠教導學生如何確認問題

確認問題不能憑空瞎思。除課程裡所需練習解答的問題外，我們的生活裡充滿有待解決的問題。教師應鼓勵學生閱讀書報雜誌，注意觀察他人的言行，查看當地的交通情況，造訪教師、居民、企業家、警察或政府官員等；然後，要求學生瞭解他人如何自現狀中找出問題。

㈡教導學生如何描述問題

描述問題的能力，是基於個人對問題領域所具備的知識，與對問題本身的熟悉程度。許多學生學會記誦原則，但不知所云。況且，不同的問題有不同的描述方式。於描述時，注意學生是否真正瞭解有關概念與原則的意義。

㈢教導學生如何編組有關訊息

教師應指導學生如何利用高層認知 (metacognition) 回憶過去習得的訊息與認知技能。如果所記有限，則不妨協助學生尋求對解決問題是內行而又願意助以一臂之力。另外，求助於圖書館或經由電腦的網際網路，可以獲得大量的資訊，以協助資料的搜集與編組。

㈣教導學生各種不同的問題解決策略

教導學生研究解過的問題實例，解決比較簡易的問題，將問題細分，採取逆溯做法與試解類似的問題。教師應盡量提供學生練習此等策略的機會。選擇策略要有彈性，需依情況或條件而決定 (Benjafield, 1992)。有不少增進與改善解決問題技能的電腦軟體可供教學之用 (EPIE Institute, 1993; Neill & Neill, 1990)，其優點在於允許學生做系統的練習與獲得有益

的回饋。

　　根據梅耶等氏 (Mayer & Wittrock, 2006)，一種經由選擇、組織、統整（Select-Organize-Integrate，SOI）而進行的有意義的資訊學習，非常適合提升解決問題的能力。他們建議使用以下幾個 SOI 策略：

1. 減輕負荷法：技巧因熟練而自動化，如使用電腦以移除因繁雜計算所加的束縛。
2. 操縱結構法：如在電腦螢幕上自由操控或移動結構的組成部分，以發現新的結構關係。
3. 認知結構（基模）啟動法：使用章節綱要等先前組織；給予事前訓練以做預備，如提供解題線索。
4. 發動法：要求學生做延伸性敘述或編造細節，為各章節做摘要，替所讀文詞做注釋或說明，為各段落或章節撰寫問題。
5. 導引發現法：在選擇、組織或統整的歷程中提供適當的暗示，以協助概念或規則的發現。
6. 模仿法：給予步驟清楚的解題範例，如學生如學徒般地跟隨師長學習。
7. 思考訓練法：使學生學習與解題相關的思考訓練課程，如教導特殊領域的思考技能課程。

㈤教導學生評鑑的技巧

　　對結構不良的問題與爭論性問題，由於問題複雜，因此問題解決的評鑑比較困難。羅吉阿露 (Ruggiero, 1988, 2004) 提供十項有助於評鑑解題的技能與習慣：⑴對相反意見開懷以對；⑵選擇適當的評鑑標準；⑶瞭解爭論的要點；⑷評量來源的信度；⑸適當地解釋實際資料；⑹證驗假設的確實性；⑺區別重要的差異（如是偏好或判斷、感情用事或內心同意、外表或實際）；⑻確認未表述的假定（如誤認大眾所信便是事實）；⑼評鑑爭論的效度與真實性；⑽指認證據的不足。

六、創造性問題解決的教學

　　創造性思考的能力與習慣，對解決結構不良問題與爭論性問題有特

別的功能性價值。我們有時重視看法或意見的一致性；我們有時卻歡迎意見或主張的分歧或多樣性。分歧性思考所帶給人類文明的貢獻是日新月異的千千萬萬的新發明、新表現（藝術）與新做法。若單一問題需求多「實用」、「多樣式」與「求新奇」的解答，則創造性思考在解決問題的歷程中異常重要。

㈠傅列德律克森的六要素

傅列德律克森 (Frederiksen, 1984) 對創造性問題解決的策略提供六個要素：⑴給予充分的細心思考時間；⑵於各種可能的解決方法呈現之前，按住決斷；⑶建立輕鬆但受重視的解題氣氛；⑷分析與列舉問題的各種特徵或因素；⑸教導解題的基本認知能力；⑹多給予練習解題的機會，並對正確答案與解答歷程予以回饋。

㈡奧斯本的腦力激盪術

奧斯本 (Osborn, 1963) 提倡腦力激盪術 (brain-storming) 以增進創造性思考能力。此法有兩大原則：一則對提出的意見暫不批判，二則藉意見的「量」培養意見的「質」。此法增進意見的溝通、意見的參與踴躍、批評減少、來自他人的支持增加與更加幽默 (Firestein & McCowan, 1988)。白亞 (Baer, 1997) 對教師使用腦力激盪術，有下列建議：⑴延緩判斷；⑵避免將觀念據為己有；⑶自由借用他人的觀念；⑷鼓勵天馬行空的想法。

第五節 學習遷移

一學習與另一學習並非各自進入長期記憶，分別歸檔了事。學習之間彼此可能相互影響。一學習或一經驗對另一學習或另一經驗所施的影響，稱為學習遷移 (transfer of learning)。

一、學習遷移的類別

(一)正遷移、負遷移、零遷移

如果一學習對另一學習的影響是助長作用，則稱為正遷移 (positive transfer)；如果其影響是阻抑作用，則稱為負遷移 (negative transfer)；如果既無助長作用，也無阻抑作用，稱為零遷移 (zero transfer)。例如，學會騎自行車對學機車有正遷移作用，因為兩者有許多相似之處。正遷移與刺激的類化非常相似；在臺灣學開車後到英國倫敦開車，有負遷移現象，因為司機的座位和在街道上行駛的方向左右恰恰相反；學會游泳對學習如何養鱷沒有影響，便是零遷移現象。

(二)特殊遷移與非特殊遷移

兩學習之間，由一特殊的因素所產生的遷移，是特殊遷移 (specific transfer)。例如，學會「興奮」一詞後又學「興致」，則同一個「興」字有不同的發音，這就產生特殊的負遷移。非特殊遷移 (non-specific transfer) 是指一般性的遷移。學習如何學便是一種非特殊遷移。將某教材的原理原則或方法學會後，再學類似教材時，先前所學的原理原則或方法助長新的學習，稱為學習如何學 (learning to learn)。例如，學會許多微積分的程式後，使許多工程力學的計算得到不少幫助。科學與社會的變遷日新月異，教師無法把已有新舊知識完全灌輸給學生，更談不上未來的新知。但是，教師卻可以教學生「學習如何學」，以便他們離開教室或學校後仍能將所學的基本原理原則應用到新學習上。

(三)近遷移與遠遷移

近遷移 (near transfer) 是指兩學習的情境近似而產生的學習助長作用，如學生在打字機上學會打字後，在電腦鍵盤上學打字就便捷得多。遠遷移 (far transfer) 是指兩學習的情境相差很大而產生的學習助長作用，如學會幾何對建築工程的應用。

㈣小徑遷移與幹道遷移

小徑遷移 (low road transfer) 是指先前的學習自動地遷移到後來的學習上，如熟練開自用小汽車後自然而然地會開休旅車。幹道遷移 (high road transfer) 是指先前的學習需要特別用心，也要努力才能遷移到後來的學習上，如學會打桌球後若要學打網球，就得用心學習如何掌握網球拍。

二、影響學習遷移的因素

如果能適當地掌握下列因素 (Mayer & Wittrock, 1996; Perkins, 1992)，可以獲得學習遷移的最大效益：⑴教學的時數；⑵學習有多少意義；⑶學習多少原則，不是學習多少事實；⑷各種練習實例與練習機會；⑸兩學習情境的相似程度；⑹兩學習情境在時間上的區隔；⑺資訊有無情境的局限。

三、學習遷移的教學涵義

㈠課外活動與課內學習應盡量配合

課外活動的安排，不論是學術性或康樂性，應配合課內的學習，使課外活動能從課內學習獲得助長。例如，樂隊、鼓笛隊或合唱隊的訓練，便應與課內的正式音樂教學相配合。同樣地，課內的學習在課外應有充分應用與練習的機會。

㈡教學原理原則時，多舉例說明，尤應鼓勵學生試行自找例證

對原理原則多舉例說明的優點在：⑴證明原理或原則的普遍性，因而刺激學生多做應用的嘗試；⑵使許多表面上不盡相同的例證，由於同一原則的貫通，學生便不致因現象的變異而忽視原則的共通性。

㈢熟練所學，獲取小徑遷移

學習有了充分的理解並富有意義之後就應熟練，如學生瞭解九九乘法表的意義及其應用價值後，應鼓勵他們把它背得滾瓜爛熟，並經常應用。這樣做，使學習的遷移自動化，到應用時不用費心，信心倍增。

㈣克服功能固著現象與習慣心向

於學習如何學時，誤認某些事物僅有若干有限的用途，便是固著現象。例如，以為雨傘只能擋雨或遮日，或火柴盒只能裝火柴，誤認新近行得通的辦法，必能於類似情境中行得通，而不察其差異性。

本章內容摘要

1. 概念是從事物的共同屬性或特徵所獲得的抽象命名或分類。它經由抽象化、類化與辨識等歷程而形成。概念有起自單一屬性者、基本層次者或典型概念者。

2. 概念可分為單一、共同、區分與關係等四類；亦可分為時間、空間、數字、因果、價值與道德等概念。

3. 概念的教學原則是：敘述應有的行為表現，彰顯重要屬性，配合定義與實例，同時使用正負實例，並給予練習的機會。

4. 原則為概念之間關係的敘述，它令人瞭解事物間關係的普遍性與恆常性，作為行為的指導，並且成為解決問題的工具。

5. 影響原則學習的因素有：概念的正確性、認知能力、語文能力與學習需欲等。

6. 原則的教學應該：敘述應有的行為表現、回憶相關的概念與原則、提供應用原則的練習機會。

7. 思考是形成概念、組織觀念、解決問題、進行推理、下判斷等認知活動歷程。

8. 推理有兩個基本上相反的策略：歸納式推理與演繹式推理。屬於演繹式推理的邏輯推理有：三段論法與條件推理法。

9. 批判性思考是以理性對事實或結論做系統的、客觀的、熟慮的評鑑歷程。

10. 做決定是評鑑選項並進行選擇的歷程。個人做決定時可能遵循的原則有：最大效益模式、滿意模式、遊戲模式。

11. 常見的做決定的誤差有：代表性啟示、可利用啟示、定位效應、措辭效應與過分自信等。

12. 創造性思考是新的、原始的思考，也是適用的與有結果的。創造性思考是一種分歧性思考。

13. 問題是指達成目的之手段有待發現的狀態。解決問題是利用已有知能發現達成目的之手段的歷程。問題可劃分為結構良好問題、結構不良問題與爭論性問題三類。

14. 問題的解決多依下列步驟進行：認識問題的存在、界定與描述問題的性質、準備解題的策略與資料、進行解題與評鑑得失。

15. 為提升學生的一般性問題的解決能力，教師應教導：如何確認問題、如何描述問題、如何編組有關訊息、如何評鑑不同的問題解決策略。

16. 創造性思考能力對解決結構不良問題與爭論性問題特別有用。創造性思考的主軸是分歧性思考。

17. 創造性問題解決的教學策略主要的有：傅列德律克森的六要素與奧斯本的腦力激盪術。

18. 一學習或一經驗對另一學習或另一經驗所施的影響，稱為學習遷移。它的類別有：正遷移、負遷移、零遷移；特殊遷移與非特殊遷移；近遷移與遠遷移；小徑遷移與幹道遷移。

19. 學習遷移的教學涵義有：課外活動與課內學習應盡量配合；教學原理原則時，多舉例說明，尤應鼓勵學生試行自找例證；熟練所學，獲取小徑遷移；克服功能固著現象與習慣心向。

第 10 章 | 學習的動機

©ShutterStock

人類的行為均有其動因及目的，因此學習動機便成為影響學習的重要因素。人類不僅善於運用認知進行學習，其學習與記憶亦頗受情緒的影響。人類對自我的學習能力的衡量與對學習價值的判斷，左右其對學習所抱持的態度。人類不僅重視現在，亦期盼未來，因而自己對自己的期許，以及他人對自己的期待，都成為學習的重要動力。

人類由於自尊，對其學習的成敗與得失在歸因上必定予以交代，也因而影響其是否堅持或訴諸運氣的學習態度。人類生而成群，因而其學習受他人的出現與交互作用的影響。本章將討論增進教學效率的動機因素。

動機 (motivation) 為引發個體行為的內在狀態：它包括感覺需欲、促動行為、朝向目的，以至滿足的獲得 (Anderman, Gray, & Chang, 2013)。動機有強度與方向兩個屬性，也有內在與外在之分 (Ryan & Deci, 2000ab)。內在動機 (intrinsic motivation) 是指行為本身就是目的，外在動機 (extrinsic motivation) 是指行為的目的在獲取獎賞或外物。高學習動機的學生，不僅有高度的認知活動，也有更多的學習量與記憶量 (Pintrich, 2003)。史迪培克 (Stipek, 1996) 對高學習動機學生的特徵有以下的描述：積極參與學習歷程，熱衷於有挑戰性的作業，竭力採取有效的解題策略，並且面對困難、堅持到底。近年來，心理學家不僅將認知、目標、情緒與價值等因素納入動機之內 (Ames, 1992; Anderman & Wolters, 2006; Covington, 1992)，亦集中注意於動機中的意志 (volition) 與堅忍 (persistence) 等自律作用。動機不僅有個別差異的存在，它亦受學習情境 (Perry, Turner, & Meyer, 2006)、社會與文化的影響 (Casanova, 1987; Garcia, 1991; Kagan & Knight, 1981)。

第一節　從不同的動機觀點看學習

　　教育心理學家所希望瞭解的是：為何個人有學習的意念？為何選擇某一特定目的？如何維持其行動以達成目的？試想下列因素中，何者為可能的學習動因：本能、衝動、驅力、需欲、誘因、恐懼、目標、社會壓力、自信、好奇、興趣、歸因、價值。有些心理學家認為動機是個人與生俱來的本能，認為好學與否是天生的特質 (traits)；有些心理學家則認為動機是個體一時的內在與外在情境 (state) 使然；更有些心理學家認為動機來自天生特質與不同情境的互動結果。不論動機的來源為何，我們必須摒除「學生缺乏學習動機」這一相當普遍的錯誤觀念，因為它未指出學習什麼。一個對幾何缺乏學習動機的學生，可能對生物有極強烈的學習動機。

一、行為主義動機論

　　此一觀點來自行為主義者史金納 (Skinner, 1979) 的增強學習論。實驗結果顯示，行為既因「增強」(reinforcement) 而強化，因此增強物便具有引起動機的功能。由於獎勵或增強來自體外，其所產生的動機作用，乃被視為外在動機 (extrinsic motivation)，以與發自體內的內在動機 (intrinsic motivation) 相區別。增強具有增進動機的功能，是已被廣泛接受的不爭的事實。然而外在動機的可能缺陷有：被增強的行為可能為時短暫，無法持久；學生有可能成為只為獲得獎勵而學習的物質主義者；與它可能減弱學習者原有的內在動機 (Kohn, 1993)。

二、人本主義動機論

　　此一觀點的最佳代表是馬斯婁 (Maslow, 1962, 1987) 的需欲階梯論 (the hierarchy of needs)。此理論將人類的需欲由下而上依序分為：生理需

欲（如飲食與睡眠）、安全需欲（如身心的安全）、歸屬需欲（如被父母、師長與同學所接納）、尊敬需欲（如成就與受尊重）、自我實現需欲（如潛能的最大實現）五階梯。低一階需欲必須滿足後方能追求高一階需欲，因此個人的動機取向應取決於當時正追求的需欲階層 (Martin & Dowson, 2009)。例如，一個缺乏歸屬感的學生，有強烈的歸屬需欲，它遠超過要求「尊敬」的動機。可知，此一觀念下的動機，均屬內在動機。此理論對教師而言，其優點在重視學生的現行需欲取向。

三、認知學說動機論

認知論者認為動機非來自外界的賞罰，而是來自思考活動，如信念、期待、目標、價值等 (Pintrich & Schunk, 2002)。他們重視來自內心的成就動機 (achievement motivation)、個人對成敗的歸因看法 (attribution of success or failure)、控制環境的自我效能 (self-efficacy) 或內在控制力 (internal locus of control)、要求熟練的定向 (mastery orientation)、個人對成敗機率的期待 (expectation of reward) 與有目標取向的自律學習 (self-regulated learning)。他們肯定，人類為適應並控制環境乃有好奇、積極求知與理解環境的需欲 (Bandura, 1997; Dweck, 2002; Schunk, 2004)。

第二節　成就動機與學習

根據艾金遜 (Atkinson, 1964) 的研究，個人有追求成就的需求 (need for achievement)。依此理論，個人對成就目標的追求或迴避受成就需欲、成功的機率與成就的報償的影響。

一、成敗經驗與成就動機

個人有追求成就的動機，亦有迴避失敗的動機。若前者大於後者，則個人面向目標推進；若後者大於前者，則個人只好與目標背道而馳

(Weiner, 2000)。值得注意的是，成就欲高者的動機遇失敗而更加強，成就欲高者的動機經成功而遞減，成就欲低者的動機遇失敗而受壓抑，以及成就欲低者的動機經成功而加強。可知，個人對目標的動機，受個人的成就欲的高低與其成敗經驗的交替影響。

二、成就動機與學業成就

一般而言，高成就動機的學生有高的學業成就 (Stipek, 2002)。心理學家多認為高成就動機固然導致高學業成就，高學業成就也提高成就動機，因此二者彼此相互助長 (Wigfield et al., 1998)。同理，在校頻頻經歷失敗的學生，多數顯示低的成就動機，二者也相互影響。

三、成敗的歸因與成就動機

我們對行為結果的成敗賦予理由或予以解釋，稱為歸因 (attribution)。與學業有關的典型的歸因有能力、努力、工作難度、運氣四方面 (Fisk & Taylor, 1991; Weiner, 2010)。從成敗的控制所在 (locus of control) 來看，能力與努力是由個人內控的，是相當穩定的；工作難度與運氣則是由環境外控的，是不穩定的。例如，不同學生沒有考好日前的英文月考，便可能有下列不同的歸因：我實在笨（能力）；我不夠用功（努力）；試題過難（工作難度）；時運欠佳（運氣）。根據魏納 (Weiner, 2010) 的發現，高成就動機的學生有下列特徵：⑴他們選擇可以歸功於自己努力的成果表現；⑵他們學會將其成果歸因於努力；⑶他們對需求努力的指引予以注意並做適當反應。

柯文頓 (Covington, 1984; Covington & Omelich, 1984) 將成就動機、成敗歸因、能力信念與自我價值等予以綜合，結果發現三種動機組型：精通取向 (mastery-oriented)、逃避失敗 (failure avoidance) 與接受失敗 (failure acceptance)。精通取向的學生看重學習與能力的價值，並聚精會神於學習的目標上；逃避失敗的學生認定自己的能力不如人，又基於自我價值，乃選擇簡單易成的工作以免失敗；接受失敗的學生本欲逃避失

敗，但久經失敗又無從藉口搪塞，只好認命地接受失敗。

四、期待、價值與成就動機

根據期待論 (Pintrich, 2003; Wigfield & Eccles, 2000)，動機有兩大互動要素：達成目標的期待與目標價值的判斷 (expectancy × value)，兩者缺一不可。亦即，「如果我努力以赴，成功機會有多少？如果目標達成，其結果對我有什麼好處？」個人經由達成有價值的目標後，便試圖建立另一更具挑戰與高價值目標；也因經驗的累積而建立自我效能 (self-efficacy)。自我效能高者，尋求更具挑戰的工作；反之，自我效能低者，只好避重就輕 (Bandura, 1997)。

五、成就動機與自律學習

自律學習 (self-regulated learning) 是學生以思考與行為來配合其既定的學習目標的現象 (Schunk & Zimmerman, 2013)。自律學習是經由學習與培養而獲得的行為。它可能來自觀察與模仿、自定學習目標或從回饋中顯示能力與努力的成果而得 (Schunk & Zimmerman, 2003; Zimmerman & Kitsantas, 2002)。能自律學習的學生，對學習有獨自負責的習性，因為他們對學習目標已做了承諾與投入 (Fredericks et al., 2004; Zimmerman & Schunk, 2011)。高成就動機的學生，有縝密的學習計畫、努力執行其所訂的學習計畫，並高度地記憶所學 (Radosevich et al., 2004)。

六、提升成就動機的教學原則

㈠提供成功的經驗，使成就動機有具體的成果

提升成就動機不能靠口號，要借助於實際的成功經驗。每個學生在學業上都經歷無數的成敗經驗，在學業的挑戰或壓力下，他們都在追求成功的快樂，避免失敗的痛苦。教師的職責是安排適當的學習環境，給

圖 10～1 適度的失敗與挫折經驗，能帶來學習成長及反省改進的原動力，亦能培養孩子的挫折容忍力，使其面對困難，仍能堅持自己的理想與目標。

予必要的支持與協助，使學習的目標可以順利地達成，減少不必要的挫敗。成就經驗的累積，使學生對所學有信心去完成、有堅持的打算、有成功的預期，因而有強烈的學習意願。

㈡使學生對學習的目標有所期待，並對目標的達成有其價值的判斷

主管教育行政與教學工作的都是成人，因而往往忽略學生對學習目標的期待與學生對目標達成的價值判斷。學習的要務既然落在學生的身上，我們必須瞭解學生對為他們指定的或安排的學習有何期待，對成就的價值有何看法。因為學習的成就動機受到期待與價值的交互影響：沒人願意盲目地工作（無所期待），也不會去完成無益的工作（無價值）。學生對所學有正面的期待，也接納其價值，則學習動機會因而提升，也因而能夠堅持到底。

㈢配合學生的需求，提供有趣的學習，以提高學生內在學習動機

盡量使教學能配合學生的需求，使學生覺得學習對他們有用；也讓學生感到是有趣的學習經驗，因而能保持其學習的興趣。即使某教學是學生所需求的，若教師採用刻板的、教條式的教學，可能導致事倍功半。

㈣提供適當與及時的回饋、獎勵，使學習在積極的支持下成功達成目標

學生在學習時若沒有回饋 (feedback)，不知道學得對不對或好不好，容易因此茫然。及時的回饋與獎勵有助於推動學習。缺乏獎評可能被學

生認為外界漠不關心，因而懷疑其所學是否有用。

第三節　自我觀念與學習

影響教學效果的另一要素為自我觀念。對自己的能力、性向、興趣與態度等所做的自我描述，稱為自我觀念 (self-concept)。自我是學習的主體，自我觀念是內在動機的重要來源，因此自我觀念與其評價影響學習的質與量。

一、自我觀念的功能

自我觀念是個人認知世界的參照結構。不論個人對自己所抱持的評估是否客觀或正確，它作為判斷的主體、認知的中心，因此它影響個人的行為，當然也影響個人的學習。

二、自我觀念與學業成就

自我觀念與學業成就的關係一直受到教育心理學家的注目。但在解釋兩者的關係時常涉及孰先孰後的因果關係問題。我們不難觀察到，高度自尊與自信的學生在學校有較佳的學業成就 (Marsh, 1990ab)；但是成就的持續及其累積可能就是自尊與自信的來源 (Bachman & O'Malley, 1986; Kelly & Jordan, 1990)。也因此，一些心理學家認為二者有交互反應與相互助長的關係 (Marsh, 1987; Shavelson & Bolus, 1982)。姑且不論是學業成就對自我觀念影響大，抑或自我觀念對學業成就的影響大，從教學的立場來說，教師的主要職責是增進學生的學習成就。一項研究 (Lepper, Ross, & Lau, 1986)，將五十二名男女高中生約分成兩半，然後讓一半學生成功地解決指定的數學作業，並使另一半學生無法解決指定數學作業而宣告失敗。此研究的主要發現是：遭遇失敗的半數學生，在其後的數次檢討失敗原因時，堅持其消極的自我觀念，並排拒教學不當或試題過難等其他

理由或解釋。可知，經驗失敗給予自我的衝擊是深刻而久遠的。

三、增進積極自我觀念與學業成就的教學策略

重視自我觀念於學習中所扮演的角色，並非主張「自我中心主義」。自我中心主義者唯我獨尊、自私與排他；重視自我觀念，是基於教師需要瞭解一個學習者對教學目的與教材的看法、對自己的心智能力的評量、對學習成敗的預期與對學習價值的評價，以作為指導學習的參考。從第三章表 3～1 中高低能力自我觀念的行為特徵的對照，不難看出它們對教學的影響；也指出何以教師應培養學生的積極自我觀念，並防止形成消極的自我觀念。

㈠建立自信、自尊與自愛的行為範例

我們知道，自信者能信人，自尊者能尊人，自愛者能愛人。一位能自信、自尊與自愛的教師，必能信賴學生、尊敬學生與愛護學生；一位多疑、自卑與自棄的教師，不僅難於信賴學生、尊重學生或愛護學生，反而提供學生一些不良的榜樣。因此，欲培養學生的積極自我觀念，教師應以身作則，樹立一個可供學生觀察與模仿的自信、自尊與自愛的楷模。如此，學生可一面沐浴於信、尊與愛的環境中，一面模仿教師自身所提供的範例。

㈡以成功的經驗與價值培養學生的積極自我觀念

頻頻失敗或備受失敗的打擊，常導致自疑、自卑、自鄙與自棄的自我觀念，因而影響追求成就所需的動力。欲培養學生的積極自我觀念，教師應提供學生獲得成功的學習機會，並從而體認自我的能力與價值。成功與否並無一定的絕對標準，即使是班上成績最低的學生，仍然大有成功的希望。只要教師放棄學生與學生間的惡性競爭，讓學生以自己的學業進步與否評斷其成就，則任何進步均可被解釋為成功。

為了成功的獲得，教師應授以成功必備的知能。許多學生的頻頻失敗，是由於缺乏一些應有的知能 (Bachman & O'Malley, 1986)。例如，有

些學生的學科測驗成績老是偏低，並非對所考的試題內容缺乏瞭解，而是缺乏應試的良好技巧——諸如瞭解試題的真正測試目的、比較答案間的異同、提供適當的答案寫作與組織、猜測正確答案的技巧、注意書寫筆跡的清晰度與善用時間的分配等。課內討論亦同，有些學生熟悉如何發問與答問，有些卻「滿腹經綸」但不知如何啟齒。

㈢尊重學生的理智與情感，防止不當的褒貶

　　由於智能、興趣與個性等的互異，各個學生有其獨特的想法、做法與情緒表現。不論同意與否，教師首應接受學生的自我想法、做法與情緒，然後技巧地讓學生自己發現或認知其正誤。如此，學生以其參照結構評定其思考的合理性，確認其智能的高低，決定其行為的價值，並體認其情緒的妥當性。單憑教師的考評或外來的褒貶，學生容易以外界的褒貶作為行為的唯一評價標準，因而失去自我對行為的主宰性。自卑、自棄、自大、自負、自欺或自誇等常因不當的外界環境之影響使然，尤以不合理的褒貶為最。於使用語言的褒貶時，可參考本書第十五章的積極詞語，以獲得更多正面的效果。

㈣建立明確與合理的要求，關懷學生的成敗經驗

　　對學生的期望應成為對他們潛能的挑戰與發展。任何對學生的要求必須明確並力求合理，使學生體認要求的提出旨在協助他們發展潛能，而非完全由教師武斷決定的外來負擔。所提要求一旦被學生接受，教師便應給予學生應有的關懷與支持。通常，教師多樂於嘉勉學生的成功，卻難以容忍學生的無心錯誤。須知，每個人都有失敗的可能與從失敗中學習的權利。對錯誤或失敗的苛責，容易產生憎恨，總覺受到「錯了還得挨罵」的雙重打擊，因而萌生怯於嘗試的消極態度，進而存有「多做多錯、少做少錯、不做不錯」的苟且心理與逃避失敗的消極心態。學生若不知其錯，教師應暗示之；若知其錯，則教師應允許學生有充分的時間或機會去反省，盡量避免在旁「嘮叨」或「清算」。學生年齡愈大，愈需時間去消解錯誤或失敗所帶來的挫折、憤怒或緊張。嘮叨只有增添不滿，令學生感覺外界的「殘酷」，甚至誤會他人的善意勸誡。因此，若錯

誤既鑄，教師應接受事實、面對事實，並以審慎的態度處理之。

伍尊重個人的價值，培養和諧的人際關係

建立積極的自我觀念以指導行為與增進學習的過程中，環境有舉足輕重的作用，尤其是「重要的他人」為然。重要的他人 (significant others) 指足以影響自我觀念形成的人們，通常指父母、師長、同儕領袖、偶像名人、故事或寓言中的英雄或主角等。教師既然扮演學生的重要的他人，便應善用其影響力。傳統上尊師重道的精神應繼續發揚；教師尊重學生的美德亦應予以推展。師生在職責上固然有分際，但在人類的基本關係上應力求平等與互惠。藉職務上所賦予的權力苛待、歧視或威嚇學生，不僅不符合良好人際關係的原則，亦無從培養學生積極的自我觀念。教師可敬而不可畏，學生可尊而不能縱，這是學校應當培養的人際關係。在這種人際關係之下，即使世風日下，師生仍能和諧相處；教師能專心於教學，學生亦能以增進知能為旨趣。

第四節　情緒、興趣與學習

人類不僅依其認知而行，亦受情緒的促動而反應。喜怒哀樂等情緒可以促動或增強行為，它們亦能阻礙或遲滯行為。我們看見有趣的、喜愛的、刺激的與能滿足需欲的教材，便自動去學習；反之，我們對乏味的、無聊的、艱澀的、無關的教材，會設法去迴避。基於人類的豐富情緒生活及其愛則趨向與惡則迴避的天性，教師可以開創有助於學習的積極情緒反應，以增進教學效率。

一、情緒的決定因素

情緒 (emotion) 有其內在的生理與心理基礎及外在的環境刺激因素。情緒反應不僅有中央神經系統 (central nervous system) 與自主神經系統 (autonomic nervous system) 的生理基礎作為支持，而且與外界環境有密切

的關係。正常人很少面對白牆而笑，卻常對友人或喜愛的事物展露笑容。有些情境令人恐懼，有些令人捧腹大笑，亦有些令人悲憤。這正說明，由於個人的過去經驗與當時的認知，許多外界事物乃具有引起情緒反應的屬性 (emotional stimulus properties)。

　　情緒的形成與表現有其逐漸分化的歷程。剛出生不久的嬰兒，顯然在外表上缺乏可辨認的不同情緒表現。因此，許多心理學家認為最初的情緒反應包括激動 (excitement) 與非激動 (non-excitement) 兩種。個體逐漸成長後，情緒的類別因分化而加多，及至兒童期後，幾乎所有的情緒反應能力均已具備。正常兒童與天生盲聾兒童均能有同樣的笑容，證明基本情緒反應是由遺傳基因所決定。情緒表達有個別差異與文化差異，也證實基因與後天學習交互影響的結果。然而，受學習影響最顯著的並非具有普遍性（世人皆有）的情緒本身，而是個人的情緒行為。同樣的恐懼，有人拔腿就逃，有人顫抖得四肢乏力、不知所措，有人卻能以攻代守；同樣的憂慮，有人面有戚容，有人卻善於偽裝。

　　情緒反應常成為非語文行為 (non-verbal behavior) 的一部分。輕微的一笑表示許諾、頻皺眉頭以示難以苟同或俯首不語以暗示有難言的苦衷等，均藉非語文方式以溝通情緒。以非語文方式表達情緒，比語文方式表達情緒更為直接而真誠 (authentic)，因為人們常學會如何以語文掩飾真情。

二、焦慮與學習

　　焦慮 (anxiety) 為一種恐懼感，但焦慮者卻無法確實指出其恐懼來源。由於個體對新奇、不可測知與無法控制的事物較易產生焦慮，因此心理學家多認為焦慮與認知關係密切 (Isen, 1984; Johnson-Laird, 1988)。例如，若教師要求一位剛與同學打架的學生將一密封的信箋交給其父母，並告訴他不得中途拆閱，則該生可能產生相當高的不安與焦慮。但若學生對信函內容瞭若指掌，並能清楚地預測父母的一貫處置方式，則其焦慮強度自然減低，甚至消失。另外，焦慮常在引起焦慮的工作情境開始前達到最高點，一旦進入工作情境時，它開始急劇下降。例如，空降部隊高

空跳傘前的一刻、升學考試進入試場前的緊張片刻，都有令人難以忍受的焦慮經驗。然而，由於大多數人缺乏對焦慮歷程的瞭解，乃有「唉呀，還沒進入情況就緊張！」的錯誤責怪。

　　焦慮影響學習與記憶 (Anderson, 1995; Benjafield, 1997)。一般而言，中度焦慮最適宜於學習，焦慮過高或過低無助於學習；高焦慮者在簡易的學習作業表現上較低焦慮者為優；高焦慮者在繁艱的學習作業表現上較低焦慮者為劣。此種現象，尤以學習能力居中者較為顯著。於高度情緒紛擾下，個人所憂慮的變項增加，因而無法以有限的資訊處理能力進行學習，也難以將注意力集中於攸關學習的重要指引或線索上。

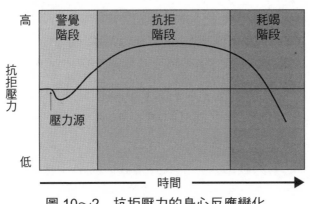

圖 10～2　抗拒壓力的身心反應變化

　　指引 (cues) 是記憶的重要因素。多數回憶的困難是由於提取既存資訊時缺乏適當的指引所致。例如，尋找汽車鑰匙時，我們會思及車門、駕駛座、屋裡的梳妝臺、更衣前的褲袋、電話旁、早餐桌上等，因為這些可能是聯想鑰匙的主要指引。然而，我們常常「忙中有錯」（尤其高情緒反應時）。若於急忙中蹲下趕繫鞋帶，一時把鑰匙置於草地上，待回頭關好房門後，竟找不到汽車鑰匙。通常，前述的駕駛座與梳妝臺等是找鑰匙的指引，不太可能是繫鞋帶時的草地。學習與記憶也有類似的現象發生。難怪，許多學生於考試前憂慮學習不充分，乃匆匆惡補，結果於考試時竟一片茫然，找不到作答的指引。固然，遺忘有許多因素，缺乏適當的指引是其中的要素。

　　情緒之影響學習與記憶除前述現象外有幾個重要的範例：一為正情

緒的學習效應，一為閃光燈記憶，另一為依情回憶。一般而言，於愉悅的情境下學習，比在憂鬱的情境下學習有較佳的保持，是正情緒 (positive emotion) 的學習效應；引起高情緒反應的重大突發事件，如甘迺迪總統被刺或挑戰者號太空梭升空爆炸等，雖歷經多年仍記憶猶新、絲毫不忘，是閃光燈記憶 (flashbulb memory)；學習與記憶在同樣的心情（愉快或憂鬱）之下進行，比在不同的心情下進行，有較佳的記憶效果，是依情回憶 (mood-dependent recalls)。這些現象都是基於編碼特定原則 (encoding specificity principle)：學習時被編碼的情緒也成為回憶同一學習的指引 (Anderson, 1995; Eich, 1995; Gilligan & Bower, 1984)。

三、興趣與學習

興趣 (interest) 是指集中注意、提升認知功能、保持持久力與具有情緒反應的一種心理狀態 (Hidi & Ainley, 2002)。有時我們稱興趣為熱認知 (hot cognition)，以與一般認知活動的冷認知相區隔。除非不得已，我們很少做自己不喜歡或沒興趣的事。例如，我們不去聽沒趣的音樂，更不想唱沒趣的歌。有興趣的人、事或物令我們特別注意、興奮、探索、瞭解與記憶；反之，缺乏興趣的人、事或物使我們感到無聊、乏味、厭煩、易忘，甚至害怕。興趣的類別有二：個人興趣與情境興趣。

㈠個人興趣

個人興趣 (personal interest) 指來自個人的、內在的、相當持久的興趣，如某學生長期以來對數學一科、棒球賽特別有興趣。

㈡情境興趣

情境興趣 (situational interest) 指來自情境的、外在的、相當短暫的興趣，如關係學生的、特異的、引人注意的新活動。

四、影響興趣的因素

㈠個人興趣受下列因素的影響 (Hidi, 2001; Schraw & Lehman, 2001)

1. 自己的文化或族群認為有價值的觀點或活動，如少棒賽、元宵節。
2. 課程或作業所引起的情緒經驗，如上化學課實驗時的興奮，或上數學課時無法解題的不快。
3. 自課程或作業中獲得知能的程度，如每上生物課，覺得收穫多。
4. 課程或作業對自己的目標有助益，如上數學對選擇理科的學生有幫助。
5. 既有知識，如對懂得愈多的知識領域愈有興趣。
6. 學有專精，如醫生對醫學報告有興趣。

圖 10～3　為了提升青少年與兒童的閱讀與學習興趣，泰國政府於 2005 年在曼谷設立「知識公園」(Thailand Knowledge Park)，提供讀者完善的圖書服務。圖為「知識公園」內專為孩童設計的閱讀角，快樂的閱讀情境，使學習變得更有趣了！

㈡情境興趣受下列因素的影響 (Hidi, 2001; Schraw & Lehman, 2001)

1. 有機會親手操作的活動，如學習親自操作電腦。
2. 能引起認知失調的，如自以為題解應選 A，結果應該是 B。
3. 寫作技巧佳、通暢達意、容易瞭解的讀物。
4. 有機會與他人合作的作業，如合作學習的活動。
5. 有機會觀察與模仿的作業，如有示範表演的活動。

6.具有新奇感的刺激。

7.使用遊戲、迷津或拼圖。

五、運用情緒與興趣的教學原則

人類對學習的趨向或迴避，常是由於對學習情境的喜愛或怨恨的結果。情緒不僅促動學習，它又成為協助記憶的指引，教師若能善予運用，必定可以增進教學效果。

㈠使學習成為快樂的活動

學習是經由練習而獲得的相當持久性的行為改變的歷程。只要個體有學習的意願，適當的注意與練習的機會，學習便有成功的可能。因此，學習可以在任何情況下進行——快樂、平淡或抑鬱。然而，快樂的學習活動既能持久不懈，又有較佳的學習結果，教師可以充分利用它，以增進教學效率。使教學對學生更富含意義，並使學習變成有趣的活動，是近年來教育心理學家所努力的目標。教師可嘗試把平淡無味的教材予以生動化，以創造快樂的學習情境。目前，許多學校鼓勵教師在傳統教學外，使用電腦輔助教學，讓學生在顯示器上以遊戲方式學數學、以旅遊方式學地理或從網際網路上找尋研究資料。

㈡使適中的焦慮成為最佳的學習條件

若教師進入教室，要學生翻開課本到第某某頁，然後說：「我們今天要學的是第三章第四節的……」此種做法，清楚地指明教師要求學生學習某特定教材。教師沒有提示教學目的，學生亦沒有積極的理由去學習，因此不可能有適中的學習動機與焦慮。另外，過難的教材沒有成就的滿足，過易的教材只有空洞的成就，兩者都不能創造應有的學習熱誠與其伴隨的情緒表現。有時，教師為提升學生的學習，以不同方式施以壓力。其結果，壓力產生緊張與高度焦慮，學生的注意反而不能集中，表現反常，有些學生乾脆放棄。

㈢利用依情回憶，使心情成為學習與記憶的共同指引

根據依情回憶的研究，回憶時的心情必須與學習時的心情相一致，以獲得最佳的回憶效果，尤其是由學生自己所引發的心情最為有效。許多教室裡的學習，學生們有說有笑；一旦舉行考試，每個人變成異常嚴肅。此種心情上的失調，可能削弱學生應有的回憶能力。一般教師忽略依情回憶的功能，反而要求學生於評量時改變其平時學習的安逸心情，使心情失去其成為回憶時擔當指引的角色。依情回憶與依境回憶 (context-dependent memory) 類似，後者指學習時的物理環境若與評量時的物理環境一致，可以獲得較佳的回憶。例如，在教室裡學習，也於同一教室裡評量，會有較佳的回憶結果。同樣地，在本校球場練球，又在同一球場賽球，其勝球機會通常較佳。

㈣拓展學生的個人興趣，並擴大課業活動的情境興趣

為提高學生的學習興趣，教師一方面要瞭解並拓展學生的個人興趣，一方面要設計有意義的，能引起學生好奇與自願參與的學習作業或活動，如編製新教材、請專家到校內講演、到校外訪問、組織新的社團活動、介紹最近的文教電腦軟體等。我們不僅要使學生的興趣加深，也要使學生的興趣範圍加大。興趣加深、加大的結果，成為擴大學生間交往的知識基礎，也進一步提升求知的熱忱。

第五節　教師的期待與學習

除週末與假期外，學生在校與教師相處的時間長達七、八小時，甚至更長，受教師教學與期待雙重的影響。期待 (expectation) 是指對未來事件的認知。例如，老師勉勵李欣宜去上某大學，鼓勵王素玉去當小學老師。個人的行為結果一如事先所預期的，稱為期待效應 (expectation effect)。教育是一種專業，有其神聖的目標，因此教師對所教導的對象有所期待是非常自然的事。

一、期待效應的種類

㈠自我實現效應 (self-fulfilling prophecy)

自我實現效應又稱畢馬龍效應 (Pygmalion effect)，指毫無根據的期待，卻於後來得到應驗的現象，如羅森叟早期所做的、廣受注意的研究 (Rosenthal & Jacobson, 1968)。羅森叟等從幾所小學中挑出幾個學生，並告訴他們的老師，說那些學生可能在未來有心智上的大成就。一年後，那些學生果然在心智上比平時進步得多。然而，畢馬龍效應並非一如想像的靈驗 (Snow, 1995)，它的效應只及於小學低年級兒童。

㈡據實期待效應 (data-based expectation effect)

據實期待效應是根據已知的個人心理屬性（如智力、性向）所做的期待，事後獲得應驗的現象。這類期待效應是一般師生時常經歷的，不少老師愛談起自己的學生因受到積極的期待而改善的故事。然而期待不全是正面的，也是有負面的。例如，曹汝霖是個聰明孩子，由於不十分用功，周老師對他直言「聰明人反被聰明誤」。

二、期待的來源

多數期待是有來由的，不是憑空杜撰的。期待可能來自：性別、長相、嗜好、智力測驗的分數、學業成績、在校記錄、社經階級、族群等。例如，多數老師期待男生比女生會有較多的紀律問題。

三、教師對學生期待的表達

教師對學生的期待，有直接表達的，也有微妙地傳達的。如果教師對某生說：「你在這學期結束時，成績要名列前茅。」是直接表達的；若教師在每次上課時總是頻頻點某生回答其所問的問題，這便是微妙的傳

達方式。許多教師在傳遞對學生的期待時使用非語文的溝通工具，如笑容（允諾）、搖頭（不同意）。有些教師將對學生的期待隱匿在學生座位的安排上，將受負面期待的學生安排在最後或最邊的座位上，既較少受到教師的注意，又減少參與問答的機會。

四、期待與學習成就

研究發現，學生若感到老師的關懷與支持，會有更強烈的課業學習動機 (Ryan & Deci, 2000ab)。一般而言，學生會為達成教師對他們的期待而努力以赴 (Jussim & Eccles, 1995; Wigfield & Harold, 1992)。同時，老師對學生有高期待的學校比其他學校有較佳的成就表現 (Marks et al., 1998)。但是，由於存在著負面的期待，有些學生因受到低的期待，也連帶接受劣質的教學 (Good & Brophy, 2003)。

五、溝通教師期待的教學原則

教師對學生的期待既然影響學生的學業成就，就要讓學生感到教師對他們有據實的、正面的期待。下列教學原則將有助於溝通教師的正面期待 (Slavin, 2006)。

㈠讓學生有足夠時間回答問題

教師發問後，等候學生回答，讓學生有足夠時間回答問題，是在溝通教師對學生的高度期待，也因而提高學生的學業成就 (Ormrod, 2003; Tobin, 1987)。

㈡避免公開比較學生間的差異

學生在智能或成就上的差異，是個別學生的私事，教師不應公開或張揚。教師的主要職責在教導學生學習，因此必須盡量向學生溝通「人人都能學習」的概念。

㈢公平對待所有學生

　　雖然學生在智能或成就上的確有差異，教師在教學時應一視同仁，如給所有學生同等的答題機會與足夠的答題時間。

㈣多發掘與發揮學生的優點

　　教師若能發掘每個學生的優點，並在教學時一起分享，則學生會感到教師所期待的是他們優點的發揮，因而樂於發揮其優點。

第六節　人際關係與學習

　　教師因具備專業條件而應聘到校教書，教學是在履行契約；學生因需要教育而被家長送到學校念書，學習是在盡國民的義務；因此，師生的關係非常特殊。師生的關係既不是商店裡的店員與顧客的買賣關係，也不是公司或機關裡的長官與部屬的主從關係，更不是因興趣相投而彼此認識的朋友關係。教師與學生若都能瞭解並掌握師生間的關係，不僅教師的教學能順利而有效率，學生的學習也能充滿挑戰、快樂與進步。

一、教師對學生的職責

　　教師教導學生學習，可以分成指導學生學習、協助學生學習、反映學生的學習與作為學生學習的楷模四個部分。於指導學習時，教師在示範、解釋、指引與監督等，使學習依計畫進行；於協助學習時，教師從旁獎勵、提醒、暗示、支撐、協助，令學生順利地達成其學習的目的；於反映學生學習時，教師在測試、診斷、評鑑與檢討學生的學習成果及教學得失；作為學生學習的榜樣時，教師在演示，在獲取學生的認同，使學生「知教師所已知」、「能教師所已能」。因此，教師對學生學習的影響已被普遍地肯定 (Cruickshank, 1990; Good & Brophy, 1995; Reynolds, 1992; Waxman & Walberg, 1991)。

二、學生對教師的責任

一般而言，父母把子女交給學校時，都會告誡子女要好好念書、聽從老師的話與不要跟別人吵架或打架。老師上課時，時刻要求學生努力學習、要做個好學生（成績好，操行也好），並為班級與學校爭光。可見學生對教師的責任是，接受教師的教導，達成既定的學習目標。

三、師生、同儕之間的合作關係

根據維克次基的看法，教育是文化的傳承歷程，教學是在文化體系下，以合作方式由教師支持學生建構其富含意義的知識與技能。因此，教師與學生的人際關係是互助與合作。何馬傑 (Hamachek, 1995) 認為，有效教師的人格特質是溫暖、關懷、熱誠、積極與以人為本。這些特質就是人際間互助合作的具體表現。只有師生雙方都展現這些特質，才能產生互助與合作的教學氣氛，才能順利而有效地達成教學目標。前面提到，教師影響學生的學習，同樣地，學生亦影響教師的教學行為 (Good & Brophy, 1987)。

在合作學習中，小組成員（四或五名）彼此討論、互教、回饋、檢討。因此，從合作中學習，不僅提升學習成就 (Johnson & Ward, 2001; Topping et al., 2004)，改善人際關係 (Slavin, 1995b)，也提高學生的自尊與對學校的好感 (Slavin et al., 2003)。可見，學生在校不僅有競爭的關係，也有從合作中學習的關係。

四、師生的人際關係與學習

從較新的觀點看，教師、學生與同儕是互助合作的夥伴關係，年齡雖有長幼之序，學識雖有高低之別，職責雖也有教與學之分，但都是為了學習而在一起、而合作、而努力。既然是合作的夥伴，彼此之間只見相互鼓勵、支持、關懷、協助、諒解、督促，並分享成功的喜悅，看不

到斥責、譏諷、嘲弄、打罵或動粗。在這樣的氣氛中學習，只有積極的鼓勵，沒有消極的威脅；只有助力，沒有阻力；只有成功的快樂，沒有失敗的恐懼。這時候的教師，才是被學生所愛戴的老師，才是值得尊崇的老師，「尊師重道」才有真實的意義，才有真正的社會價值。

溫澤爾 (Wentzel, 1997) 在一項研究中，要求國中生舉出老師關心或不關心學生的三件言行。根據其分析：關心學生的老師使課業有趣、與學生交談、聽取學生的意見、公平對待學生，也詢問學生是否需要協助；反之，不關心學生的老師上課離題、學生困惑時不提供解釋、辱罵學生，竟也忘記自己學生的姓名。受關懷的學生與人關係良好，努力於學業，也相信成敗決定於自己。

根據另一對高中生所做的調查 (Davidson & Phelan, 1999)，學生將學習動機的提升歸功於人際關係上，如來自校內成人的關注、支持學生的觀點或意見、支持不同的學習方式、提供如上大學等有價值的資訊，並且關心學生的個人生活狀況。研究進一步指出，老師對學生的尊敬（如鼓勵討論、看重學生的能力、不輕易評斷）是維持良好的師生關係的關鍵因素。

五、維持良好人際關係、促進學習的教學原則

(一)培養積極互動的人際關係，以取代相安無事的消極人際關係

學習如何與他人合作，不能空談，必須在團體或小組學習活動中練習。我們的學生已經習慣於面對老師同時聽課，或同時在自己的座位上做老師交代的作業，很少有同學間彼此互動的學習，如彼此討論、彼此交換資訊、彼此測試或彼此校正。這種傳統式教學，無法建立教師與學生或學生與同學之間的積極互動的良好人際關係，最多只能做到相安無事的消極人際關係。

前面已提到，互助合作是教師與學生或學生同儕之間應該保持的人際關係。為了達到這個目標，學生必須學會在學習時如何與教師和同學合作。在合作中，使學生不僅有豐富的學習經驗與結果，也培養信賴、

尊敬、關懷、熱誠與友善的處世態度。請注意：良好的人際關係與學習是相互助長的。

㈡教師與家長、社區合作，以培養互助合作的美德

　　教室或學校的門牆，常成為阻礙教師與家長、社區合作的屏障，使學校自成為社區中的孤島。學習互助合作，不僅要在學校推動，也要在家裡、社區或工作場所（如工讀生的工作地點）推行。如此做，學生把所學的合作美德帶到社會上去，既可應用所學，也可改善社會缺乏合作的風氣。在這方面，教師可以帶頭進行，並爭取家長和社區的合作。教師可以利用電腦與網路的普及，進行超越空間的合作學習，也可使學校、家庭與各方專家打成一片，共同為增進學生的學習而努力。

本章內容摘要

1. 動機為引發個體行為的內在狀態：它包括感覺需欲、促動行為、朝向目的，以至滿足的獲得。內在動機是指行為本身就是目的，外在動機是指行為的目的在獲取獎賞或外物。

2. 主要的動機論有：行為主義動機論、人本主義動機論與認知學說動機論。

3. 個人有追求成就的動機，它受到成就需欲、成功的機率與成就的報償的影響。一般而言，高成就動機的學生有高的學業成就。

4. 我們對行為結果的成敗賦予理由或予以解釋，稱為歸因。與學業有關的歸因有能力、努力、工作難度、運氣四方面。能力與努力是由個人內控的，工作難度與運氣則是由環境外控的。

5. 根據期待論，達成目標的期待與目標價值的判斷，是動機的兩大互動要素。

6. 自律學習是學生以思考與行為來配合其既定的學習目標的現象。高成就動機的學生，有縝密的學習計畫，努力執行其所定的學習計畫，並高度地保留所學。

7. 自律學習是經由學習與培養而獲得的行為，它可能來自觀察與模仿、自定學習目標或從回饋中顯示能力與努力的成果而得。

8. 提升成就動機的教學原則有：提供成功的經驗，使成就動機有具體的成果；使學生對學習的目標有所期待，並對目標的達成有其價值的判斷。

9. 對自己的能力、性向、興趣與態度等所做的自我描述，稱為自我觀念。對自我觀念的自我評價，稱為自尊。

10. 自我觀念的發展是自我經驗與其環境交互影響的結果。自我觀念在兒童時期保持整體的自我觀念；後來，分化為學業自我觀念與非學業自我觀念。

11. 高度自尊與自信的學生在學校有較佳的學業成就。

12. 增進積極自我觀念與學業成就的教學策略有：建立自信、自尊與自愛的行為範例；以成功的經驗與價值培養學生的積極自我觀念；尊重學生的理智與情感，防止不當的褒貶；建立明確與合理的要求，關懷學生的成敗經驗；尊重個人的價值，培養和諧的人際關係。

13. 情緒有其內在的生理與心理基礎及外在的環境刺激因素。

14. 情緒反應常成為非語文行為。以非語文方式表達情緒，比語文方式表達情緒更為直接而真誠。

15. 焦慮影響學習與記憶。中度焦慮最適宜於學習，焦慮過高或過低無助於學習。情緒影響記憶也表現在閃光燈記憶與依情回憶上。

16. 興趣是指集中注意、提升認知功能、保持持久力與具有情緒反應的一種心理狀態。興趣可分為個人興趣與情境興趣。

17. 運用情緒與興趣的教學原則有：使學習成為快樂的活動；使適中的焦慮成為最佳的學習條件；利用依情回憶，使心情成為學習與記憶的共同指引；拓展學生的個人興趣，並擴大課業活動的情境興趣。

18. 期待 (expectation) 是指對未來事件的認知。個人的行為結果一如事先所預期的，稱為期待效應。它可分為自我實現效應與據實期待效應兩類。

19. 教師對學生的期待，有直接表達的，也有微妙地傳達的。學生會為達成教師對他們的期待而努力以赴。老師對學生有高期待的學校比其他學校有較佳的成就表現。

20. 溝通教師期待的教學原則有：讓學生有足夠時間回答問題；避免公開比較學生間的差異；公平對待所有學生；多發掘與發揮學生的優點。

21. 教師教導學生學習，可以分成指導學生學習、協助學生學習、反映學生的學習與作為學生學習的楷模四個部分。學生對教師的責任是，接受教師的教導，達成既定的學習目標。

22. 教師、學生與同儕是互助合作的夥伴關係，都是為了學習而在一起、而合作、而努力。

23. 維持良好人際關係、促進學習的教學原則有：培養積極互動的人際關係，以取代相安無事的消極人際關係；教師與家長、社區合作，以培養互助合作的美德。

第 11 章 | 開創增進學習的 教學環境

本章大綱

©iStockphoto

　　教室教學是為學生的學習而設，當學習環境因紛擾而阻礙教學的正常運作時，教學歷程不僅不能順利地進行，也使學生的學習受到干擾，其學習動機便容易受到負面的影響。為排除阻礙教學的環境因素，增進學習效率，教師必須擔負教室管理的重要任務。教室管理 (classroom management) 旨在創造最適宜於教學的情境，使學生能在教師的啟發與協助下做最有效的學習。依此定義，有效的教學便是最佳的教室管理 (Poole & Evertson, 2012)。本章先從教室管理問題的肇因著手，並列舉常見的教室管理的錯誤見解與做法，然後討論教室管理的基本技巧與處理問題行為的知能，最後提出教室管理與紀律維護的主要原則。

第一節　教室管理問題的肇因

　　最令教師頭痛的是，教師在教室裡教學時，時常要分心於管理學生與處理問題行為上，既浪費珍貴的教學時間，又無法專心教學，教學效率也難以達到理想的地步。然而，將教室管理的需要完全歸咎於學生的問題行為或紀律問題，並非客觀與公平的判斷，也不是處理問題的合理態度。

一、教室的物理環境

教室是教學的物理環境，教師與學生的相互反應是教學的心理環境。教室本身的物理環境安排與人為的心理因素可能成為教室管理的頭痛問題。本節將可能影響教室秩序的教室物理與心理因素簡介於後。

㈠擁　擠

擁擠使個人的活動空間大大減少，其隱私權也難以獲得適當的保護；學生之間彼此推擠衝撞的事故大為增加，「交頭接耳」的機會也增多，教師的視線也大為分散，這些情況都足以使教室秩序惡化。何況，擁擠亦使教室裡的空氣品質加速惡化，學生易於疲憊，師生的情緒較易失控。

㈡刻板的教室設計與安排

學校裡多數教室課桌椅的安排都是一成不變：教師在前端，面對直橫排列的二、三十名或更多的學生。日日面對這些缺乏變化、呆板的物理空間，容易產生無聊或厭煩。另外，除進出門以外，多數教室的左右兩面全是玻璃窗戶。這種設計雖能獲得兩面輔助採光並使教學活動透明化，但它助長學生注意力的分散。外面的任何動靜常不當地誘引學生的注意與興趣。可見，教室建築的形式與大小及教室裡課桌椅的安排，應依教學的目的、性質與類別而有不同。

二、教師管理學生行為的方式

依據鮑穆林 (Baumrind, 1971, 1991) 的研究，父母對子女行為的管理採取專制 (authoritarian)、權威 (authoritative)、忽視 (neglectful) 或放縱 (indulgent) 方式。教師對學生行為的管理也常依這四種方式進行。專制式管理，一如其名所示，教師獨自決定學生應何時、何地、如何與為何學習或工作。常聽到的專制指令是：「你就做我叫你做的，別問為什麼！」此種管理方式下，學生只做教師授權的事，否則無所事事。無所事事，

對一群精力旺盛的兒童或青少年而言，是相當令人擔憂的。忽視式管理對學生的言行與學習結果不聞不問，不曉得學生在自修時到底在幹什麼。其結果，學生自律能力差，學習成就低落。採用放縱式管理的教師，讓學生自行決定其學習，自行進行與考評自己的學習，對學生做最少的監督或干預。此種管理下，學生雖享有許多自行抉擇的滿足感，但整體的紀律鬆弛，學習缺乏高度的組織與效率。可見，學生的學習行為在專制、忽視或放縱管理下，皆不可取。學生的行為問題，多來自這三種管理方式。

三、教師的時間控制因素

學生真正花在學習上的時間與其學習成就有顯著的相關 (Karweit & Slavin, 1981)。用於真正學習的時間，又稱為利用時間 (engaged time)，以別於分配時間 (allocated time)。不幸，根據實際的觀察發現 (Hong, 2001; Meek, 2003; Salganik, 1980)，在一堂課的分配時間裡，只有三分之一是屬於真正學習的利用時間，其餘三分之二便浪費在與學習無關的活動上。例如，教師在學生面前苦於無法決定家庭作業的題目，學生只好久候而不耐；教師因課前準備不周，或臨時在黑板上開始繪畫圖表，學生因無所事事，彼此互丟紙團解悶。時間控制不夠緊密，常衍生不良的學生行為，又需浪費寶貴時間去處理不良行為。

四、學生的心理因素

㈠厭煩與尋找刺激

教材太深或過淺，徒令學生覺得索然無味，因而產生厭煩之感。重複無意義的學習或聽單調而冗長的演講，容易因厭煩而尋求刺激。

㈡挫折與緊張的發洩

教師對學生在行為、學習與成就有諸多不同的要求。學生之中，有

的無心學習，有的難以克服困難，有的面臨失敗的威脅。挫折產生緊張，緊張的累積可能導致非發洩不可的地步，學生可能在教室裡尋找發洩的方式與途徑。

㈢尋求注意、承認與地位

人最怕被奚落、忽視或鄙視。因此，有些學生寧願「滋生事故」，以獲得教師或同學的注意。此種苦肉計有時頗為有用。以不當行為作為手段以尋求注意、承認或地位者，多為學業成績欠佳、運動或體能欠優，或校內各項競爭不如人者。人人生而具有維護與提升自我的內在需求，在教師重視的項目上得不到尊敬，只好在「其他方面」求表現，也藉此獲得被注意的滿足。據報導 (Baker, 1985)，學校裡的問題行為多來自功課差或缺乏積極自我觀念的學生。

第二節 教室管理的錯誤見解與做法

一、教室管理的錯誤見解

教師為使教學能順利進行，非常注意教室秩序的維持。不幸，許多為維持教室秩序所採取的不合理管理政策，常源自下列誤解。

㈠誤以為學生愈安靜則其學習效率愈高

由於將安靜與學習效率之間劃個等號，教師常要求學生只用眼睛與耳朵；除非准許，否則不得隨意動嘴。校長進而要求全校保持幽靜，只准許教師的講述或師生的問答聲，或來自教室的齊一朗誦的讀書聲。固然安靜可能減少對他人學習的妨礙，卻不一定符合學習的個別差異。事實上，有效的學習常需整體的配合，不僅要用眼、耳，而且常需動嘴或身體。例如，於思索時，有的需俯首，有的需仰視，有的喃喃自語，有的坐立不安，有的猛搔頭，有的需向鄰座求取一些指引。當答案湧至時，有的急於告人，有的拍案叫好，有的視如平常，有的仍然猶疑；當思索

而無所得時，有的沉默寡言，有的異常不安，有的捶頭自責，有的慍怒不平，有的乾脆放棄而他顧。因此，一律要求安靜，可能為個人的學習帶來束縛，令個人僵固，因而難以有效地學習。若把違反安靜規律的學生行為一概當作問題行為來處理，教師只好終日為此而忙碌與頭痛。

(二)誤以為教師的權威建立於學生對其命令的絕對服從上

學生一到校，都穿著制服，佩戴名牌；於早讀時，均能鴉雀無聲；於列隊行進時，步伐整齊、精神抖擻；途遇教師時，均能行禮如儀。學生的這些制式的行為，頗能令教師感到權威的作用與師道的尊嚴。凡是偏離制式化的學生，便被指為害群之馬，教師必須隨時糾正。在此種誤見下，教室管理乃是教師發號施令、貫徹命令以建立教師尊嚴的歷程。強迫學生服從或屈從便是管理的手段，維護與強化教師的權威就是管理的目的。

(三)誤以為學生的外顯行為代表其品德

若教師認為，凡於早自修時緘默不言或於上課時戰戰兢兢的學生，為懂得自律的學生，則其對學生品德的判斷過分偏重外顯行為。其結果，固然有不少真誠服從命令的「真君子」，但也造就許多外表上唯命是從，內心裡隱藏異議的「偽善者」。若學生以做作取悅教師為能事，以粉飾外表獲取讚譽為職志，則師生之間缺乏真摯感情，當教師不在身邊監督時，學生是否真正專心學習，值得懷疑。

二、教室管理的錯誤做法

(一)對學生的言行管教過嚴

對學生的言行要求過高與缺乏彈性為管教過嚴的共同特徵。由於要求過高，學生窮於應付，稍不留意便觸犯規律。大多數學生畢竟是尚未成熟的兒童與青少年，注意力的持久性與精力均相當有限，因而違規事件自難避免。若教師主張紀律嚴明、絲毫不犯，則難以容忍學生一時的

圖 11～1　教師並非足球場上抓違規、亮紅牌的裁判。教室管理牽涉到教師自身所採取的教育哲學及教育心理學觀點。

過失，更不能寬恕重蹈過失的學生。為維持嚴厲的紀律，教師必須日夜疲於奔波，以監視學生的行為。若學生一錯再錯，教師為了一勞永逸，乾脆重罰，甚至全班受到牽累。不幸，有些被家長控告傷害其子女的老師，居然是平時教學異常認真的老師，因求好心切，對學生管教過嚴，反而一時氣憤而失控。

㈡對學生的言行管教過鬆

對學生的言行殊少有一定的要求標準為管教過鬆的特徵。因此，只要學生不惹是生非、不冒犯教師或不至於翻天覆地，則一切過失都不足為懷。此類教師多主張令學生「自由發展」，讓學生「對自己的行為負責」，並袒護「管教無用論」。此種教師亦偶爾被無法收拾的過失所激怒，但經「懲一警百」之後，仍一如往常，放縱學生的言行。

㈢讓學生以忙碌取代學習

為防止學生無學習活動而另生事端，有些教師設法令學生忙碌，期收管教之名。例如，多數學生已提前做完指定功課因而秩序開始紊亂，只好令全班學生重抄課文一遍。這種教師也常指定一大堆家庭作業，以占有學生的時間，一來可免於騷擾家人，二來表示教師重視課後學習。家庭作業本應重視思考的認知活動，結果常變成抄抄寫寫的忙碌作業，連教師都沒充分時間去檢閱。在此種做法之下，只見學生忙碌，不見學生享受學習。

㈣過分使用懲罰

　　懲罰的立即表面效果常贏得教師對它的高度評價，至於懲罰可能帶給學生的副作用常因而被忽略。學生喧鬧時，一罵即靜；學生不聽話時，一打就乖。正因為表面效果具體而迅速，教師若無更佳的管理方式，則只好頻頻使用懲罰，甚至因懲罰失當而被家長送進「公堂」。懲罰的目的雖在制止不良行為，但若使用不當或不公，被懲者反而怨恨施懲者。尚且，單憑懲罰只能告誡學生何者為不是，不能自動增強學生的良好行為。

第三節　教室管理的技巧

　　教室管理的上策是防患未然或防微杜漸。經過實際觀察與分析，寇寧 (Kounin, 1970) 提供一套到目前仍備受重視的教室管理技巧 (Brophy & Good, 1986; Charles, 1985)。後來，艾芙森 (Evertson et al., 2003) 與艾馬 (Emmer et al., 2003) 等隨寇寧之後，繼續研究教室管理問題，並分別提出小學與中學的教室管理辦法。另外侃特 (Canter & Canter, 2002) 也提出果斷紀律計畫。茲簡介其要點於下。

一、寇寧的管理技巧

　　對教師所使用的教室管理技巧及學生的反應行為做一系列的觀察與實驗之後，寇寧乃出版《教室紀律與團體管理》(*Discipline and Group Management in Classroom*, 1970) 一書，介紹他認為有效的教室管理技巧。下列是他所提示的主要技巧，頗值得參考運用。

㈠瞭如指掌 (withitness)

　　教師應事先讓學生知道他對班上學生們的一舉一動瞭如指掌。為此，教師應於平時細心觀察學生的動靜，甚至不需直接目擊亦能知曉發生何事。如此，學生不至於時時窺伺教師以便守法，教師也可以及時防止不

當行為的發生。

(二)洞察全局 (overlapping)

能瞭如指掌的教師亦頗能洞察教室全局。洞察全局的優點在能一面應對某些學生，一面指導全班學生學習。不能洞察全局的教師，只要一、二個學生的行為吸引他的注意，他便無暇顧及其他學生，因而有些學生得以趁機作祟。

(三)眾志成城 (group focus)

有效教室管理的另一特點是，所有學生都能集中注意於同一教學歷程上，能同心合力實現既定的教學目的。教師若能使每個團體成員肩負其應負的學習任務，並完成其應達成的目的，則無一學生會做出破壞團隊任務與目標的行為。

(四)管理流程 (movement management)

一單元教學往往需要許多不同的教學活動。從一活動轉換到另一活動，貴在順暢。順暢的流程管理可以避免倉促或突兀的急動式轉換 (Evertson & Emmer, 2013)，也可防止拖拉或遲滯式轉換。急動式轉換如同痙攣，學生容易在思路上混淆，因而出現教室管理上的問題；遲滯式轉換使學生無法即刻轉入新學習活動，徒然浪費時間，甚至從事於妨礙學習的活動。

二、艾芙森與艾馬對中小學教師的建議

繼寇寧之後，美國德州大學奧斯丁分校 (University of Texas at Austin) 也集中研究有效教師（與無效教師相比）的教室管理技巧。其中艾芙森 (Evertson et al., 2003) 偏重小學的教室管理，艾馬 (Emmer et al., 2003) 則偏重中學的教室管理。雖說小學與中學在教室管理的技巧上有些差異，但其基本原則大致相同。茲簡介於下。

1. 於上課首日，讓學生知悉教師關懷教室應循的歷程，並設法安排活動

　以清楚地展示其歷程。

2.將基本的教室規則予以公告或宣布、說明教室規則的需要，並明告學生對規則觸犯者的懲罰方式。

3.學生於頭一星期內於教師指導下進行團體活動；教師所選擇的活動，必須使學生感到教室內的學習舒適而成功。

4.待整備期過後，教師開始使用寇寧模式的四項教室管理技巧。

5.教師對學習與相關行為應給予學生清楚的指示；令學生負起完成學習的責任；並給予學生充分的回饋。

6.教師應展示出他們的才幹，充分準備其教學，並時刻掌控全局。

三、侃特的果斷紀律

　　侃特 (Canter, 1996) 鑑於許多老師無法有效地對待學生，是因為他們不是被動、缺乏魄力，就是敵視、攻擊。缺乏魄力的老師只會被動地指出學生的錯誤行為，不直接說出什麼是正確的行為；敵視的老師只懂得指責學生的錯誤行為，也不直接說出什麼是正確的行為。因此，他提出果斷紀律 (assertive discipline) 模式以改善教室管理。該計畫的要點如下。

㈠教導學生如何言行

1.對個別活動給予特別的指示（如團體學習時應先舉手後發言）。

2.確定每個學生都懂得如何言行：以敘述、演示、練習與評量一些主要的教室規則所規範的行為。

㈡增強教室內的良好言行

　　好的學習環境有賴於良好言行的建立，而不是忙於壓抑或移除不良言行對學習的干擾。既然貴在教導學生如何言行，教師應於平時持續增強學生的良好言行，可以因而取代不良言行或自然地減少不良言行的發生或出現。

㈢訴諸於紀律的裁決

教師也應設計出一套學生違規時的處理過程。但在學生因某一不良行為而受罰之前，必須讓他們知道或體會相對的良好行為及其增強的經驗。亦即，讓學生在犯過之前，知道他們有更佳的行為選擇。學生既然犯規，處罰應有一定程序可循，而且懲罰應依次加重。

侃特的果斷紀律模式的效率曾受到懷疑 (Emmer & Aussiker, 1987; Covaleskie, 1992; Render, Padilla, & Krank, 1989)，也被認為是一種「服從」模式 (Curwin & Mendler, 1988)，更被批評為要求教師堅持規則與行為後果的「應用行為修正」法 (McDaniel, 1989)。因此，使用此一模式時，應該給予學生更多的權益保障。請注意，新近的果斷紀律模式要求教師在尊重、信賴、支持的氣氛下，教導學生如何對自己的行為負責 (Canter & Canter, 2002; Charles, 2002)。

四、使用有效的溝通技巧

師生之間不僅需要溝通，而且要講究溝通的效率。例如，你要學生安靜些，與其說「你們太吵了，都給我閉嘴」或「再吵，你們都要……」不如說「這樣的吵聲，使我跟大家溝通有困難」或「在這樣的喧鬧下，無法跟大家溝通，我覺得十分抱歉」。因為後者是一種對情境的敘述與自我感觸的表達，也是一種訴求，不是命令、辱罵或威脅，獲取學生合作的機會大。這種溝通方式，稱為「我」訊息 ("I" message)，偏重自我感觸的表達，而不在指責對方 ("You" message) 的不是或不該 (Gorden, 1981)。溝通貴在效率，已證明無效或失效的溝通應立即停止使用，否則學生聽而不聞，影響師生間的關係。

第四節　處理問題行為的知能

學校是教育國民的「人為」組織，教學是為增進學習的人為活動，

「制式」的人為組織及活動與學生的各個互異的自然天性，彼此便有層出不窮的衝突、磨擦、調解與適應。我們所謂的問題行為常是「人為」與「自然」之間彼此失調中的產物，既然無法迴避，便應積極面對。因此，處理問題行為的知能是每個教師所必備。常見一些「可憐」的老師，很少看他們專心愉快地上課，天天看他們憤怒不堪地叫罵，這豈不是因為缺乏處理問題行為應有的知能？

一、處理問題行為應有的認識

㈠認識學生的生長與發展特徵

在校兒童與青少年正值生長與發展的重要階段，此階段身體活動的需求與認知活動的能力，與教師或成人有許多互異之處。教師若能瞭解並尊重學生身心發展的特徵，便不至於對學生做不合理的教室管理要求（例如，要求七歲兒童整天端坐、肅靜與學習）。對學生合乎其發展階段的行為表現，若與校規或室規有出入，則應依其認知能力予以指導。雖然不同年級的教室規則有其共同的行為要求，但必須依據學生生長與發展的通則做必要的修改。若能如此，則教師對學生的行為要求便更為合理，問題行為也可因而減少。我們若時常提醒自己，別把兒童看作小成人，便符合這個原則。

㈡認識問題行為

教師欲有效處理真正的問題行為，便應瞭解何種行為是問題，何種行為不是問題。經常受糾正的學生行為是：不安靜、不端坐、不注意、不小心、不禮貌、不按時、不禮讓、不服從、不整潔、不反省、不改過、愛反抗、愛疑問、愛辯解、愛玩樂或愛「自作聰明」等。反之，教師很少過問的行為是：沉靜、拘謹、畏縮、唯命是從、情緒壓抑、戰戰兢兢與從無怨言等。事實上，學生若表現出天真、好動、好奇、多問、不拘束、不畏縮等，正是他們應有的行為特徵。反之，沉默不語、焦慮不安、表情呆滯、畏縮不前或缺乏自信等，雖在教室裡不滋生事端，但在心理

學家看來，是嚴重的心理問題，是個人適應困難的行為癥候。可見，若教師將真正的問題行為予以忽略，反把一些不成問題的行為當問題，則教師不僅忙於對付非問題的行為，甚至由於學生或家長的不平，反而製造更多的問題。我們不希望教師由於對問題行為的認識不清而「庸人自擾」。

(三)善用溝通技巧

師生之間若缺乏溝通或溝通不良，常助長問題行為的發生。例如，老師於指定作業時沒有交代清楚，學生莫衷一是，開始交頭接耳；老師沒有詢問學生為何彼此交談，便厲聲呵責，試圖制止交頭接耳的行為；學生仍然不知所措，便在座位上發呆；老師見狀，更加莫名其妙，可能使用更為不堪入耳的語詞。因此，老師不要假定師生之間事事已有默契，吝於解釋或不加說明，應盡量進行清楚的溝通，鼓勵學生發問，甚至指名學生複誦教師的指示。缺乏溝通，常產生誤會；溝通不良，可能扭曲事實。因此善用語言或非語言溝通的技巧，必有助於問題行為的減少。

(四)對事而不對人

處理問題行為的最大認知困難是將事與人混淆不清。例如，「小玲是乖學生，她私自離座應有其必要，值得原諒」與「小雪不愛念書，她私自離座借筆，必定是藉故遊盪」等，是常遇的人與事混淆的例子。雖然教師也常以「不因其人而廢其言」告誡自己，但是每當面臨問題行為時，總難克服「壞人做壞事」的認知扭曲現象。就因為如此，少數學生常成為教師尋找「禍源」的對象，使懲罰不公的現象叢生。若教師能嚴守人與事分開的原則、就事論事，不論觸犯規則的行為來自哪位學生，均受適當的處置，則大家都能誠心地遵守規則，減少問題行為的發生。

(五)事先教導學生適當的情緒表達方式

許多難以被教師接受而視為問題行為者，是與情緒表達有關的言行。一般而言，教師多習於接納學生含蓄的微笑、拘謹的反應、控制的憤怒、隱匿的恐懼、掩飾的焦慮或隱含的哀怨，因而難以容忍樂而嚷叫、怒則

敵視、懼而畏縮、憂則焦慮、哀而號哭，甚至口不擇言。學生雖有情緒經驗的自由，但也應該學會易為社會接受的適當情緒表達方式（現在所稱的 EQ）。例如，小凱自然一科考得不好，自老師手中接回考卷便憤然一撕，這種情境常難令教師諒解。教師若於平時讓學生知道他們有權經驗其情緒，但告知其情緒表現可能對他人的影響，並進而藉機訓練他們如何表達幾個常見的情緒。就以上述撕試卷為例，教師可以告訴小凱：撕考卷使老師無法瞭解其行動的意義，容易使老師頓生反感，也容易使其他同學誤以為他向老師或考試挑戰。然後，教師應進一步向小凱列舉一些他人可以接受的反應方式。例如，小凱可以請求老師保留試卷，待息怒後另行請教等緩衝方式。須知，年幼兒童與青春期青少年的情緒控制能力較弱，應該耐心地訓練其情緒表達方式。同時，若學生所受的壓力（如考試或競賽）愈大，其情緒反彈可能愈強；教師若能從減輕學生的主觀壓力著手（鼓勵學生盡其在我、自我比較），便有助於問題的減少。

㈥有效處理例行問題行為，使教學繼續順利進行

常見的例行問題行為如同煩人的蒼蠅，必須有計畫地予以清除。斯拉文 (Slavin, 2006) 綜合教室管理學家的意見，提出有效處理例行問題行為的原則。例行問題，如遲到、擅離座位、未舉手先發言、遲交作業或與鄰座交談等，應簡單快速地處理，以便教學繼續進行；提供有趣而快樂的學習，使例行問題行為避免發生；以良好的行為取代不良行為（如稱讚小明先舉手後發言的行為）；使用非語言的暗示（如以瞪眼暗示不許）；提醒教室規則的有關條文；重述教師的要求（如不論小英給什麼藉口，老師堅定而重複地說：「立即做指定的作業」）。

二、處理問題行為的技巧

當學生在班上從事於與指定的學習無關的問題行為時，教師可依行為的性質及其嚴重性而採取不同的因應措施。雷德爾與魏登寶 (Redl & Wattenberg, 1959) 提出十六條教室管理的影響技巧 (influence techniques)。後來，沃克與謝伊 (Walker & Shea, 1991) 將之修訂為一種行

為管理方式 (behavioral management approach)。茲將沃克與謝伊的要點列舉並簡述於下。

㈠故意不理 (planned ignoring)

如果學生的問題行為是在引起他人的注意，但其動作並不干擾他人時，教師得不予理睬，以收到行為消止 (extinction) 的功效。這一招術目的在防止學生「愈惹愈上癮」、「惡行受到增強」。

㈡給予信號 (signal)

使用信號常可有效制止不良行為於初發階段。主要信號有：故意清喉嚨或小咳一聲、凝視正欲蠢動的學生、突然停止說話並凝視學生、搖頭示意或說：「有人使我們無法集中注意」等。

㈢鄰近控制 (proximity and touch control)

教師見學生有不良行為，故意走近學生作為直接信號，可輕拍其背示意，或將手臂置於兒童肩上以收制止之效。

㈣提高興趣 (interest boosting)

若學生對正在進行的教學缺乏興趣而他顧，教師可以向其發問，以重新提起其學習興趣。所發問題應與進行中的學習相關聯，避免說「你在幹啥?」等招供式問話，或「你為什麼不注意聽?」一類得不到真正答案的逼問方式。

㈤使用幽默 (humor)

為減輕不良行為所引起的緊張氣氛，使用幽默效果特佳。例如，見兩個學生有開始「相互動粗」的傾向，教師可以打趣地說：「有兩位同學想演武打片，哪位願意幫我拿個攝影機來?」幽默與諷刺 (sarcasm) 不同，前者不令人難堪，後者有意使人受窘。

㈥克服困難 (helping over hurdles)

有時問題行為來自學生遭遇學習上的困難。有些學生不知該做什麼，有些學生缺乏能力。此刻，教師的責任便是協助學生克服困難，以減輕困境所帶給學生的心理與學習壓力。

㈦改變計畫 (program restructuring)

有時，原以為可以順利進行的教學計畫，因故受阻（如學生已失去繼續努力的興趣，時間也不允許拖延），則教師可以斷然地改變學習計畫。適時改變計畫，如果有助於整個教學目標的達成，可以顯示教師的彈性與開通。否則，一味固執下去，學習仍舊遲滯不前，問題行為只會愈加嚴重。

㈧勸離現場 (anticeptic bouncing)

勸離現場是當學生的行為失控時，勸告該生離開問題現場。此舉至少有兩個好處：一則使現場的緊張氣氛有機會舒緩，二則使涉及的學生暫時失去與同學一起上課的「應享特權」。後者又稱為暫停 (time-out)，是使個人從正在參與的活動中暫時喪失參與權利的一種懲罰措施。勸離現場時，盡量以平心靜氣的口吻勸告說：「你先到輔導室去，等到你心平氣和後才回來。」不要使用令涉及者難堪的口語說：「你給我滾出去！」

㈨約束身體 (physical restraint)

當學生不僅情緒失控而且可能傷及他人時，教師可以設法約束或控制其肢體的活動。這種做法對體力較小的兒童比較有效。值得注意的是，教師的任務只是約束或控制，不是藉機摔跤或捶擊。

㈩直接呼籲 (direct appeals)

當學生觸犯規則時，教師可以趁機呼籲學生，要他們注視其行為與其後果的關聯，希望藉此遏止問題行為。這種做法對那些不明規則者有教育作用；對一時氣憤而不顧其後果者有警惕作用。例如，教師欲制止

教室中的喧鬧而說:「你們的聲量，使我難以聽清楚同學的問題，我真不想忽略你們所提的問題。」但此法不應重複過多，以免失去它的效用。

(十一)批評與鼓勵 (criticism and encouragement)

批評學生的問題行為應盡量於私下進行。如果批評必須公開為之，則應避免譏諷或羞辱學生。例如，「這件事竟會發生在你身上」或「我看到了，但我仍不相信我的眼睛」等說法是批評與珍惜，而無譏諷或羞辱之意。批評的對象不該是學生，而是學生的行為；批評只告訴何者是錯，但不能指出何者為對。因此教師應於批評錯誤的同時，鼓勵學生以相對的良好行為取代之。

(十二)設　限 (defining limits)

規則的訂定是相當廣泛的，如「先舉手、後發言」。若學生未舉手就發言，便在測試到底這個規則的最高限度在哪裡。如果教師能夠清楚地對行為予以設限（例如，一堂課內三次未舉手就發言，便失去回答得分的權利)，則學生更能於限制內自律其行為。

(十三)事後追蹤 (postsituational follow-up)

一問題行為被處理後，不應就此作罷，必須做必要的追蹤。在教學進行時，若教師抽空處理問題行為，則必須於事後盡快恢復教學。有些問題無暇當場做完備的處理，因此有追蹤處理的必要。追蹤可以由私下或團體方式進行。例如，教師可以於私下對早些時候被勸離現場的學生說:「很抱歉，今早你行為失控，我只好請你離開片刻。」學生可以利用追蹤的場合，表達其歉意或保證以後採取更佳的做法。

(十四)解釋的邊際運用 (marginal use of interpretation)

懲罰的使用一般都在受懲行為構成之後。然而，我們從行為分析的立場看，如果個人能感知其問題行為已有開始的跡象或正在進行，則可以設法制止，以免釀成巨災。例如，教師可以提醒學生注意他們剛開始的交頭接耳的行為，告訴他們這是「非法離座」的初步跡象，要求他們

立即停止那些行為以免擴大。

三、處理攻擊性行為

社會暴行的日增，固然值得我們的關切，校園裡的暴行，更值得我們注意，它使師生產生恐懼、憤怒與不安，老師無法專心教學，學生也難以有心學習。因此，妥善處理學生的攻擊性行為有其迫切的必要性。我們就處理常見的打架、欺凌與敵視師長等攻擊性行為加以討論。

㈠打　架 (fighting)

根據艾芙森 (Evertson et al., 2003)，面臨國小學生打架時，首先應大聲嚇止，將雙方分開，然後告訴旁觀學生離開現場；面臨國中或高中青少年學生打架時，有必要其他老師或職員的協助以分開他們，並與校方及家長聯繫。學生被勸開後，給予分別冷靜下來的時間，必要時查詢當場證人，然後個別詢問打架的原因，告以打架的不當與尋求合作的重要性。

打架是一種肢體衝突，是常見的行為問題，學校最好備有整體的「維和」計畫，訓練所有師生如何談判、如何協商，以解決人際衝突。根據詹森二氏 (Johnson & Johnson, 1991, 1994)，學習下列步驟，有助於談判的成功：⑴確定雙方的所求；⑵描述彼此的感觸；⑶解釋為何有所求與感觸；⑷雙方試從對方的立場看問題；⑸提供至少三個有利於雙方的解決方案；⑹選出最佳的解決辦法。

為了使衝突的雙方能坐下來談判，學校要挑選一些師生居間擔任協商員。根據詹森二氏，下列步驟有助於協商的進行：⑴停止敵視；⑵保證雙方誠心接受協商；⑶促使雙方進行協商；⑷簽訂協議。

㈡欺　凌 (bullying)

欺凌是個人對較弱小者的語言或肢體攻擊行為。欺凌的方式有：取笑對方的長相或言語，無故推、拉或敲擊對方，製造對方的謠言，或以不雅姿勢揶揄對方。一般而言，高學業標準、高父母參與、紀律良好的學校，較少欺凌現象的發生 (Ma, 2002)。愛欺凌他人的學生，其父母多專

制、拒絕子女的需求，並縱容其子女的欺凌行為。為改善欺凌現象，學校應設立全校性反欺凌活動計畫，各班級定期討論欺凌事故與處理經驗，由受欺侮學生組成同儕團體以便相互支援，並將反欺凌活動帶進社區組織，以提高警惕 (Limber, 2004; Rodkin, 2011)。

圖 11～2　根據教育部於 2006 年的統計，臺灣校園暴力與偏差行為較 2005 年增加了 82%，校園問題實在不容忽視。

㈢敵視師長 (hostility toward the teacher)

學校應立即停止敵視師長的學生行為，以免惡態蔓延。藐視或敵視師長是學生對權威的挑戰，應私下個別處理，不可以公開方式相互挑戰。公開挑戰常導致學生氣焰高張，教師也可能反應過度，以致場面難以收拾。如果教師能私下冷靜處理，學生眼見敵視無功，多能平靜下來，提供解決問題的機會。

解決問題時，下列步驟可供參考 (Gordon, 1981)：⑴確定問題所在；⑵盡量提供可能的解決辦法；⑶逐一評鑑所提的解決辦法；⑷共同決定彼此可接受的解決辦法；⑸決定如何執行；⑹評鑑成功的程度。

第五節　教室管理與紀律維護的主要原則

綜合本章各節所述，建立良好的教室管理與紀律著實不易。從達成有效教學為目的而言，首應創造最佳的學習環境，次則防止問題行為的發生以免妨礙學習，最後適當處理問題行為以維護紀律。下列原則對達成此目的必有很大的幫助。

一、以積極指導為主，以消極管理為輔

　　前面提到過：學校是人為的社會環境。個人從家庭「走進」學校，有許多行為需要學習，使和諧的人際關係能夠建立，使良好的社會秩序得以維持，亦使有效的學習有達成的機會。學校教師經常急於進入學習情境，忽略良好行為的培養。其結果，問題行為不斷地出現並干擾學習的進行，教師只好一面「管」、一面「教」，浪費不少寶貴的時間。於第一堂課與第一星期的學習時間裡，如果教師一開始便積極地培養能夠增進學習的團體與個人行為，則偶發的問題行為將大為減少。因此，有愈多的良好行為，便會有愈少的問題行為，教室管理的工作可因而大大地減輕。否則，學生只好「嘗試錯誤」，讓老師忙於糾正。如果我們聽某教師日夜提醒學生「不要這樣」或「不可那樣」，便是學生「失教」的痛苦結果。

二、師生共同決定行為標準與可容忍的行為限度

　　一般而言，學生的行為標準多由校長、主任或教師決定。若武斷決定的行為標準被學生接受與遵循，則問題行為發生的機率較少。然而，許多教師（或學校）武斷決定的行為標準常反應一些成人的偏見，無視於學生及家長的意見與遵守能力。例如，過去有許多學校要求男生理光頭、女生留短髮、早自修時不准出聲、男女生之間不准交談等，都是一些成人認為應該而要求學生遵守者。有些教室內的行為規則過分苛求，學生動輒冒犯而受罰，因此日夜戒慎，有礙心理的健全發展。若師生共同制定教室規則，學生會更樂於遵循自己參與制定的規則，違規行為自然不會多見。反應師生雙方觀點的規則，是師生彼此妥協的結果，因此其可容忍的行為限度大，學生不致有動輒犯過之慮，其言行亦不致因時刻緊張而呆滯。

三、採取民主領導方式，以創造師生共享的良好教學氣氛

　　獨裁與放縱都是不足取的領導方式；前者只能提供表面的教室秩序，

後者常使教室顯得紀律鬆弛、莫衷一是。然而，在民主領導之下，團體的目標是經由全體成員充分討論之後以多數取決，每一工作目標就是全體的工作目標，領導與部屬均應竭力為已取決的目標而奮鬥。就以教室管理而言，民主領導是一面尊重學生的意見，一面加重學生的責任感。如此，教師便無需扮演「警察」，只需從旁指導與支持。不幸，有些教師於開始實施民主領導時，常因有些學生一時不能適應而效果不彰。

四、善用獎懲原則，增加良好行為，減少問題行為

　　良好行為的培養須經長期的訓練，直到習慣成自然為止。良好習慣有賴獎勵予以增強；否則，不良行為隨時都有可能取而代之。然而，良好習慣的培養應從外來增強而逐漸轉換為自我增強，亦即由他律而自律。自律的優點是：它將別人對自己的期望改變成自己對自己的期望；學生的自律經驗滿足其獨立自主的願望；減少教師管理上的負擔，增加學生的責任感。但是，自律是一段長期的學習自我控制的歷程，它須經由個人不斷地省察、體驗、判斷與做決定。從「百年樹人」的觀點看，雖然自律需要長期努力地培養，一旦習慣已成，個人與社群都蒙受其益。

五、減少不良行為的校內及校外刺激因素

　　學生面臨過重或過輕的課業負擔、不當的期望與壓力、過苛的行為要求、乏味而重複的工作或練習、不公平的對待等，都可能成為不良行為的刺激。這些刺激都應設法減少或移除，以防止不良行為的發生。此外，學生所處社會的暴力與色情影視、不當娛樂場所的充斥、傷風敗俗的事件、日益增多的青少年犯罪行為、分崩離析的家庭環境、紊亂的社會秩序、貪贓枉法的政風、教師地位的逐漸低落與競逐奢華的社會風氣等，均直接或間接影響學生的行為。這些不良因素不僅腐蝕一些學生的學習動機，更使學習環境成為不良社會環境的縮影。為改善這些因素，教師應以個人身分或教師團體的力量，聯合家長與社會團體，做出積極的貢獻。

本章內容摘要

1. 教室管理旨在創造最適宜教學的情境，使學生能在教師的啟發與協助下做最有效的學習。

2. 可能影響教室秩序的因素有：教室的物理環境（擁擠或刻板的教室設計與安排）、教師管理學生行為的方式、教師的時間控制因素與學生的心理因素（厭煩與尋找刺激、挫折與緊張的發洩及尋求注意、承認與地位）。

3. 教室管理的錯誤見解有：以為學生愈安靜則學習效率愈高；以為教師的權威建立於學生對其命令的絕對服從上；以為學生的外顯行為代表其品德。

4. 教室管理的錯誤做法有：對學生的言行管教過嚴或過鬆、讓學生以忙碌取代學習與過分使用懲罰。

5. 寇寧的教室管理模式採用：瞭如指掌、洞察全局、眾志成城與管理流程。

6. 艾芙森與艾馬模式主張：先讓學生知悉教師關懷教室應循的歷程；將基本的教室規則予以公告；於頭一星期內，教師指導學生進行團體活動；使用寇寧模式的四項教室管理技巧；令學生負起完成學習的責任；教師充分準備其教學。

7. 侃特的果斷紀律要求：教導學生如何言行、增強教室內的良好言行與訴諸於紀律的裁決。

8. 對情境的敘述與自我感觸的表達，稱為「我」訊息，是一種訴求。

9. 處理問題行為應有的認識包括：認識學生的生長與發展特徵、認識問題行為、善用溝通技巧、對事不對人、事先教導學生適當的情緒表達方式與有效處理例行問題行為，使教學繼續順利進行。

10. 有效處理問題行為的技巧有：故意不理、給予信號、鄰近控制、提高興趣、使用幽默、克服困難、改變計畫、勸離現場、約束身體、直接呼籲、批評與鼓勵、設限、事後追蹤、解釋的邊際運用等。

11. 教師應妥善處理打架、欺凌與敵視師長等攻擊性行為。

12. 教室管理與維護紀律的主要原則有：以積極指導為主，以消極管理為輔；師生共同決定行為標準與可容忍的行為限度；採取民主領導方式，以創造師生共享的良好教學氣氛；善用獎懲原則，增加良好行為，減少問題行為；減少不良行為的校內及校外刺激因素。

第 12 章 | 教學計畫與教學策略

©iStockphoto

　　良好的教學多來自有目的、有計畫的教學。清楚而有組織的教學計畫，使學生知道在何時如何學哪些材料，使整年、整個學期、整個課程單元、整個星期與一整天的教學活動緊密地銜接起來，在教學時可因此減少不確定性（不知該做什麼）。教學目的的擬定是教學計畫的首要任務。教學目的愈清楚，學生受益愈大。本章首先討論教學目的之功能、種類及其敘述方式。

第一節　教學目的之功能、種類及敘述

　　根據葛嵐倫 (Gronlund, 2000)，教學目的 (instructional objective) 是預期於教學之後學生所應表現的學習結果。它是目的 (target)，也是行為 (behavior)，是可以觀察與評量的。

一、教學目的之功能

(一)為教師教學的指引

　　教學欲達成其預期的效果，教師必須要有清楚地敘述而且可以達成的教學目的。目的是終點，也是方向 (Moss, Brookhart, & Long, 2011)。有目的之教學有結構、體系與步驟與之配合，無目的或目的不清的教學容易散漫、離題、本末倒置，甚至迷失方向。

㈡為學生學習的指標

教學目的可以指導學生學什麼與如何學。學生知道教學目的之後，可以預估自己對於該學的是否已經有了準備；他們也可以調整自己的精力與時間，以便進行合乎自己程度與進度的學習 (Gronlund & Brookhart, 2009)。反之，如果學生不明教學目的為何，則教師教什麼，學生就學什麼，這是被動的與盲目的學習。

㈢為教學評鑑的依據

教學評鑑的主要功能為檢討教學得失，作為改進教學的參考。良好的教學至少必須成功地達成事先釐訂的教學目的。因此，評量教學的成功與否，便應從衡量學生實現教學目的之程度開始 (Bank, 2012)。有了教學目的作為教學成就評量的依據，教師便不至於出題時茫然。教師該教什麼，他便該考什麼；它可以避免考非所學或學而不考的爭議。

㈣為完成學校教育功能的基石

教學目的通常以某一教學單元作為範圍而構成一系統完整的單元目的群。由一些相關的教學單元做有機的連繫，便形成一個科目。學校教育包含由淺入深的許多科目的教學。單元目的之達成，可以確保科目目標的實現，亦保證學校教育功能的完成。

二、教學目的之種類

為協助教師教學及其評量，教育及心理學家將教學目的予以分類。一般將教學目的區分為三大類：認知的 (cognitive)、情感的 (affective) 與技能動作的 (psychomotor)。人類行為本是統合的，因此認知、情感、技能動作三學習都相互影響。當一學童學習書寫生字「美」一字時，他可能一面練習如何書寫（動作的），一面瞭解其意義（認知的），也一面欣賞該字所代表的情趣（情感的）。為了使教師對每一類教學目的有深入的瞭解，茲將教學目的依三類分別介紹。

㈠認知的教學目的 (cognitive domain)

　　根據布魯姆 (Bloom, Engelhart, Furst, Hill, & Krathwohl, 1956) 等的分析，認知的教學目的可分為知識、理解、應用、分析、統合、評鑑等六項。此六項認知的教學目的因內容廣闊而充實，而且由易而難排列，頗受教育界的歡迎而被廣泛地使用。2001 年，基於多年的經驗與研究，布魯姆等的教學目的被做適度地修訂 (Anderson & Krathwohl, 2001)。新修訂的六項教學目的是：記憶、瞭解、應用、分析、評鑑與創造。茲分別介紹於下：

1.記　憶 (remembering)
⑴內容：自長期記憶中提取儲存的知識。
⑵舉例：列舉臺灣的主要河川。

2.瞭　解 (understanding)
⑴內容：建構意義，如註解、舉例、分類、綜合、推論、比較、解釋。
⑵舉例：說明中國歷史中，元朝終衰的原因。

3.應　用 (application)
⑴內容：包括原理、法則、理論、概念與歷程等的應用。
⑵舉例：把幸福描述在具體生活上。

4.分　析 (analysis)
⑴內容：包括要素、關係與組織原則的分析。
⑵舉例：將一機車分解成幾個主要構成要件。

5.評　鑑 (evaluation)
⑴內容：包括依內在證據與外在標準而做的判斷。
⑵舉例：列出使用殺蟲劑的利弊。

6.創　造 (creating)
⑴內容：將部分組合成一個整體，將部分重組合成一新的結構體。
⑵舉例：依所見提出一個新的假設。

　　目前學校教育的一大缺陷便是忽略知識以外的思考教學，導致「學而不思則罔」。因此，六項認知能力的平衡發展，是教師教學上的當務之急。然而，這並不意指硬性地將所有六項能力加諸於任何一教學單元上。

由於各單元內容、性質、取材、教法及學生程度彼此不同，有時須著重記憶與應用，有時偏重瞭解、分析與創造。教師應憑其智慧及專業知能，把六項認知能力的教學適當地表達於教學目的之中。

㈡情感的教學目的 (affective domain)

根據柯拉斯霍等 (Krathwohl, Bloom, & Masia, 1964) 的分類法，情感的教學目的有五個程序。

1.接　受 (receiving)

⑴內容：包括知覺、接受意願與選擇性注意。

⑵說明：接受是情感的起點。培養學生感覺並接受所見所聞。

2.反　應 (responding)

⑴內容：包括反應、默許、意願與滿足。

⑵說明：訓練學生從單純的感受外界刺激到做出反應的能力。

3.評　價 (valuing)

⑴內容：包括接納價值，從而自我期許。

⑵說明：培養學生對某事物（如學習數學）賦予價值，進而愛好認為有價值之事（如研究數學），終而獻身於從事有價值之事（如身為數學家）。

4.組　織 (organization)

⑴內容：包括價值的觀念化與組織化。

⑵說明：訓練學生將各種價值予以整理歸類，然後加以系統地組織起來，使價值間不相衝突，彼此隸屬、相互作用。

5.價值性格化 (characterization by a value or value system)

⑴內容：包括價值的類化與性格化。

⑵說明：價值的性格化是最高的境界。價值被內在化後，成為學生的價值觀或人生觀，因而其言行受價值的統御。至此，價值成為性格的一部分。

由於情感與情緒影響學習，加上存在心理學 (existential psychology) 強調「愛」與「關切」，以及人本心理學 (humanistic psychology) 的講求自我實現，情感的教學愈來愈被重視。教師不僅要教導學生去學，而且

要使學生愛其所學；不僅要應用所學，而且要欣賞應用的價值。

㈢技能動作的教學目的 (psychomotor Domain)

齊卜勒等 (Kibler, Barker, & Miles, 1970) 將技能動作的教學目的，依發展的程序，分成四個步驟。

1.整個身體的運動 (gross body movement)

⑴內容：上身、下體或部分肢體的運動。

⑵舉例：擲球、賽跑、游泳。

2.協調細緻的動作 (finely coordinated movement)

⑴內容：手與指之間的動作、手與眼之間的協調、手與耳之間的協調，以及手、眼、腳的協調與其綜合。

⑵舉例：書寫、打字、彈琴、駕駛車船等。

3.非語言溝通 (non-verbal communication)

⑴內容：面部表情、姿態、身體動作等非語言資訊溝通。

⑵舉例：興趣表露、手勢、扮演、啞劇等。

4.語言行為 (speech behavior)

⑴內容：發音、音字組合、聲音投射、音與姿的協調。

⑵舉例：發子音或母音、朗誦詩歌、大聲傳誦、以表演傳意。

技能動作的學習為發展體育、舞蹈、演說、戲劇、職業教育、藝術、勞作等所必需。人類動作的學習是從大動作至細小動作，從非語言至語言訊息溝通。人人生活於社會、文化及經濟結構日益變遷的世界裡，除認知及情感的教育外，職業技能的訓練，體育、衛生與娛樂習慣的培養，以及生活藝術的創作與欣賞，對自我實現與社會繁榮均有重要的貢獻。

三、教學目的之敘述

㈠梅哲的三原則

梅哲 (Mager, 1993) 強調教學目的之重要，也對如何敘述教學目的提出非常具體的建議。

1.教學目的應敘述教學欲完成的目標行為

　　教學目的是否實現應有具體的表現以便衡量。教學完成後所獲得的具體行為，稱為終點行為 (terminal behavior) 或目標行為。不論如何稱呼，它們必須是可以觀察與評量的具體表現。

2.教學目的應敘述足以產生學習的重要條件

　　教師不能只令學生知道該學什麼，他們還得指出在何種情況或條件下目標行為可能產生。雖說「條條大路通羅馬」，教師應從許多可能的學習途徑中，選擇最便捷而有效的方法，以加速教學目的之實現。

3.教學目的應敘述學生表現的接納標準

　　學生有理由知道，他該學習到何種程度才算及格、被接受或達到優異境界。訂定行為標準，既可維持學習品質，而且讓學生決定他們所應付出的時間與精力。

㈡葛嵐倫的二步驟

　　鑑於梅哲所揭示的三原則只能適用於簡易或特殊的教學目的，葛嵐倫 (Gronlund, 2000) 提出下列二步驟作為補救。

⑴首先，概括式的一般性教學目的 (general instructional objectives)，以敘述學生於學習後應能表現的行為。

⑵在每個一般性教學目的下，編寫五個以內較為細小而具體的學習結果，其敘述應表明在學習完成後所獲得的可觀察的行為表現。

　　葛嵐倫此舉，旨在兼顧一般性目的與其所屬的特殊或個別目的之實現。如此，教學既有目的可循，又不至於過分瑣屑。他的建議也獲得研究的支持 (Popham, 2002, 2014)。

第二節　教師為中心的教學策略

　　教學本是教師與學生雙方的互動歷程：教師的教導與學生的學習。然而基於歷史的傳統、教育哲學的演進與教育心理學的研究，乃有傾向以教師為中心的教學策略，也有傾向以學生為中心的教學策略。

　　教師為中心的教學策略，一如其名，主要的教學活動都是由教師一手來策劃與執行，它包括擬定教學目的、選擇教材與教法、引起學習動機、主導教學活動、控制教學時間、維持教室紀律、評量學習效率與檢討教學策略的得失。說到這裡，你就不難想像什麼是教師為中心的教學策略。代表教師為中心的教學策略，本書介紹直接教學法與討論教學法。

一、直接教學法

㈠直接教學的特徵

　　直接教學 (direct teaching) 是一種系統式教學，由教師做所有的決定，並使學生全心聚集於特定的課業上，以傳授基本知識與技能。此一方式，又稱明示教學 (explicit teaching) 或主動教學 (active teaching)。

　　根據綜合的看法 (Adams & Engelmann, 1996; Rosenshine & Stevens, 1986; Weinert & Helmke, 1995)，直接教學有下列特徵：⑴幾乎所有的課堂活動是為了學習基本知識與技能；⑵所有的教學活動都由教師來決定；⑶使學生全心聚集於學習新的知識或技能；⑷將指定時間盡可能全利用在學習上；⑸使用正增強以維持良好的學習環境；⑹盡量使全班學生獲得預期的學習成果。

㈡直接教學的功能

　　根據羅森杉 (Rosenshine, 1988)，直接教學可以發揮下列功能：檢查與複習先前的學習、提示新教材、督導學生練習、給予回饋與指導、給予學生獨自練習的機會與定期複習。

㈢直接教學的主要活動

　　直接教學活動包括定向、提示、結構性練習、輔導下練習與獨立練習五個部分 (Joyce & Weil, 2000)。

1.定　向

　　在直接教學的環境下，教師是主動的，學生是被動的。一堂課開始

時，學生不知道今天老師要做什麼，只好等候教師的安排，因此「定向」顯得非常重要。定向 (orientation) 是引導學生進入教師所計畫的學習情況，它包括：⑴提供新一課的全貌；⑵向學生解釋為何要學習新教材；⑶使新教材與先前習得的教材或舊經驗相關聯；⑷告訴學生如何學習新教材；⑸向學生指出可被接受的學習程度。

2. 提 示

定向後，接著就是教師的提示活動，也就如同劇中主角的演示。提示 (presentation) 指講演、說明與示範等活動。茲將與學習攸關的講演變項，如講演的內容、講詞的組織及其表達與學生注意的維持等簡單介紹於下。

⑴講演的內容

講演內容的適當與否影響學生的學習成就 (Rosenshine, 1988)，因此講題要清楚、目的要明顯，且內容要充實。要使學生學得多，講詞內容一定要充實 (Barr, 1987)。

⑵講詞的組織及其表達

講演本身需要邏輯組織之外，同時應令聽眾感覺講詞自始至終依循某特定原則而提示。表達講演組織可採取下列不同技巧：

A.原則—舉例—回歸原則的技巧 (rule-example-rule technique)，為異常奏效的組織表達方式。敘述原則之後，以例證闡釋該原則，再從例證歸納回原則。此技巧易使聽眾瞭解原則，並理解原則與例證間的關係。

B.解釋性聯結 (explaining links)，使用「因為」、「期使」、「因此」、「經由」、「若……則」等前置詞或連接詞，以說明事物間的因果關係、手段與目的關係或其他聯結關係。

C.強調 (emphasis)，利用語文標誌 (verbal markers) 以強調特別重要的講詞，或提醒學生某些要點要記牢。常用的語文標誌有：「特別注意下列幾點」、「記住下列要點，將對你十分有用」、「談了許多，其要點不外……」等。

講演時使用語文標誌可以強調重要原則，提高學生的學習成就。如果整個講稿有嚴密的組織，能逐漸引導學生認知講詞的組織，使學生瞭解教師如何銜接段落，如何綜合、歸納與結論。講詞組織的逐漸表達，

其結果較一次全部表達為優，更較讓學生被動接受或揣摩為優。若教師為解釋一個概念而舉出兩個例證，結果會很受歡迎。使用辭句應力求顯明，不可過分隱晦或模糊。

⑶學生注意的維持

　　沒有注意便難有學習可言。須知，個人並不一定時刻覺察自己是否注意。注意一旦獲得之後，其維持的方式很多。茲擇其要者並簡介於後：

A.改變刺激：改變語氣、用辭、聲調、姿勢、動作、表情等，可以防止單調、慣性或疲勞。

B.改變使用的工具：除口舌外，宜活用黑板、掛圖、幻燈、投影機、錄放影機、閉路電視、電腦等，以提升學生的視聽覺學習興趣。

C.給予學生活動的機會：偶爾可讓學生鬆弛身體、搖頭動頸、複誦重要字詞、回答問題或做短暫的間歇性休息，以減少疲勞，維持注意。

D.表現熱誠：具有熱誠的講演，增進學習成就與滿足感。

E.插入問題：於講演內插入問題，比平鋪直敘對學生的學習成就有顯著貢獻。

F.善用幽默：幽默 (humor) 使學生覺得輕鬆，教學效果較佳的教師多使用幽默 (Powell & Anderson, 1985)。

G.鼓勵筆記：上課時做筆記的學生，於隨後的測驗中，有較佳的成績表現。

　　講完主稿，不妨輔以結論。結論有不同的功能：查考學生對講演的記憶或理解程度、回答學生的問題或講評與藉此做一摘要以便複習。

⑷使用講演的可能缺陷

　　雖然講演有許多教學價值，蓋志與柏林納 (Gage & Berliner, 1988) 提醒使用此法教學時可能產生的缺陷：

A.濫用：用得過多與過長，因而忽略其他更合適的教學法。

B.消極與依賴：學生只知消極聽講或做筆記，事事依賴教師的講解，缺乏主動學習的習慣。

C.成為師生的不良嗜好：教師喜愛自我表演，學生習慣只聽不講。

D.忽視個別差異：高成就學生覺得講詞過淺而乏味，低成就學生一知半解而忙於跟隨。

E.非人人適用：有效的講演需要特有的素養，例如聲調、姿態、風度、步調、流暢、安適、秩序井然等，因此非人人能演、個個能講。

3.結構性練習

結構性練習 (structured practice) 是教師帶動全班學生對提示的教材做系統性的練習。教師可用視聽教具，以協助結構性練習，減少練習時錯誤的發生。

4.輔導下練習

輔導下練習 (guided practice) 是教師從旁督導與協助學生對提示的教材做半獨立的練習。教師在學生間走動，解答問題、提供協助、增強正確的練習。輔導下練習如同一般所稱的課堂作業 (seatwork)，是在教師的督導下進行的練習。

5.獨立練習

獨立練習 (independent practice) 是學生對教師所提示的教材已達85% 的正確練習度，得於自修時間或放學後自行練習。若教師指定學生於課後或在家自行練習，就是一般所謂的家庭作業 (homework)。因此教師要求學生交出家庭作業，旨在檢查學生是否正確地進行獨立練習。有趣的是，家庭作業對中、低年級的小學生毫無助益，甚至引起反感，但對小學高年級、國中及高中的學生卻有相當的效用 (Cooper & Valentine, 2001)。

在直接教學中有一種教學安排，稱為協同教學 (team-teaching)。在一堂課裡有兩位或兩位以上的老師為學生上課。這種安排主要的理由有二：一是借重某老師在課程上的特殊專長；另一是普通班級裡出現失能學生 (disabled students) 從旁協助的特教老師。這類教學安排並不是有學理作為基礎的教學策略或模式，因此教育心理學家殊少介紹它。

㈣直接教學的效率

研究顯示，直接教學提高學生的學習成就 (Adams & Engelmann, 1996)，適用於基本知識與技能的教學 (Rosenthal & Stevens, 1986)，並對提升低社經階層兒童的學習成就非常有效 (Gleason, 1995; Grossen, 2002; Stockard, 2010)。

二、討論教學法

如果以教師為中心的教學法中，教師準備一些課題要求學生加以討論，以廓清概念、解決爭端或疑難、表達己念、激發思考，來加重學生在教學中所扮演的角色，這是一項值得讚賞的改善。

㈠討論法的功能

討論法可以：⑴廓清概念、辨別是非、解決疑難、廣納眾議、解除爭端，以培養學生的批判思考能力；⑵培養學生合理假設與系統求證的求知態度，以增強學生的問題解決能力；⑶協助學生自我表達，訓練學生耐心地聆聽不同意見，鼓勵學生以合理方式抗拒輿論壓力，以學習民主取決的知能；⑷適合意見一致性低的社會與人文等學科。

㈡討論式教學的歷程

1.討論的準備

⑴預備討論題目與綱要

討論必須有主題或目的。討論非爭議性題目 (non-controversial topics)，旨在考察學生是否理解課外閱讀材料、是否能使用自己的語言表達知識、是否能用不同的語言結構表達同一知識。討論爭議性題目 (controversial topics) 其目的在引起學生對題目的討論興趣、分享知識、促進學生對問題的理解、減少學生的偏見與謬誤與培養學生的複雜思考能力。

⑵指定閱讀材料與參考資料

於討論進行前，根據討論的題綱，指定閱讀材料與參考資料，可以為討論奠定共同的知識基礎。具備共同知識為討論的基礎，可以從而進行較高層的學習。指定課外閱讀，應令學生有明確的閱讀目的，並使閱讀目的與討論題綱彼此一致。

⑶安排討論會場與討論方式

座位的安排應顧及視線的彼此接觸，以增進彼此的訊息溝通。若能

採取適當的小組座位安排，可以達到彼此溝通與鼓勵參與的雙重效果。蓋志與柏林納 (Gage & Berliner, 1988) 介紹三種典型的討論會座椅安排：傳統型 (traditional)、馬蹄型 (horseshoe) 與小組型 (modular)。若以師生的視線接觸為基準，傳統型最適合傳達知識與獨立研究；馬蹄型最合乎討論的進行；小組型最能配合少數人員進行特殊的工作。

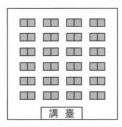

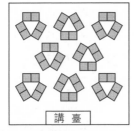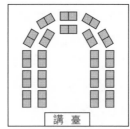

圖 12～1　三種討論會座椅安排：傳統型（上）、馬蹄型（右）、小組型（左）。

2.討論的進行

　　討論進行時，教師與學生均應明瞭他們的職責或角色，否則越俎代庖的現象必然產生。其次，師生應把握討論的重點、依循合理的討論程序、保持客觀的討論態度與確保討論的順利進行。

⑴教師的角色

　　原則上，討論為學生自己的事。但為實現教學的目的，並掌控討論的順利進行，教師應從旁指導討論的進行。從旁指導的程度視討論問題的深淺難易與學生的能力而調整。淺易的題目多讓學生自己去嘗試、艱深的問題不妨多給學生必要的提示。討論程序的先後亦影響指導的需要。討論剛開始時，學生多怯場、怕說話、多顧慮、愛禮讓，因此教師的介入與推動便十分迫切。待學生進入情況之後，教師便須逐漸加重學生的職責，以嘉勉學生的發言，增進學生相互討論的信心。

(2)學生的角色

　　學生應該是討論會的主人。由於教師基於教學的職責而參與，學生常誤以為教師是主角，他們是配角。為避免此種誤會，教師應提醒學生討論的目的與學生所扮演的角色，盡量鼓勵學生回答學生自己的問題，也讓學生評論他們自己的討論。

(3)發問與回答

　　討論問題時，經常有發問的需要。一個好問題的特徵是：清楚、簡潔、有目的、自然、合乎學生水準並激發思考 (Grossier, 1964)。有一種發問技巧稱為「導向互問法」(King, 1990)，由每個小組成員向另一成員對討論提綱做一般性的發問（請解釋……，或請比較兩者的……）。聽完回答後，由答者向問者做同樣的發問，直到獲得圓滿的答案為止。導向互問法可以提升問題的認知層次，而且效果顯著。回答問題與發問同等重要。根據調查 (Rowe, 1986)，自發問後至回答的等候時間 (wait time) 平均少於一秒鐘。其結果，回答的品質並不理想，而且少數學生壟斷回答機會。教師應鼓勵學生做較長的等候時間，以增加回答的品質，並可以讓平時少說話的也有機會回答。一般而言，能力高的學生最好能等五至六秒鐘 (Tobin, 1987)，能力低的等候二至三秒鐘 (Tobin & Capie, 1982)。

3.討論後的處理

　　討論完成後，師生雙方應合作整理筆記與記錄，並就討論的得失進行檢討。整理筆記與記錄的主要目的在保存討論實況，找出討論中所遭遇的困難，給予特殊的見解應有的注意，並作為下次討論的刺激。討論的評鑑必須來自師生雙方，以便獲得客觀的看法。評量表至少應包括題目的適當與否、師生雙方對討論的貢獻，以及討論的教學價值。為鼓勵學生坦率評量，評鑑應以不記名方式進行。

第三節　學生為中心的教學策略

　　使用直接教學或討論教學，教師的諄諄教誨、學生細心受教與相當稱職的教育效率，我們都應感到滿足。然而，由於民主觀念的提升與普

及、科技的快速發展，知識的大量擴增，由教而學的教學方式，已不敷人類求知的主動需求。加上，終身學習（活到老、學到老）觀念的逐漸普及，身為個人、身為學生，都會自問「我應該學什麼、如何去學」。因此，在教育領域裡乃有強調以學生為中心的教學策略。有鑑於此，美國心理學會乃發表並修訂其「學習者為中心的心理原則」(American Psychological Association, 1992, 1997)，作為教學的指導原則。為提供其全貌，將其十四個原則列舉於下。

- **認知與高層認知因素**

　　原則 1.學習歷程的本質：從資訊與經驗中建構意義是學習複雜學科的最有效途徑。

　　原則 2.學習歷程的目標：經由適時的支持與輔導，成功的學習者能創造有意義與一致性的知識。

　　原則 3.知識的建構：成功的學習者能將新資訊與現存知識做有意義的聯結。

　　原則 4.策略性思考：成功的學習者能創造並使用思考與推理的策略庫，以達成複雜的學習目標。

　　原則 5.思考所思：選擇與監督心智操作的高層策略能促進創造性與批判性思考。

　　原則 6.學習情境：學習受文化、技術與教學歷程等環境因素的影響。

- **動機與情感因素**

　　原則 7.動機與情感對學習的影響：學習者的動機影響所學的內容與質量。個人的情緒狀況、信念、興趣、目標與思考習慣也影響動機。

　　原則 8.學習的內在動機：學習者的創造力、高層思考與自然好奇都引起學習動機。學習者認為作業有高度的新奇與挑戰，與個人的興趣有關，個人也有所選擇與掌控，則能引起內在動機。

　　原則 9.動機對努力的效用：獲取複雜的知識與技能需要學習者的長久努力與在輔導下練習。除非強制，沒有學習動機不可能有努力的意願。

・發展與社會因素

原則 10.發展對學習的影響：在個體發展中，有不同的學習機會與限制。通盤考慮個體的身體、心智、情緒與社會發展，則其學習最為有效。

原則 11.社會對學習的影響：學習受到社會互動、人際關係與人際溝通的影響。

・個別差異因素

原則 12.學習的個別差異：由於先前的經驗與遺傳，學習者在策略、方法、能力上彼此互異。

原則 13.學習與多元性：學習者的語言、文化、社會背景受到考慮時，會有最有效的學習。

原則 14.標準與評量：建立高又具挑戰性的適度標準，與評量學習者及其進度（包括診斷、歷程、結果的評量），是學習的整體歷程。

　　上述十四個原則被各界廣泛地討論，一面檢討過去以教師為中心教學的缺點，一面尋求以學生為中心的教學策略。以學生為中心的教學策略重視知識的建構、認知策略、內在動機、自我決策、個別差異與社會（人際）因素。因此自律學習、發現學習、合作學習、人本主義教育、翻轉教室與課後補救教學便是屬於這一策略的教學措施。請注意：自律學習已於第七章第一節的社會認知論中介紹過。

一、發現學習

　　布魯納 (Bruner, 1962, 1986) 認為，教學之目的在提升個人對知識結構的瞭解。對知識結構的瞭解，使與該知識有關聯的事物產生意義。學習便是瞭解知識的歷程；教師的任務是創造有利的學習條件，讓學生自己去發現知識結構，由自己發現的知識結構，比由他人提供的更有意義。布魯納的學習論又稱為發現學習 (discovery learning)，它包括下列四個原則。

㈠動　機

　　事實上，每個學生都有其天生的求知願望，如好奇、成就動機等。

布魯納所強調的動機就是這些內在動機。教師的任務是維持這些具有探索性與追求意義的內在學習動機。

圖 12～2　發現學習強調學習者主動應用歸納與思考的能力，建構自己的知識體系。

(二)結　構

任何知識都有使每個人易學與易瞭解的最理想的結構。知識結構有三種不同的心像 (representations)。

1.動作心像 (enactive representation)

能使幼兒學習的最佳知識結構是活動。能讓幼兒親自以動作體驗的知識，對他們來說便是真實的與有意義的。對幼兒花口舌或講解並不能產生有意義的心像。

2.圖像心像 (iconic representation)

能使兒童學習的最佳知識結構是圖像 (icon)。照片、圖畫等物體的圖像最能代表他們所要知道的事物。

3.符號心像 (symbolic representation)

能使後期兒童與青少年學習的最佳知識結構是抽象的象徵符號，如語言與各種符號。因為這些符號能使學習者做靈活的正式運思活動。例如，$ax - b = 0, x = ?$

欲使學習者做最有效的學習，便應將上列的知識結構簡易化。布魯納抱怨：老師常把本來易學的知識冗雜化，反而有礙學習。

(三)次　序

教材的編排必須考慮知識的結構是否配合學習者的認知能力。因此，教師在提示教材時應瞭解學習者的認知發展階段。例如，一個七歲兒童就很難學習 $ax - b = 0, x = ?$，因為這種教材的結構太抽象。

(四)增　強

增強必須適時。最佳的增強時間是學習者正在自我評量其學習結果

時。過早增強易打斷其學習；過遲則可能把錯誤部分也包括在被增強的
對象裡。另外，學習者也應瞭解增強物的意義，例如，圖像類的增強對
屬於動作心像期的嬰兒，毫無意義與作用。

布魯納認為最有意義的學習是由學習者自己去發現的學習。他所強
調的發現是觀念的與創新的。觀念是持久的、創新是思維的。觀念與創
新對心智發展特別有益。下列教學措施有助於發現學習：⑴提供極端輕
鬆自由的學習氣氛；⑵強調對比；⑶刺激學生做直覺的揣測 (intuitive
guessing)；⑷鼓勵積極的參與和實際操作；⑸喚起對問題解決的覺識；
⑹採用指導下的發現學習 (Bay et al., 1992; Schauble, 1990)。

據研究 (Bredderman, 1983; Glasson, 1989; Marshall, 1997)，發現教學
法較傳統教學法有較佳的成就表現；它對成績較差的學生，效果特別顯
著。發現學習激發學生的好奇心，引起強烈而持久的學習動機，直到自
己發現答案為止。然而發現學習有下列幾點待克服：⑴學生的推理能力
一時不足以解決問題 (de Jong, 2011)；⑵學生可能誤判，不曉得自己的解
答是錯的；⑶為了有所發現，師生都花費太多的時間 (M. C. Lim, 2008)。

二、合作學習

學習可在競爭的氣氛中學習，亦可在合作中學習。合作學習
(cooperative learning) 是指由幾個學生彼此協助而產生的學習。

㈠合作學習的共同特徵

目前有許多根據合作學習的精神而建立的教學模式，它們有下列共
同特徵 (Snowman & Biehler, 2006)。

1. **同質性小組**：多數小組由四至五名學生所組成，他們在能力、成就、
   性別與社經階層方面力求近似。
2. **團體目標**：每個組員瞭解並接受同一目標，並為達成該目標而共同努
   力。
3. **提升互動**：組員間以交換資訊、互助、互教、互學、相互挑戰、相互
   鼓勵等方式，以提升積極互依的學習態度。

4. **個人責任:** 每個組員必須承擔達成目標的責任，如負責特定學習、至少達到最低分數或為小組的團體總分負責。

5. **人際技巧:** 每個組員必須學會面對面的互動技巧，如領導、做決定、信賴、溝通、解決衝突等。

6. **成功的機會均等:** 在互動互助中力求每個組員都對團體目標成功地做出貢獻。

7. **組間競爭:** 從小組之間的競爭中獲得成功，旨在提高學習成就。

㈡主要的合作學習模式

1.學生團隊成就小組

學生團隊成就小組（Student Teams-Achievement Division，STAD）是斯拉文 (Slavin, 1995ab) 所創。每個團隊有五個學生，男女兼有、程度高低包容。其教學步驟是: 提示教材、小組學習、評量、標榜小組。教師給予團體一定的教材以供學習，學生可以個別學習全部的指定教材，亦可分別學習分配的教材，然後一起交換心得或相互指導。團隊學習完成後，由教師予以測驗。教師為個別學生計算其個人學習期待分數（Individual Learning Expectation Score，ILE）。IDE 是個人成績的平均分數，它以個人的基線 (baseline) 為起點，因此是自我比較，而不是學生之間彼此比較。分數來自每星期兩次的小考，團員成績進步愈多，其團隊獲得加分也愈高。由於每個人可依其能力為團隊爭取榮譽，因此機會均等。個人參加一團隊幾星期後，可以離團而參加另一團隊。可見，團隊的功能在一面給予團員貢獻的機會，一面對團員施予應有的壓力。

2.拼組教室

拼組教室 (jigsaw classroom) 是由阿郎森等 (Aronson et al., 1978) 首創。小組由六個組員合成，每個組員分別學習所提示材料的一部分。每組中學習同一部分的組員於學習後聚會討論學習心得，然後返回原組內去，以其所學教導其他組員。

斯拉文 (Slavin, 1994) 將此模式修訂為拼組教室二號 (jigsaw II)。此模式的小組有四或五個成員，每個組員學習所提示材料的全部。於學習全部材料後，每個組員成為部分材料的專家，各部分材料專家分別聚集討

論所學，然後返回原組去教導其他組員。此法的學習效果非常顯著 (Slavin, 2011)。

3. 一起學習

一起學習 (learning together) 是由強森等 (Johnson & Johnson, 1999) 所創用。此模式的小組包括四或五個異質性成員，成員學習並討論指定的材料後，交出一份代表小組的學習報告。成就的認可與獎勵是團體的。此法的要點有：面對面的互動、積極的互依、個人的績效與人際能力的發展。

4. 團體調查

團體調查 (group investigation) 是沙蘭等 (Sharan & Sharan, 1992) 所倡用。小組包括二至六個成員。教師提示研究問題後，個別成員選擇自己要獨立研究的子題，獨立研究後向小組提出報告。經過團體討論與統整後向全班報告研究成果。教師的角色是促進研究調查，並評鑑組員間在合作上的努力程度。

5. 合作互教

合作互教 (cooperative scripting) 是由丹薩樓 (Dansereau, 1988) 所研究提出的。此法由二人成一個互動組，彼此將所學的同一材料，經整理後相互教學，輪流充當師生，並相互回饋與矯正。研究發現，不僅兩人都有好成就 (Newbern et al., 1994)，充當教師的一方，比他的同伴學得更多 (Spurlin et al., 1984)。

6. 學習共同體

日人佐藤學創設學習共同體 (learning community)，旨在改善過去學生為成績而單打獨鬥的傳統學校教學方式，追求開放、民主以追求完美與卓越的教學策略。認為學校是一個公共空間，應該開放給所有的人。他主張校長、老師、學生、家長都是學校的主人，都有同樣的、平等的權利。通過相互學習、交換經驗，可以提升學習的質與量。學校應重視快樂和重思考的學習，而不只是為了成績。因此學習強調主題、探究、表現，而不是目標、達成、評價。

為此，每四個學生編成一小組，平時是小組內兩兩相互討論而學習。教師的任務是與學生打成一片，成為知識的媒介。學校的角色是支持與

保護而非管理。此一策略，使學生感到學習的成就因而積極參與學習，學生的成績顯著地提升，學校與家庭的關係更加密切。

㈢合作學習的評鑑

合作學習比傳統的學習，不僅在學業上有較佳的表現 (Johnson & Johnson, 2003; Slavin, 1994)；學生的學習動機提高 (Johnson & Johnson, 2002)；由於彼此合作，學生也在問題解決方面有較佳的表現 (Qin et al., 1995)；學生對學校的態度相當正面，而且在人際間（尤其是一般學生與資賦較差或殘障學生之間）培養良好的關係 (Johnson & Johnson, 2003; Slavin, 1990)。合作學習的主要觀點是：如果受獎勵的對象是團體而不是個人，則團體成員將相互協助，把教材學好以獲得榮譽。

三、人本主義教育

人本主義教育 (humanistic education) 是側重培養情感、賦予價值與實現個人潛能的教學方式。英國尼爾 (Neill, 1960) 的暑丘學校（Summerhill School，又譯夏山學校）所標榜的開放教育 (open education)，為典型的人本主義教育。

㈠人本主義教育的特徵

1. 培養學生好奇、自做決定與獨立學習的能力。
2. 重視情感教育。
3. 強調個人創造能力的發展。
4. 避免使用分數或等第的正式教學評鑑。
5. 允許學生於無威脅的環境下學習。

㈡開放教育的教學

根據報導 (Rothenberg, 1989)，開放教育下的教學活動，可從下列敘述中知其梗概。

1.學習課程

讀、寫、數、理、社會科學、藝術等相互貫通，不分科別，並且以學生的學習興趣為依歸。教材盡量取自自然的素材，而非只靠書本或作業簿。每個學生依自己的興趣、能力與步調而決定學什麼、如何學與何時學。因此，無所謂作息時間，亦不要求學生上某教師的課。

2.教師的角色與任務

教師的職責是多方的。教師自己是學習的資源，也提供、組織與安排各種學習資源以協助學生學習。如禮堂大的教室空間分成不同的「學習區」，每區代表一特別資料中心。教師依其專長負責中心資料的管理與協助學生學習。學生為學習需要，可由一中心自由移動到另一中心。教師亦需記錄學生的學習進度與在校學習時間。由於此種以學生為中心的學習不屬於直接教學，教師無從對每一題材做事前的準備，因而其日常的教學職責反而加重。必要時，教師可以採取團隊教學，使各個教師能貢獻所長。

3.學生的學習活動

學生於徵求教師的意見後，決定其學習的題材，並開始做個別或小組的學習。由於無作息規定，學生若對題材的某一部分需做長時間的探討學習，可不受阻斷。學生可選擇一處進行學習，亦可因問題需要求教，或需借閱中心的資料，而隨時往返於各中心。

4.學習的評鑑

學習的評鑑旨在瞭解學習進度與診斷學習，因此只供學生自我比較而不與他人相比。所用評量方式，主要採用教師的觀察、報告的撰寫與作業的取樣等。如此，學生得以知道學習是否充分，因而不使用正式的考試、測驗或等第。

5.教室管理

教室規則由師生以民主方式共同擬定，因此大家都有遵守的責任與義務。既然規則是自定自守，蓄意違反者不多，所以教室秩序良好。

(三)開放教育的教學效果

根據研究 (Peterson, 1979; Marshall, 1981; Glaconia & Hedges, 1982)，

單以學生的學業成績而言，開放教育並不如傳統教學。然而，學生對學校的態度、學生之間的互助合作、人際關係的彼此適應及學生的積極自我觀念等，開放教育便有較佳的成就。至於學生的創造能力的提升，開放教育乃有其獨到之處。羅森柏格 (Rothenberg, 1989) 認為，開放教育下學生成績之不如預期，乃是由於預備不周、事務缺乏統一、學生監督不全與寄望過高等。

四、翻轉教室

(一)從傳統教學到翻轉教室

翻轉教室 (flipped classroom) 又稱逆轉學習 (inverted learning)，是有感於傳統教學下的學生，每天先在學校教室裡接受老師的直接教導，回家後做老師指定的家庭作業，回校時再把完成的作業交給老師評閱。教師在教室裡用有限的時間一次把課講完，實在不容易知道班上學生有多少完全學會；學生回家完成指定作業有困難或問題時，又無法順利的解決難題。

有鑑於此，考量教師的授課可以錄製後由網際網路傳送到任何地方，學生可隨時上網察看、閱讀或重複檢視。而且作業並非一定要在家完成，於是有人建議將授課與做家庭作業的程序對調。即學生在上學之前，先閱讀由網路下載的教師講課內容與指定作業，上學的主要活動是做作業、答問題、寫報告、小組討論、合作學習等。授課老師雖在場，但不需再講課，要在課堂裡備詢、從旁協助學生解疑或解題，並且個別幫助學習上有困難的學生。

教育界裡這一翻轉的新做法引起了《紐約時報》的注意與報導 (Fitzpatrick, 2012)，《高等教育紀事報》(Bennett, 2012) 也對此做了詳細的介紹。許多大學跟著進行研究與試辦。自 2010 年至今已有不少翻轉教室出現，因它確實是由以教師為中心的傳統教學改變成以學生學習為中心的教學策略。

翻轉教室多由一些大學進行研究與試辦，其主要理由有二：(1)由於

數位科技與網上教學在大學已有良好的基礎與掌握，教授們樂於錄製講稿鼓勵學生隨時上網收看或收聽，以便學生於上課之前有基本的準備；(2)大專學生幾乎人人備有電腦、手寫板、手機或電子設備，隨時可用。此等設備於上課前的準備或上課時的使用十分方便，但對中小學的學生來說，不論是添購或使用電子產品的能力，都比較困難。

(二)翻轉教室的特徵

翻轉教室不只是把學生在校上課與在家做作業的時間逆轉過來而已，它的主要特徵是：

1. 學生於上學前，必須有學前的準備，先觀看老師為當天製作的錄音講稿或影片。因此學生在進教室前，已知今天要學什麼，甚至如何學。
2. 所謂上課，其實是做作業、回答問題、解決問題、合作學習、撰寫報告，或其他增強學習、熟練所學等活動。
3. 教師在教室裡的任務或職責不再是滔滔不絕的授課，而是從旁協助學生學習，提升學生的認知層面。
4. 教師不再花許多時間在檢查學生的家庭作業，因為它們是在教室裡由老師督導或協助下完成的。

(三)翻轉教室的教學效果

一般對翻轉教室的反應是正面的，因為它仍然包括老師的教導與學生的學習兩部分，只是由於「翻轉」，學生在上學前需要對當天的教材做準備，要閱讀或收聽老師錄製的教材才進入教室上課。因此學習的目的相當清楚，學習的動機也較高。在課堂裡不是聽講，而是相互討論、合作學習、解答問題或進行創作。功課順利進行，成績也因而進步了 (Bennett, 2012; Deslauriers, Schelew, & Weiman, 2011)。

美國密西根州有一所叫克林頓戴爾 (Clintondale) 的公立中學，該校素來成績不好。校長葛林 (Greg Green) 於 2011 年決定全面實施翻轉教室的教學措施。根據魯森堡女士 (Tina Rosenberg) 於 2013 年在《高等教育紀事報》的報導，該校於實施新措施兩年後，學生成績失敗率（不及格）的統計如下：英文從 52% 下降至 19%；數學從 44% 下降至 13%；科學

從 41% 下降至 19%；社會研究從 28% 下降至 9%。可見翻轉教室教學的成效是普遍性的，表示此一策略對教學成就是有助益的、是正確的。

㈣翻轉教室面臨的問題

翻轉教室固然有相當程度的收穫，但下列問題有待克服：(1)教師必須花費更多的時間於錄製高品質的錄音講稿或影片，並適當地安排，使學生隨時隨地都可使用；(2)在課堂上，教師不能被動地觀看學生是否在做作業，必須從旁協助學生，參與學生間的合作學習與討論、回答學生的問題或進行個別指導；(3)學校必須有計畫、有步驟地增加學生（尤其是非都會區或偏遠的中小學學生）可隨身攜帶的電子學習設備，如手機、電腦、手寫板，也擴充圖書館的視聽教育設備，方便師生利用。這些問題需要教師、學生、學校與社區的充分瞭解與合作，才能獲得本措施所具有的效果。

第四節　科技與教學

電子儀器、電腦科技與傳訊技術的神速發展，已成為學校教育不可缺的一部分 (Bitter & Pierson, 2005; Sharp, 2005)。固然學習動機、溝通技巧、人際關係、批判思考、解題能力、創造活動等，不因技術革新而改變其價值與重要性，但它們的歷程畢竟受到新技術的影響，使人類的能力更加擴增，潛能的發展更為普及。教室不再是孤立的教室，學校不再是孤立的學校，學生與社區、與世界各國都有機會直接通訊、交換資訊、討論課題，並共同合力解決問題。因此，不論是以教師為中心、以學生為中心的教學策略，都可以選用適當的技術 (technology) 工具，協助教師與學生進行有目的、有計畫的學習。

一、電子技術的教學應用

電子技術使用於教學的有：文書處理與出版、試算表、資料庫、網

際網路、多媒體、整合的學習系統、個別導師、電子影音遊戲與電腦輔助教學等。

㈠文書處理與出版

在美國，文書處理與出版 (word processing and publication) 程式為從國小四年級至高中十二年級教學使用最多的應用程式。文書處理程式對修改寫作與校對用字異常方便，學生可以專心於語意的表達與思想的組織。使用此類程式的學生與沒有使用此類程式的學生相較，其作品品質較優 (Cochran & Smith, 1991; Kulik, 2003)。

㈡試算表

試算表 (spreadsheets) 程式協助學生將分類資料載入表內，排列成表或繪製成圖，方便資料的統計、解釋與發表。試算表易於加減或修改資料，能協助學生將實驗或研究資料予以有系統的記錄、整理與統計。

㈢資料庫

資料庫 (database) 是指儲存大量資料以供提取的程式，它可能儲於硬碟 (hard disk) 中或唯讀光碟中，如百科全書、地圖、目錄等。各級學校使用這類程式的頻率僅次於文書處理程式。

㈣網際網路

網際網路 (Internet) 是為遠距通訊的世界性電腦網狀組織。它是現今發展快速的電子通訊應用工具。我們使用 Google 作為搜尋的工具，用臉書 (Facebook) 或推特 (Twitter) 寫出自己的心聲。有了網際網路，學校能接觸並利用遍及世界的大型資料庫或教育資料館。學生可在線上收發電子郵件 (e-mail)、進行搜尋 (search)、訂購 (online order)、交談 (chatting)、遠距會議 (teleconference) 等，以協助其學習或解決問題。

㈤多媒體

多媒體 (multimedia) 是綜合聲音、影像、動畫等特性而形成的表達主

題的作品。例如，學生小組可以決定一個題材（如介紹當地過春節的特有習俗），合作完成一個生動的配音影帶，以便在學生發表作品時播放。

㈥整合的學習系統

整合的學習系統 (integrated learning system) 是指為便利教學，將各種相關的電子硬體與軟體結合而成的一套教學技術工具。與其分別購用各種硬體與軟體，然後試圖彼此銜接，現在許多學校配置全套整合的學習系統，如 Google 教育應用程序 (Google App for Education)、黑板與木豆 (Blackboard & Moodle) 成功地供師生使用。這些軟體讓老師將教材與作業發送給學生閱讀、練習，然後送回給老師評閱。目前已證實，已有的系統對提升學生的數學或其他學科成就有助益 (Kulik, 2003; Steenbergen & Cooper, 2013)。

㈦個別導師

有智慧型的個別教導，如我的科學導師 (My Science Tutor)，適用於小學高年級學生一對一的個別指導教學 (W. Ward et al., 2013)。軟體中有位名叫瑪妮 (Marni) 的老師，她在開場時會詢問學生要討論的課題，並查詢學生對該課題的既存知識，以便確定從何層次來教導，同時也提醒學生可能的錯誤觀念。

㈧電子影音遊戲

電子影音遊戲 (video games) 產品最受年輕學生的喜愛，功課以外的時間多數學生開啟手機或電腦裡的遊戲賞玩。雖然許多遊戲軟體是商業考量為主，無關教育，卻也有一些將遊戲與教育相結合。例如，從遊戲中學到歷史、地理或不同文化的資訊等。

㈨電腦輔助教學

電腦輔助教學 (computer-assisted instruction, CAI) 又稱電腦為基礎的教學 (computer-based instruction, CBI)，是利用電腦作為教學的媒介。電腦利用程式，可以提示教材、發問、接受反應、增強反應、提供練習與

處理資訊等。由於它的高速度與多功能，電腦便逐漸被用以輔助教師的教學活動。

1.電腦輔助教學的特徵

現行電腦輔助教學有下列主要的共同特徵：⑴使用靈活的編序教材；⑵允許學生依據自己的步調學習；⑶給予學生快速與正確的反應與增強；⑷提供學生個人或團體學習結果的統計資料（答對百分數、反應速率、題目難度等）；⑸使用多視窗與多媒體（彩色、音響、活動影像等）以提高學習興趣與記憶；⑹可在學校、家裡、辦公室或旅途中（如有手提式或筆記型電腦）學習；⑺經由網際網路的使用而拓展學習空間與資源；⑻能在線上與他人交換資訊或學習心得，並用電子郵件向專家請教。

2.電腦輔助教學的種類

目前的教學程式可概分為下列幾種 (Santrock, 2006; Snowman & Biehler, 2006)。

⑴反覆練習程式 (drill and practice programs)：此類程式與閃卡或編序教材類似。其目的在提供學生知識與技能的反覆練習機會。

⑵個別指導程式 (tutoring programs)：此類程式是為個別教導新知識或技能而編寫。例如，個別指導已朝智慧型 (intelligent) 方向發展，以便使程式能與學習者作有意義的「對話」。

⑶模擬程式 (simulation programs)：將有效的解決問題策略與過程，利用電腦予以模擬並編寫成教學程式，以便教導學生如何有效地解決問題。同時，電腦可以提供許多「擬實情境」(virtual reality)，使學生如同「親歷其境」地模擬與學習。例如，模擬飛行、模擬下棋、模擬考試等。此類程式使學習情境與真實情境近似，能引起學習興趣，也給予學習上正遷移的助長作用。

⑷教育遊戲 (educational games)：此類程式欲以遊戲方式獲得教學效果。例如，藉狩獵遊戲，學習不同動物的棲息生態。在美國，此類程式是在校使用最多的應用軟體 (Becker, 2001)。

⑸解決問題程式 (problem-solving programs)：此類程式旨在協助學生學習解決真實問題，如學習解決與科學、歷史、社會研究等學科相關的數學問題。

3. 電腦輔助教學的評鑑

　　研究顯示：⑴電腦輔助教學若以多媒體提示教材，有助於資訊的編碼，協助記憶的保存與提取，學習亦步亦趨的活動程序，尤其是文字與影音相互支持的教材 (Chambers et al., 2004; Kanar & Bell, 2013; Mayer, 2001)；⑵電腦輔助教學比傳統教學優越 (Aviram, 2000; Kulik, 2003)；⑶若電腦輔助教學與傳統教學相輔，其效果特別顯著 (Atkinson, 1984; Tobias, 1985)。雖說，許多教師認為電腦輔助教學是值得嘗試的教學措施 (Grabe & Grabe, 1995)，但須注意，電腦本身並不足以提升教學效率 (Kozma, 1994)。

二、選用教學科技的原則

　　對教學有幫助的科技產品很多，貴在慎選以利教學的進行。下列幾個原則可以協助教師做最適當的選擇 (Santrock, 2006)。

1. 選用最能幫助學生積極探求、建造或重建資訊的科技產品。教師可以從校方的視聽教育家或教育資料館的協助，選購最適合教學使用的科技產品。
2. 選購可以使學生從與他人合作而增進學習的科技產品。例如，選用網路 (web) 或電郵 (e-mail)，學生可以借以尋求合作對象，進行有效的學習。
3. 選用的產品可以作為教學的正面典範。產品不論在哪個地方、社區、文化都能順利使用。
4. 選用教師與學生都能熟練使用的科技產品。因此產品必須容易搬遷、組合與使用。
5. 教師與學生必須保持不斷學習新知的習慣，以瞭解新科技產品對協助教學的增進效益，必要時增添新的、更有助益的工具。

三、使用科技產品面臨的問題

　　科技產品固然可以協助教學的進行，提升教學效果。然而我們必須

面對因而可能發生的問題 (Slavin, 2015)。

1. 科技產品的持有不夠普及。以手機與電腦來說，固然中等家庭的子女並不欠缺，但低收入、貧困家庭的子女就不一定能持有它們，因此無法普遍或一致使用。或許可以採用免費租用或贈予來解決此一問題。

2. 網路霸凌的現象。有網路就有人利用它來威脅或進行霸凌，如口頭攻擊、辱罵、威嚇等以變相欺壓他人。最好的抵制方式是報案、適時制止。

3. 手機帶來的麻煩。手機體積小、輕便、功能又多，隨身攜帶十分方便。打電話、上網、查資料，樣樣都來，在課堂裡時常因而分心、擾亂秩序、影響安寧。因此教師需與學生制定一些規範，使手機的使用可以發揮最大的功效，又可維持良好的教室秩序。

4. 學生的安全與隱私。使用網路四通八達，但網路惡煞也隨之而來。他們可能趁機竊取學生私密資料、危害學生安全。因此學校當局可能要為手機使用者購買防毒設施或保險，以策安全。同時告誡學生：

(1) 不在網上把個人資料告訴對方。

(2) 千萬不要與在網上認識的對方見面。

(3) 不願意讓他人知道的事或物不要上網。

(4) 不要把自己帳戶的使用者名稱或密碼告訴無關的人。

(5) 不要從不知名或可疑的網址下載物件。

(6) 不要在網上與陌生人交談或交換有關自己的資料。

第五節　發展潛能使無人落後的教學

在臺灣，由於教師的努力，各級學校學生的在學成績相當令人滿意。我們的教育成就一直被列於世界各國的前茅，與日、韓、新加坡等並駕齊驅。但經仔細觀察與分析，有不少學生的成績仍不理想，有些成績遠在平均之下，甚至有補修或留級的需求，成為成功教學的絆腳石。其實那些低成就的學生，並不願意看到整體同學的成績因他們而受到負面的影響，卻有口難言。

身為教師，無論採教師為中心或學生為中心的教學策略，甚至引用新的科技為教學服務，若沒堅持教學為人人服務、啟發每個學生的潛能，再好的全班、全校或全國的平均成績，都不能算是完全成功的教育。目前存在部分學生學業落後無法趕上的現象，並不是那些學生自己由衷的選擇，例如，家境貧困、家庭殘破、父母的偏見、生長遲滯、個性暴躁、社區不良等，都對就學後的成績有負面的影響。

一、學業落後學生的特徵

一般而言，學業落後多數是由於能力不足加上努力不夠。這類學生學業成績表現差、閱讀能力低、數學程度差、學測上低作答技巧，不交、遲交或抄襲作業，學業程度逐漸落後，導致頻頻受挫。學生依賴性強、易分心、沒恆心、上課時學習態度消極、不喜歡上學或出席率差，社會適應困難、缺乏自信、家庭的支持也不足。

二、改善學業落後的計畫

在美國，教育是各州自主的。但於 1964 年民權法案通過後，經過幾任總統的努力，有所謂的「標碼一」(Title 1) 的聯邦法案，包括不斷修訂的初等及中等教育法案，授權聯邦政府以大量資金協助各州改善其初等及中等教育。如比較著名的雙語法案、教育機會均等法案 (1974)、改善美國學校法案 (1994)、無孩童落後法案 (2001) 及每個學生成功法案 (2015)。在這些法案的協助下，成績落後的學生由於諸如學業增富計畫 (Academic Enrichment Program)、藥物及暴亂防止計畫 (Drug & Violence Protection Program)、諮商計畫 (Counseling Program)、藝術音樂娛樂計畫 (Arts, Music & Recreation Program)、品格教育計畫 (Character Education Program) 的實施，學生的學業成績乃有顯著的改善。

美國政府及大眾發現，其初期的努力，試圖以課後與週末的補習教學來改善學生的成績，結果效果不彰。後來經由上述一系列法案的協助，擴大並統整所有影響教育的計畫與措施，其結果，不但使一般學生的成

績有明顯的進步，也使原來成績較差或落後的學生大為改善。

　　基於觀察美國政府與人民對教育的重視與付出，我們身為教師，除日常盡職地教學以外，也要時刻自我砥勵，自己的教學是否有助於發展學生的潛能，不能讓任何學生落後。茲列述幾個協助功課落後學生的教學計畫。

㈠補救教育 (compensatory education)

　　由於學生的學業成績落後，乃有設法予以補救的教學措施。常見的措施是課後補習與暑期補課。一般而言，只是增加這類學生的上課時間（即補課），其效果相當有限，甚至毫無效果。但於補課時採用一對一的個別指導，加上諸如協助做好家庭作業、參與有益的文化活動等，其效果便非常可靠而顯著。

㈡趁早介入計畫 (early intervention program)

　　趁早介入是指強調諸如嬰兒刺激、訓練父母，這一類為從出生至五歲兒童的教養計畫。例如，有個閱讀復原 (Reading Recovery) 計畫，由受過特別訓練的老師，對閱讀能力不足的一年級學生，給予一對一的個別閱讀指導。其結果，學生不僅有了正常的閱讀能力，而且據報有長期的成效 (Slavin et al., 2009)。許多國家，如英、美、加等，採用這一計畫。

㈢綜合性學校改革計畫 (comprehensive school reform project)

　　有鑑於學生成績落後不是單獨老師或學生的責任，因而有全校性的綜合改革做法。此類計畫牽涉到全校各方面的教育功能，如課程、教學、評量、編班、父母參與等 (Slavin, 2008)。改革方式眾多，例如，有一稱為全體成功 (Success for All) 的改革計畫，為學前至八年級的學生提供閱讀方面的教學，給予個別指導、協助家庭、改善教學與課程，並改善學校組織。這一計畫被上千所學校採用。

本章內容摘要

1. 教學目的為敘述由教學而產生的可資評量的行為表現。

2. 教學目的可以作為：教師教學的指引、學生學習的指標、教學評量的依據與完成學校教育功能的基礎。

3. 布魯姆將認知的教學目的分為：知識、理解、應用、分析、統合與評鑑。

4. 柯拉斯霍將情感的教學目的依序分為：接受、反應、評價、組織與價值性格化等五個程序。

5. 齊卜勒將技能動作的教學目的分為：整個身體的運動、協調細緻的動作、非語言溝通與語言行為等四類。

6. 梅哲建議，教學目的應敘述：教學欲完成的目標行為、足以產生學習的重要條件與學生表現的接納標準。

7. 葛嵐倫將教學目的分為概括式的一般性目的與細小而具體的目的群。

8. 教師為中心的教學策略，一如其名，主要的教學活動都是由教師一手來策劃與執行。代表教師為中心的教學策略包含直接教學法與討論教學法。

9. 直接教學是一種系統式教學，由教師做所有的決定，並使學生全心聚集於特定的課業上，以傳授基本知識與技能。

10. 直接教學的功能有：檢查與複習先前的學習、提示新教材、督導學生練習、給予回饋與指導、給予學生獨自練習的機會與定期複習。

11. 直接教學活動包括定向、提示、結構性練習、輔導下練習與獨立練習。

12. 講演的講題要清楚、目的要明顯，且內容要充實。內容的適當與否影響學生的學習成就。講演本身需要邏輯組織之外，同時應令聽眾感覺講詞自始至終依循某特定原則而提示。

13. 使用講演的可能缺陷有：濫用、消極與依賴、成為師生的不良嗜好、忽視個別差異、非人人適用。

14. 直接教學提高學生的學習成就，適用於基本知識與技能的教學，並對提升低社經階層兒童的學習成就非常有效。

15. 討論法可以：培養學生的批判思考能力；增強學生的問題解決能力；學習民主取決的知能；與適合意見一致性低的社會與人文等學科。

16. 學生為中心的教學策略重視知識的建構、認知策略、內在動機、個別差異與社會因素。

17. 屬於學生為中心的教學策略有：自律學習、發現學習、合作學習與人

本主義教育、翻轉教室與課後補救教學。

18. 發現學習中，教師的任務是創造有利的學習條件，讓學生自己去發現知識結構。發現教學法較傳統教學法有較佳的成就表現；它對成績較差的學生，效果特別顯著。

19. 有助於發現學習的教學措施是：提供極端輕鬆自由的學習氣氛、強調對比、刺激學生做直覺的揣測、鼓勵積極的參與和實際操作、喚起對問題解決的覺識與採用指導下的發現學習。

20. 合作學習是指由幾個學生彼此協助而產生的學習。它的共同特徵是：同質性小組、團體目標、提升互動、個人責任、人際技巧、成功的機會均等與組間競爭。

21. 主要的合作學習模式有：學生團隊成就小組、拼組教室、一起學習、團體調查、合作互教與學習共同體。

22. 合作學習比傳統的學習，在學業上有較佳的表現；學習動機提高；由於彼此合作，在問題解決方面有較佳的表現；而且在人際間培養良好的關係。

23. 人本主義教育側重情感的培養、價值的賦予與個人潛能的實現。人本主義教育具體地表現在暑丘學校的開放教育。

24. 開放教育的教學特徵有：打破科際界限、教師擔負多方職責、無刻板的作息時間、個別學生做自我比較、學生遵守由師生共同決定的教室規則。

25. 開放教育對學生學業成就上反不如傳統教學；但學生對學校的態度、學生之間的合作、人際關係與一般自我觀念等都有較佳的表現。

26. 電子技術使用於教學的有：文書處理與出版、試算表、資料庫、網際網路、多媒體、整合的學習系統、個別導師、電子影音遊戲與電腦輔助教學等。

27. 電腦輔助教學的程式有：反覆練習程式、個別指導程式、模擬程式、教育遊戲與解決問題程式。電腦輔助教學若以多媒體提示教材，有助於資訊的編碼，協助記憶的保存與提取；比傳統教學優越；若電腦輔助教學與傳統教學相輔，其效果特別顯著。

第 13 章　個別與團體差異的適應及教學

本章大綱

©ShutterStock

人類有其優異的共同特徵，使人類遠遠超越其他動物；人類亦因其幾乎無窮的多樣性 (versatility)，使人類能在「物競天擇」中成為最適合的生存者。不論多樣的結果是來自遺傳、環境或二者的互動，它應該被珍惜、被尊重。每個人都有求同的意願，以便表同與被接納；人人也有求異的需欲，期使天賦潛能有充分發揮的機會。適應個別差異是教育的目標之一，每個教師有責任在一般教學中重視個別差異的特徵，並給予最好的適應措施。因此，一般教學與適應個別差異的教學同等重要。

為適應在能力與身心條件上特殊的學生，本章分別介紹能力分組教學、身心缺陷學生的教育與保護、身心特殊學生的教學及資賦優異學生的教學。

第一節　能力分組教學

每當我們談到個別差異的適應時，就會聯想到「分組」(grouping) 的教學措施。既然有智力的差異，便有「智力分組」的適應措施；既然有成就的差異，就有「成就分組」的措施。具有最悠久歷史的分組方式應該是年齡分組，此種依年齡將學生分組（年級）教學的措施至今仍然沒有太大的改變。同年齡兒童畢竟有許多相似之處，因此將他們放在一起學習是一種適應做法 (Gutek, 1992)。然而，我們對智力與成就的瞭解愈多，便對年級制愈有修改與調整的要求。為方便計，本章將智力分組與

成就分組統稱為能力分組 (ability grouping)。

　　能力分組是根據一種假定：同質的學生 (homogeneous group) 比異質的學生 (heterogeneous group) 更能從教學上受益 (Oakes, 1985; Peltier, 1991)。

一、能力分組的類別

　　目前最普遍的分組法有：班際能力分組、再分組、無年級分組與班內能力分組四類。

㈠班際能力分組 (between-class ability grouping)

　　班際能力分組是將學生依智力測驗或成就測驗的結果分成高、中、低三種班級教學。原則上，都採用統一課程，但高班在教材的數量與深度上遠超過低班。學生一旦編入某一班，便一直在同班裡上課。

㈡再分組 (regrouping)

　　再分組法是將同年級的學生依科目學業成就而分組，如小學有閱讀或數學，中學有文、理、社、商等學科。例如，小傑在學校裡是四年級。他上閱讀課時是被編在較高的一組，但在上數學課時則被編入較低的一組。由於上不同課時要換組，因此稱為再分組。此種分組是依課程而分，因此區分較為專精而有彈性，畢竟學科成就改變的可能性大於智力。

㈢無年級分組 (Joplin plan)

　　無年級分組法（又稱作周普林計畫）與再分組法類似，只是它將分組的對象擴大，以包括不同年級的學生。它的分組採用成就年齡制。例如，在小學裡閱讀成就測驗在 5.0 至 5.6（五年級零個月至五年級六個月）者，不論他們現在的年級，都編在同一組別裡。數學亦復如此。因此同一學生上不同課時，就到不同組裡，同組裡同學的學業成就相當近似。具有彈性也是本分組法的特點。

㈣班內能力分組 (within-class ability grouping)

　　班內能力分組是將一般編班的學生，在班級之內依學科成就或能力分成二至三小組教學。美國多數小學採用此種分組法，以適應學生學習能力的差異。班內能力分組由教師靈活使用，學生沒有被編班標名的精神負擔，分組又具彈性，因此是非常普遍的適應能力差異的分組法。

二、能力分組教學的檢討

　　茲將分組教學成效的研究報告 (Applebee et al., 2003; Hoffer, 1992; Kulik, 2003; Marsh & Raywid, 1994; Yonezawa et al., 2002) 綜合歸納於下。

1. 班際能力分組法成效不彰。與一般性編班或常態編班的學生成就相比，班際能力分組下的學生，低班有更差的成就，中班成就近似，高班偶爾有略佳的表現。

2. 再分組法若使用於閱讀或數學，而且教材程度真正配合學生的能力，則效果良好。

3. 無年級分組學生比起異質編班下的學生有較佳成效。

4. 班內能力分組學生在數學與科學成績上，比不分組學生有較佳的表現。班內能力分組對低成就學生特別有效。至於讀書一科的成就，雖因幾乎每個小學都有班內能力分組措施而無機會比較，理論上應與數學與科學一樣地有成效。

5. 同質編班與異質編班對學生自尊的影響，在評量上沒有差異。

6. 高能力班級學生比低能力班級學生，在對學校的態度與教育期待上，有較積極的表現。

7. 班際能力分組的結果：好教師常被分配到高能力班級，較差或缺乏經驗的教師常被指派到低能力班級；特別是數學與科學，高能力班級教師強調評判思考、自我引導、創造性與積極參與，低能力班級教師則強調安靜做功課、守規律與彼此和睦相處；與高能力組的教師相比，低能力組的教師所教的教材既較少又較簡易；與高能力組的教師相比，低能力組的教師對學生有較低的期待與要求。

上述研究結論顯示，無年級分組法與班內能力分組法優點多而缺點少。班際能力分組法對成就的效果不彰，反而影響學生與教師的自我尊嚴，實不足取。能力分組的結果，教師對學生的期望與要求常因學生能力的差異而有顯著不同的做法，反而違背適應個別差異的真正目的，教師應該時刻警惕。

第二節　身心缺陷學生的教育與保護

據統計，至少有 10% 的在校中小學生必須得到特殊的照顧與教學。在這方面，美國自 1975 年起，陸續通過三個公共法案 (PL 94–142, PL 99–457, PL 101–476) 以確保有需要特殊照顧的學生受到適當的教育。1990 年通過的 PL 101–476 號公法稱為「缺陷者教育法案」(Individuals with Disabilities Education Act, IDEA)，它包括先前通過的兩個公法。此法於 1997 年獲得修訂 (PL 105–17)，又於 2004 年再修訂 (PL 108–446)，以擴增服務範圍，並加強傷殘的預防。

一、美國的缺陷者教育法案

在此將美國的最近（2004 年）修訂的缺陷者教育改善法案中的主要內容 (Slavin, 2015) 簡介於下，以供參考。

㈠提供最少拘束的環境

有身心缺陷的兒童應盡量與其他無缺陷兒童一起受教育。

㈡個別化教育計畫

所有受特殊教育的兒童必須有個別化的教育計畫。

㈢程序上的保護

兒童及其父母應參與特殊教育計畫的各項決定，並且有參與解決爭

議的權利。

㈣無歧視性評量

學生應受到無歧視性的完整評量。

㈤相關的服務

學校應盡力提供身體醫療、諮詢、交通等相關服務。

㈥免費教育

學校應提供免費的公共教育。

㈦調解服務

如與學校有爭議，父母有尋求仲裁的權利。

㈧轉換權益

兒童成年時，校方應通知父母及其子女把權益轉移給其子女。

㈨紀律問題

如果兒童有不良行為，除非證明其行為與身體缺陷無關，校方不得開除他或罰以年內總日數十天以上的時間。

㈩評　鑑

政府應提供必要的評鑑，對參與評鑑而需要協助者提供必要的服務。

㈠轉　移

身心缺陷學生的年齡達十六歲時，應有個轉移的計畫。

二、一般教室教師應採取的策略

為身心缺陷者而設的特殊教育納入主流 (mainstreaming) 之後，一般

教室裡就有特殊身心情況的學生同班受教與學習。一般教師的教學與服務責任也因而加重。

㈠教師可能面對的身心有缺陷的學生類型

　　一般而言，普通教室教師可能面對的缺陷者有：智能不足、學習困難、注意缺陷性過動、感官缺陷、語言缺陷、情緒與行為異常、自閉症、肢體缺陷、健康缺陷、大腦創傷等。其中較多的是智能不足、學習困難、語言缺陷、情緒與行為困擾。

㈡教師的職責

　　一般教師除負責進行一般教學外，為缺陷者而可能參與的活動有：推介學生、參與評量、準備個別化教育計畫及執行與評鑑個別化教育計畫。

1.推介學生

　　由於教師與父母對學生有充分的觀察機會，因此學生有明顯的身心缺陷或懷疑學生有身心缺陷的可能時，教師應會同家長向校方推介評鑑，以便確認。

2.參與評量

　　若學校心理學家 (school psychologist) 的初次評量確認缺陷的存在，則須交給包括班導師在內的多科評量隊 (multidisciplinary assessment team) 做正式評鑑。班導師應準備提供學生的測驗成績、作業品質、語言瞭解能力、動作技能、精神狀態、人際關係等資料，以供參考。

3.準備個別化教育計畫

　　有缺陷者在班內時，教師依規定必須會同多科評量隊的成員，包括特殊教育教師與學生家長，編寫個別化教育計畫 (IEP)。計畫包括必要的專業（特教）服務、使用的測驗、學生的優點及缺點、長期目標與短期目的、教育期限等。計畫必須經由家長簽名同意。個別化教育計畫必須考慮學生的潛能、需求與受益可能。

4.執行與評鑑個別化教育計畫

　　學生可能整天與一般學生一起學習，有可能暫時離開若干小時到另

外教室接受特殊教育。學生與一般學生一起學習時，班導師要提供一般
課程的教學加上必要的協助。由於一般教師缺乏特殊教育的經驗，必須
獲得相關特殊教育教師的諮詢服務與協助，並徵求家長的幫忙。

㈢包容政策的爭議

如果要提供最少拘束的學習環境，則所有學生都應該在主流環境中
一起學習，以達成完全包容 (full inclusion) 的目的。包容的結果，一般教
師同時教導所有的學生，並由特殊教育教師從旁提供必要的個別服務。
試問：與隔開分別教學相比，有缺陷的學生是否因包容而受益呢？

支持包容政策者強調，有缺陷的學生在隔開學習下，比在包容學習
下，得到較差的學業成就與社會關係 (Kavale, 2002)。他們認為，有缺陷
的學生可在包容的環境下，把一般學生當作模仿的榜樣 (Sapon-Shevin,
1996)。

反對包容政策者指出，在包容學習下，一些有缺陷的學生學不到基
本技能，其缺陷也干擾正常教學的運作，而且一般教師因缺乏特教訓練，
不足以對有缺陷的班上學生提供充分的服務 (Fox & Ysseldyke, 1997;
Mock & Kauffman, 2002)。

研究指出 (Kavale, 2002; Mock & Kauffman, 2002)，包容政策不一定
適用於所有的缺陷狀況。而且只有一般教師肯改善教學，並有受過良好
訓練的助理從旁協助，包容才會有效益。

第三節　身心特殊學生的教學

美國聯邦政府的缺陷者教育法案將學習困難、語言障礙、智能不足、
情緒困擾、多元缺陷、聽覺障礙、整形障礙、其他健康障礙、視覺障礙、
自閉、盲聾、創傷性腦傷與發展遲滯等十三類缺陷包含在內。其中，學
習困難、語言障礙、智能不足、情緒困擾四類合計約占總缺陷人數的
90%。本節將依序介紹智能不足學生的教學、學習困難學生的教學、注
意缺陷性過動學生的教學、情緒與行為異常學生的教學及語言與溝通異

常學生的教學。

一、智能不足學生的教學

根據美國智能缺陷協會 (American Association of Mental Deficiency, AAMD) 的定義，智能不足 (mental retardation) 乃指心智表現顯著地低於平均心智功能與存在著一些缺陷性的適應技能。此一定義包括三要素：低於平均的心智功能（智商在 WISC-IV 上低於 67）、缺陷性的適應行為（如語言溝通、社交技能或經濟自足等方面）與發展期間所顯示的現象（發生於十八歲以前）。

納入主流的智能不足學生是智能輕微不足者（智商 52 與 67 之間），教育界常稱之為「可教性」智能不足者。

㈠智能輕微不足學生的特徵

智能輕微不足學生在學習的速度上比一般學生緩慢，其理解程度多限於具體與簡易的事物，無法做抽象的思考活動。由於注意時間短暫與精神難以集中，學習效率不高；加上缺乏必需的認知技巧，無法解決許多問題，因而時常感到挫折、不安與自卑。他們的社交技巧欠佳，又不願參與團體活動，因而時常感到孤獨。

㈡智能輕微不足學生的教學策略

史諾曼 (Snowman & Biehler, 2006) 綜合智能輕微不足學生的教學策略。茲介紹其要者於下。
1. 避免要求學生完成難於達成的作業，以減少受挫。
2. 提供學生簡短易學的教材單元，使學生能於短時間內完成學習。
3. 將應學的作業，依序排列成簡易的步驟，使每一步驟都有回饋。
4. 教導學生如何改善記憶以使其回憶更為精確。
5. 從學習成就中協助學生建立自尊。
6. 設計足以顯示成就與進步情形的記錄技巧，作為成就的回饋。

二、學習困難學生的教學

　　學習困難 (learning disabilities) 是泛指由於心理歷程的異常所引起的學習上的困難現象。心理歷程的異常包括知覺、注意、記憶編碼、記憶儲存與高級認知操作能力等。確認學習困難學生的具體方式是：在智力測驗上獲得平均以上的智力，而在標準成就測驗上獲得遠低於平均的成就程度。而且，其異常並無大腦生理創傷、環境惡劣、智能不足或情緒騷擾等因素作為基礎。可見學習困難是由資訊處理困難所引起的學習問題。

㈠學習困難學生的特徵

1. 記憶、聽知覺、視知覺、語言等學習所需的心理歷程有異常現象。
2. 說、聽、寫、讀與算等學習作業發生困難。
3. 學習態度被動，學習活動缺乏組織。
4. 注意不集中、衝動或思考困難等。
5. 人際關係欠佳，易騷擾他人，甚至打架。

圖 13～1　天才有時候是在一群被視為「笨蛋」的孩子當中發現的！知名物理學家愛因斯坦 (Albert Einstein) 兒時有閱讀及口語上的障礙，直至四歲仍不會說話，幸而在特殊學校受到良好的教育，得以發揮其隱而未顯的潛能。

㈡學習困難學生的教學策略

為減少學習困難學生在學習上所遭遇的困境，下列建議 (Ormrod, 2003; Snowman & Biehler, 2006) 可供教學的參考。

1.將教材予以適當地組織以協助學生補償其心理歷程上的缺點

例如，若學生的注意易於分散，則於其視線所及的範圍內，只放置該注意的物品，移除其他足以分心的東西；若學生不能注視課文的重要部分，則協助他們以彩色筆畫記或圈點；若學生的注意時距 (attention span) 太短，則作業應盡量簡短並隨時予以回饋；對記憶有困難者，應教他們如何組織材料並授以記憶術；對自己的認知歷程缺乏自我監控的學生，協助他們於事先對歷程產生完整的系統概念。

2.採用多種模式提供資訊

如果學生對視訊的學習有困難，則可輔以聽覺、動覺或觸覺資訊來學習。運用不同的資訊模式（如多媒體）要靈活。

3.提升他們的自尊

如果有學習困難的學生，因經常出錯或無法完成作業，而有自尊偏低的跡象時，不妨參與合作學習，使他們的自尊因而提升。

4.教導學習與記憶策略

教導學生如何整理學習材料、如何做摘要、如何記筆記，並且使用心像與記憶術，以增強記憶。

5.加強閱讀與寫作的教學

有學習困難的學生最多的學習困難是誤讀與誤寫。因此，教師要耐心地找出錯誤，並協助學生矯正錯誤。

三、注意缺陷性過動學生的教學

注意缺陷性過動 (attention-deficit hyperactivity disorder) 是指下列症候之一或全部：注意不能集中、過動與衝動。要被確認為注意缺陷性過動，學生必須在七歲以前有此症候；此外，症候在許多場合裡呈現，如在家、在學校、在外遊玩；且症候持續發生已多時 (American Psychiatric

Association, 2000)。

(一)注意缺陷性過動學生的特徵

1.非常愛動。
2.注意短促。
3.行動笨拙、幼稚、不易約束。
4.不易忍受挫折。
5.同儕關係不佳。

(二)注意缺陷性過動學生的教學策略

茲將一些教學策略的建議 (Ormrod, 2003; Santrock, 2006)，擇其要者以供參考。

1.注意學生是否按時服用醫生處方的藥劑。
2.將整個作業分成幾個小段。
3.必要時，簡化測驗。
4.使用結構良好的教材，甚至直接教學。
5.使用行為管理技巧，並訓練學生如何對作業保持注意。
6.協助學生有效利用時間。
7.使用電腦輔助教學。

四、情緒與行為異常學生的教學

情緒與行為異常 (emotional disturbance) 是指足以影響個人學習的長期而且嚴重的情緒紛擾與行為失常症候。此種情緒與行為異常在正常情境下出現，與遺傳基因和生長環境有關，但與個人的智力、感覺 (sensation) 及一般健康無關。

(一)情緒與行為異常學生的特徵

1.**外在化者的特徵：** 攻擊、不合作、忐忑不安、消極、說謊、盜竊、藐視教師、行為失控與人際關係欠佳。而且，時常缺課，成績愈來愈差。

2.**內在化者的特徵:** 羞澀、怯懦、焦慮、抑鬱、缺乏自信與有自殺念頭，自己不感覺自己問題的嚴重性。

㈡情緒與行為異常學生的教學策略

茲將一些有關情緒與行為異常學生的教學策略 (Ormrod, 2003; Santrock, 2006; Snowman & Biehler, 2006)，擇其要者以供參考。

1.安排教室環境與課業計畫以鼓勵社交往來與合作。
2.迅速增強適宜的社交行為。
3.表達對情緒與行為異常學生的關懷。
4.設計可以避免被行為打斷的教學環境。
5.獎勵善行，必要時懲罰不良行為。
6.讓學生感到，他有能力掌控環境。
7.注意學生是否受到家暴的傷害。

五、語言與溝通異常學生的教學

語言與溝通異常 (speech and communication disorders) 是指發音異常、語調異常、流利異常（口吃）等說話的困難，以及接受語言與表達語言的困難。影響語言與溝通異常的因素很多，如認知能力、語言學習環境、口腔結構、情緒狀態、聽覺能力等。

㈠語言與溝通異常學生的特徵

1.說話猶疑、害羞。
2.說話時感到窘困、不自然。
3.用字遣詞有困難。
4.說話時失落主要字詞。
5.不瞭解所讀或所聽。

㈡語言與溝通異常學生的教學策略

茲將一些有關的教學策略 (Ormrod, 2003; Santrock, 2006)，擇其要者

以供參考。

1. 採用多感官模式溝通資訊。
2. 教導正確的發音、語法與語調。
3. 耐心聽學生的話，並給學生充分的時間做語言反應。
4. 要求學生慢慢地把話說清楚。

第四節　資賦優異學生的教學

　　由於資賦優異不包括在公法 101–476 號之下，它不受該法案的規範與支持，因此特別安排於本節介紹。雖說如此，資賦優異教育仍然受到美國聯邦政府機構（如教育部）的支持，美國各州的地方學區也幾乎都有資優學生的教學計畫與設施。

一、資賦優異的鑑定

　　資賦優異 (gifted and talented) 是指個人所具有的超群的潛能，包括智力、創造力、藝術、領導能力或學業成就。這一界說一面免除過去過分強調智商（130 以上）的弊病，一面包容各方「天才」。根據這一界說，教師就可以於平時注意學生特出潛能的表現，不必完全依靠智力或性向測驗的結果。

二、資賦優異學生的特徵

1. 顯得早熟。
2. 對抽象觀念的理解快速，對複雜觀念的分析與組合能力特出。
3. 頗能應用所學與解決問題。
4. 多數資賦優異學生在校功課佳，學業自我觀念也高。
5. 智力高的學生常有高度的學業成就欲。
6. 創造能力高的學生，喜歡與眾不同，其見解頗多特異之處。

7.常被思考之激流所「迷住」。

　　儘管資賦優異者有上述的優點，據新近的資料顯示 (Piechowski, 1991; Ysseldyke & Algozzine, 1995)，他們在體能、社交與情緒等方面與一般人沒什麼差異，有的健康良好，有的不然；有的頗有人緣，有的孤獨；有的適應優越，有的困難重重。

三、資賦優異學生的教學策略

　　為充分發展資賦優異學生的潛能，目前有三種策略：加速制、充實制與特設班級或學校制。

㈠加速教學 (acceleration)

　　採用加速制時，資賦優異學生與一般學生學習相同的教材，但由於其學習速度快，因而縮短其修習年限，並提早升級或跳級就讀。

1.提早入學

　　資賦優異學生只要具備學校就學能力，不拘其先前在學年限，可以提早入學。因此，國小、國中、高中、大學或研究所均可為提早入學的對象。

2.跳級就讀

　　資賦優異學生若於一學年之內修完兩學年的課程，則准予跳級一年。

3.選修高年級課程

　　學生修畢其應該修習的課程後，得選修較高年級或學校的課程。例如，允許國中生選修高中的課，准許高中生選修大學的課。

　　此類策略可以避免一般教學的「慢速」所引起的無聊感，而且學生對學習會有積極的態度，也沒有原先憂慮的人際與情緒問題 (Gallapher, 2003; Kulik, 2003)。

㈡充實教學 (enrichment)

　　資賦優異學生的學習速率既快，欲保持他們與一般同學同等的教學進度，教師必須為他們提供豐富的教材，以免他們「無事可做」。通常可

以採取水平充實 (horizontal enrichment) 以增加教材或作業的分量，或垂直充實 (vertical enrichment) 以加深教材的難度（如選修專為資賦優異學生安排的更為深入的榮譽課程，如榮譽英文課、榮譽數學課）。托倫斯 (Torrence, 1986) 認為，綜合水平充實與垂直充實，學生可以與同年齡者一起學習，是非常有益的教學適應措施。任祖利等 (Renzulli et al., 2003) 提供一種三層次的充實模式。

1. 第一階 (Type I enrichment)：使學生有機會接觸一般課本所缺乏的題材、事蹟、書籍、人才與地區等學習資源。

2. 第二階 (Type II enrichment)：使學生有機會發展解決問題所需的創造性思考、分析、綜合、評判、欣賞與價值化等能力。

3. 第三階 (Type III enrichment)：使學生從事於實際問題的解決。它包括實地調查、搜集資料與整理分析等解決問題的實際經驗。

請注意，就以提升資優學生的成績而言，加速教學的結果要比充實教學的結果好 (Rogers, 2009)。

㈢特設班級或學校 (special classes or schools) 的教學策略

特別設立班級或學校以發展資賦優異學生的潛能，是試圖「集天下英才而教之」的一種教學策略。此策略假定資賦優異學生，最能在為他們特設的班級或學校內做最佳的學習表現。特設班級的教學可採用下列不同形式：⑴固定特殊班——資賦優異學生大部分時間在特殊班內學習為他們特別編製的教材，小部分時間接受一般性教學活動；⑵彈性特殊班——資賦優異學生大部分時間接受一般性教學活動，小部分時間在特殊班內學習；⑶暑期班——於暑期特設班級，甄選資賦優異學生參加，並聘請專家或教授指導學習。

除校內或學區內特設班級外，有為資賦優異的高中學生設立特別學校的措施。目前較盛行的特設學校有二類：磁力學校 (magnet schools) 與數理高中 (schools of mathematics and sciences)。

特殊班、校制的優點在於學生能力比較近似，因此學習上似乎較有挑戰的氣氛，其學業成就也因此超越普通班級裡的資賦優異學生。這也許是一般社會大眾所樂以見到的。

本章內容摘要

1. 為適應學生的智力差異，乃有智力分組的措施；為適應學生的成就差異，乃有成就分組的教學措施。能力分組的主要方式有：班際能力分組、再分組、無年級分組與班內能力分組等。

2. 班際能力分組法成效不彰；再分組法對閱讀與數學，若教材與能力配合得當，效果良好；無年級分組法成效佳；班內能力分組法成效亦佳，對低成就學生特別有效；高能力班級與低能力班級相比，對教育有較積極的表現。

3. 能力分班措施影響教師的分派、教師對學生的期待、教材質量的差異與教學活動的不同。這些影響常使低能力班級成為受害者。

4. 為適應身心缺陷者的教育需求，美國國會於 1990 年通過 101–476 號公共法案，並於 1997 年、2004 年修訂。內容包括：提供最少拘束的環境、個別化教育計畫、程序上的保護、無歧視性評量、相關服務、免費教育、調解服務、轉換權益、紀律問題、評鑑與轉移。

5. 納入主流後的一般教師的教學對象可能包括：學習困難、語言障礙、智能不足、嚴重情緒與行為困擾、語言與溝通異常的學生。

6. 智能不足是指心智表現顯著地低於平均心智功能，並存在著一些缺陷性的適應技能。教育家亦稱智能輕微不足為可教性智能不足。

7. 智能輕微不足學生的特徵有：學習速度慢，理解程度有限，難做抽象思考，注意時間短且難以集中，學習效率低，難以解決問題，時感挫折、不安與自卑，社交技巧欠佳及常感孤獨。

8. 學習困難是泛指由於心理歷程的異常所引起的學習上的困難現象。由於心理歷程的異常，學習困難者雖有中等以上的智力，卻有令人失望的學業表現。

9. 學習困難學生的行為特徵有：記憶、知覺、語言等有異常現象，學習作業發生困難，過分愛動，缺乏協調，注意不集中，衝動或思考困難。

10. 注意缺陷性過動是指注意不能集中、過動與衝動。注意缺陷性過動學生非常愛動，注意短促，行動笨拙、幼稚、不易約束，不易忍受挫折與同儕關係不佳。

11. 情緒與行為異常是指足以影響個人學習的長期而且嚴重的情緒紛擾與行為失常症候。

12. 情緒與行為異常學生的特徵是：屬

於外在化者──攻擊、不合作、忐
忑不安、消極、說謊、盜竊、藐視
教師、敵視權威，甚至殘酷等；屬
於內在化者──羞澀、怯懦、焦慮、
恐懼、抑鬱與缺乏自信。

13. 語言與溝通異常是指發音異常、語
調異常、流利異常等說話的困難，
以及接受語言與表達語言的困難。

14. 語言與溝通異常學生的特徵是：說
話猶疑、害羞，說話時感到窘困、
不自然，用字遣詞有困難，說話時
失落主要字詞，以及不瞭解所讀或
所聽。

15. 資賦優異是指個人所具有的超群的
潛能。此潛能包括智力、創造力、
藝術、領導能力或學業成就。

16. 資賦優異學生的行為特徵有：快速
又透澈的抽象思考能力，高度的分
析、組合與問題解決能力；高智力
者功課佳，學業自我觀念亦高；高
創造力者的見解特殊與思考流暢。
他們的體能、社交與情緒與一般人
無異。

第 14 章 | 評量的基本概念

本章大綱

第一節 評量的特質、功能及類別

第二節 評量使用的尺度

第三節 良好評量工具的特徵

第四節 評量的限制與應循的評量道德

©iStockphoto

評量 (measurement) 是將所觀察對象（人、事、物）的屬性依特定規則予以量化的歷程。評量在教學歷程上的重要性，可從下列圖式中看出。

　　此圖顯示兩個重要的環節關係：(1)教師診斷學生的學習能力，列舉適合其能力的教學目的，並選擇適當的教材與教法以利教學；(2)教師評量教學結果，以確定教學目的實現的程度，並檢討使用的教材與教法是否合適。

　　本章將討論有關教學的評量特質、功能與類別，評量使用的尺度，良好評量工具的特徵，以及評量的限制與應循的評量道德。

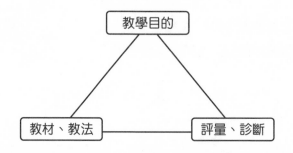

第一節　評量的特質、功能及類別

　　測驗、評量與評鑑因意義近似而常被混用。事實上，三者有其不同之處。測驗 (testing) 是指使用作業 (tasks) 以觀察被試者對作業的反應，

以衡量其心理或教育屬性。其所使用的作業通常被稱為測驗 (test) 或量表 (scale)。評量乃泛指依特定規則將所觀察的屬性予以量化的歷程。評鑑 (evaluation) 則是依據測驗或評量所得，或依據觀察者對事物的直覺經驗，對事物的屬性賦予意義或價值判斷者。

　　測驗與評量在基本上是客觀的觀察歷程。所謂客觀的觀察 (objective observation)，是指不受個人情緒或偏見所左右的觀察。因此，測驗與評量結果均應精確地反映受試者的屬性。然而，觀察的目的常不局限於瞭解屬性的多少或大小，觀察者常進一步評判該屬性的優劣、好壞或價值的高低。屬性的評判離不開觀察者自己的態度、需欲或主見，因此評鑑在基本上是主觀判斷 (subjective judgment) 的歷程。例如，某國中八年級甲班的第一次英文月考平均成績是 81.6 分，此一數值代表測驗的結果。班導師周老師認為「不夠好」，英文老師陳老師卻稱讚該班表現「良好」。

一、教育及心理評量的特徵

　　自然科學的研究中所使用的評量，兼具評量的兩大特徵：量化 (quantification) 與恆等單位 (constant units)。由於具備此兩大特徵，評量所得數值得以使用統計方法以產生新意義（比較所得的相對地位）、新關係（彼此加減乘除等）與新數值（平均數、標準差、相關係數等），並使統計結果的解釋為大家所瞭解。

　　然而，與教學攸關的心理與教育評量所研究的對象是人類的屬性。人與物不同，因此人類屬性的評量便不同於物質屬性的評量。茲將教育及心理評量的特徵簡介於後。

㈠量　化 (quantitativeness)

　　教育及心理評量多仿照自然科學的計量方式，將人類的許多屬性（如智力、性向、創造力、興趣、人格、學業成就等）予以量化，因而得以智商 112 代表某生的智力，或以數學月考 90 分代表某生的數學成就。然而，由於教育及心理所涉及的屬性多數是多變量的複合屬性（例如，智力可能包括多樣能力的組合），因此其量化相當武斷而不精確；加上，不

少屬性（如愛、嫉妒、責任感、態度等）由於界定不易，難以做精確的量化。

㈡恆等單位 (constant units)

心智能力及學業成就量化的最大困難在於不易肯定單位一致的意義。例如，智商使用一致的單位，智商 90、100 與 110 三者之間相鄰二數的差異量同為 10，但三者所代表的智力上的真正差異，便難以肯定為相同；若 90、100 與 110 代表三學生的體重磅數，則相鄰二數的差異量，不僅在數量上相同（同為 10），其意義亦完全相同。因此，教師在解釋評量結果時應特別謹慎。

㈢誤　差 (error)

自然科學的評量雖然仍有誤差的存在，然而由於新評量工具的不斷發明，評量的精確性大幅提升，誤差也隨之大大減少。行為科學的評量所產生的誤差，不僅遠較自然科學為大，其評量工具精確性的進展也頗為遲緩。認識教育及心理評量的誤差，可令教師對評量結果做相當彈性的解釋，避免以一測驗所得的分數對學生加以標名 (label)。例如，我們不能僅根據一次團體智力測驗的結果，將一些學生歸類為智能不足兒童，並將之推介至「啟智班」受教。這是忽視測驗的可能誤差，而將測驗所得的既得分數 (obtained score) 看作代表所欲測知的真正能力 (true ability) 的不幸結果。

㈣間接觀察 (indirect observation)

教育及心理評量所欲測知的是個體行為表現所代表的屬性。智力測驗所欲測知的是智力；成就測驗所欲測知的是學習所得。然而，智力、性向、創造力、人格、興趣或學習成就都是不能直接觀察大腦而得的內在心智能力或既存訊息。教育及心理評量只能觀察個人的具體行為表現（如應答試題或實際操作與表現），從而推論個人的心智能力或既存訊息。須知，我們無法完全確定行為表現對屬性的代表性與真實性。例如，有人知而不會答（對答能力差），有人答對而不知（猜對或死記），有人

知而不答（不願合作或隱私），有人答而不實（作假），更有人不知所答（緊張、焦慮或糊塗）。

(五)相對性 (relativeness)

自然科學的評量結果常顯示其意義的絕對性。自然科學的評量多以絕對零 (absolute zero) 作為參照點；行為科學的評量便很難武斷地以絕對零作為出發點。例如，0 公克表示全無重量可言；我們卻不能指考零分的學生全無學習可言。我們可以說 10 公克絕對是 5 公克的兩倍；然而，我們不能指智商 100 在智力上為智商 80 的 1.25 倍。

二、教師應具備的評量知能

為成功地達成教學目標，教師應具備下列評量知識與技能：
1. 瞭解教學目的、教材教法與評量診斷的相互關聯的特性。
2. 瞭解效度與信度的基本概念。
3. 明瞭信度、效度在編製、選擇與使用評量工具時所扮演的角色。
4. 熟悉編寫教師自用測驗，作為改善教學之用。
5. 協助選擇適當的標準測驗，以應特別需求。
6. 適當地主持測驗，並有效地使用測驗結果。
7. 瞭解如何解釋測驗的得分。
8. 編製、選擇與使用測驗以外的評量工具。
9. 明瞭測驗的限制，並遵守使用測驗應循的道德規範。

三、評量的功能

(一)考選學生

學校以招生考試錄取可能成功地完成其學業的學生，婉拒那些學習成功率低的學生，此招生方式乃採取成就測驗 (achievement tests)，因為個人的學業成就有相當長期的穩定性。學校招生亦可採用性向測驗

(aptitude tests)，因為此類測驗旨在測試個人的學習潛能。由於測驗較其他甄別方式客觀、公平與省時省事，因此多為各國招生時所採用。

(二)決定年級或組別

前一章提過，依智力分班教學不僅為一般大眾與心理學者所詬病，亦為最缺乏教學基礎的教育措施。另一比較切合教學歷程的分組方式是學業分組法 (academic grouping)。學業分組法使用學業性向測驗或學業成就測驗，根據評量結果，將學生依學科與性向分派至不同的組別內。例如，齊英在國中的國文是九年級下學期程度（簡稱九下）、英語是八上，他與國文能力九下者一起上國文課；但與英語能力八上者同上英語課。由於同組學生能力相近，教學時可以同步進行，較少學習快慢不齊的適應的問題。

(三)診斷學習困難

診斷測驗的目的在找出學生學習某課程已具知能的優點與缺點，以便作為補救教學的參考。一度盛行於教育界的診斷與處方教學法 (diagnostic-prescriptive teaching)，將診斷測驗視為不可或缺的教學歷程之一。

(四)瞭解教學效果

為瞭解教學效果，教師常使用自編的成就測驗或使用標準成就測驗。採用良好的成就測驗，可以測知學生是否習得應有的記憶、瞭解、應用、分析、創造與評鑑等認知能力。為瞭解教學效果，教師於教學過程中可以隨時測試學生是否有效地學習（即抽考），教師亦可等待教學告一段落後測試學生（如月考、期中考或期末考）。測驗的結果，師生均得以作為檢討教學的參考，學生也可藉以瞭解其成績的進退，以決定其後應有的作為。

(五)增進學習動機

教學評量給予學生必要的學習回饋 (feedback)。若回饋充分反映學生

的學習與記憶，不僅學習成果可能獲得增強，而且學生可能對次一學習單元產生強烈的學習動機。所謂成功培育成功，便是如此。反之，若回饋反映出學習上的錯誤或記憶不清，可以提醒學生避免重複錯誤。及早宣布考試的時間、內容與測試方式，常可提高考試成績。

㈥進行教育研究

教育研究一如其他科學研究，需要客觀的評量以蒐集可以信賴的資料。例如，建立基線 (baseline) 作為起點或參照點、採用先測與後測以便為實驗做先後比較、定期評量以觀察進步的趨向、為測驗建立信度與效度。常用的研究方法，如調查、觀察、相關研究與實驗等，大多數需要各種客觀的評量。

㈦改善課程與教材

各級學校的課程與教材必須做定期的修訂，以適應新的社會需求與時代潮流。課程與教材的修訂，除須徵詢教師、校長、督學、家長、教育學者、課程專家、政經人士及一般大眾的意見與反應外，更應以學生的學習成果為重要依據。測試各級學校學生所得的學業成就資料，可以協助解答課程是否有所偏倚、教材是否充足、教材的編排是否合理、課程的難度是否適中與各級學校間的課程銜接是否妥善等問題。

㈧協助諮商與輔導

學生需要學業輔導、就業輔導或心理輔導。輔導與諮商 (guidance and counseling) 已成為校內的專業之一。當學生請求輔導時，他們多對自己的需欲與優缺點缺乏深入地瞭解，對如何解除迷惘與克服困難缺乏應有的認識。使用適當的評量工具，可以在最短時間內，以最經濟的方式獲取重要的個人資料，以便進行必要的諮商與輔導工作。

㈨改進師資

提高在職教師的專業知能與培養新教師的專業知能同等重要。為確保師資素質的不斷提升，許多教育行政機構已從過去的鼓勵教師進修，

逐漸改變為規定進修與鼓勵進修雙管齊下。其目的顯然是一面在防止一些教師抱著「鐵飯碗」而不求改進；一面對於不斷進修的教師予以加薪或升遷。評量教師的教學成就或測試教師的專業知能，可以協助教師進修機構決定進修課程與訓練方式。鑑於工商界職工改善與發展 (staff improvement and development) 的輝煌成就，教育界已把教師的進修當作重要的政策。

(十)報導學校的教學績效

績效 (accountability) 一觀念對學校教育有相當大的衝擊。到底學校是否完成其應有的任務？到底學校是否把來自民眾稅收的經費做合理的使用？是否每個畢業生都能讀、算與寫？納稅者已對教育的「投資」期待適當的「回收」。學校必須讓民眾瞭解它在做什麼，因此應定期向社會報告其學生的學習成就、健康與體能發展、道德概念與品德行為及學校教職員的身心健康與工作滿意程度等。學校應定期做客觀的自我或外來的評鑑，並將其結果公諸於社會。學校將其績效坦誠地向社會公布，一則可以表明它不再是神祕與孤立的「城堡」，一則可以爭取社會廣大群眾的積極支持。

四、評量的類別

(一)個別測驗與團體測驗

個別測驗 (individual test) 是一次只能評量一位受試者的測驗；團體測驗 (group test) 則是一次可同時評量一位以上受試者的測驗。個別測驗時，測驗者得以細心觀察受試者的反應，尤其是年幼受試者因獲得充分的注意而有較高的受測動機，因此測試結果比較精確。團體測驗可以一次測試大量受試者，既經濟又省時。唯，團體測驗無法兼顧個別受試者的反應細節，因此其測試結果不如個別測驗準確。

㈡客觀測驗與主觀測驗

客觀測驗 (objective tests) 是指受試者的答案能從不同評分者獲得相當一致性的評量結果者；主觀測驗 (subjective tests) 則是指受試者的答案不能從不同評分者獲得相當一致性的評量結果者。採用選擇式試題的測驗為一種客觀測驗，其評分不受評分者個人的情緒或主觀態度的影響；反之，採用申論式試題的測驗為一種主觀測驗，其評分難免受到評分者個人的情緒與態度的左右，因而其評量結果多不一致。

㈢能力測驗與速度測驗

能力測驗 (power test) 是一類測驗，受試者有充分的時間完成其所能解答的問題；速度測驗 (speed test) 是一類測驗，多數受試者並無足夠時間完成其能解答的問題。能力測驗的目的在測試受試者所知或所有，因此學業成就測驗與人格量表多採用之；速度測驗的目的在測驗受試者正確答題的能力與速度，因此智力與性向測驗多採用之。

㈣語文測驗與非語文測驗

語文測驗 (verbal tests) 是指測驗時使用語文作為閱讀、書寫與應答工具者；非語文測驗 (nonverbal tests) 是指測驗時使用圖像、繪畫、積木或數目等非語文工具者。前者為語文能力達到一定水準者所使用；後者則為避免語文能力差異造成測試障礙而使用。許多研究幼兒、種族與文化差異者常使用非語文測驗。

㈤紙筆測驗與操作測驗

紙筆測驗 (paper-and-pencil tests) 是指測驗時使用測驗卷並以筆作答者；操作測驗 (performance tests) 則是指測驗時受試者必須做演示、排積木、走迷津、拼圖片等操作表現者。紙筆測驗法多使用於語文測驗，其對象為有適當語文基礎者；操作測驗法多使用於非語文測驗，其對象常是有語文困難或語言隔閡者。

㈥非正式測驗與標準化測驗

非正式測驗 (informal tests) 是指由個人或集體自編以非正式地測試特定對象者；標準化測驗 (standardized tests) 是指由專家學者所編製，經過信度與效度分析，制定常模，並確定測驗過程、評分與解釋標準者。一般而言，教師自編測驗 (teacher-made tests) 屬於非正式測驗，因它們可以隨時修改或變更以切合教師教學的實際需要；標準化測驗使用的目的較為正式而廣泛，多為一般甄試、學生分組、能力診斷、成就測試、課程改進、報告績效等選用。

㈦最佳表現測驗與典型表現測驗

最佳表現測驗 (maximum performance tests) 是指測驗的目的在引起受試者的最佳反應者；典型表現測驗 (typical performance tests) 則是指測驗的目的在要求受試者報告其通常的典型行為表現。智力測驗、性向測驗與成就測驗等屬最佳表現測驗，也因此被簡稱為測驗 (test)；態度量表、興趣量表、人格量表與評定量表等屬於典型表現測驗，因此多被稱為量表 (scales or inventories)。「測驗」二字常暗示其結果有好壞或及格與否之意；但是「量表」則只將其結果看作代表個人的典型屬性，沒有通過與否的考慮。這是理想的分際，然而有些屬於量表者仍然援用測驗二字。

㈧參照常模測驗與參照標準測驗

參照常模測驗 (norm-referenced tests) 是指受試者測驗結果的解釋，是以其結果與某一特定團體的測試結果相比較而決定其意義與地位者；參照標準測驗 (criterion-referenced tests) 則是指受試者測驗結果的解釋，是以其結果是否達成事先確定的標準而決定其意義與地位者。參照常模測驗常用難度適中的試題以便觀察受試者的個別差異現象；參照標準測驗則欲測試受試者是否達到事先確定的最低成績標準，通常是 80% 或 90% 以上的正確度。可見，參照標準測驗為評量熟練學習 (mastery learning) 與衡量教學目的實現程度的產物。

㈨進展評鑑與總結評鑑

進展評鑑 (formative evaluation) 指評量於教學進行之際實施者；總結評鑑 (summative evaluation) 指評量是教學結束時實施者。進展評鑑的目的在瞭解教學階段的進展情形，並試圖診斷教學歷程中所遭遇的困難；總結評鑑的目的在對教學的整體結果有個概括性的瞭解。

第二節　評量使用的尺度

常用的評量尺度有：名義尺度、等級尺度、等距尺度與等比尺度。

一、名義尺度 (nominal scale)

名義尺度是利用數字對人、事、物等分別予以標名。例如，每個球員的球衣標有不同的數字，以便指認與識別。教學研究常使用名義尺度，如 1, 2, 3 等以區別學生的性別、種族或身分等。由於此種尺度僅用以標名與區別，嚴格說來，它不代表真正的計量。它在統計上多限於累積 (accumulation) 或次數分配 (frequency distribution) 上。

二、等級尺度 (ordinal scale)

等級尺度是利用數字依序代表事物屬性的多少、大小、強弱或快慢等。例如，田徑賽的排名，書法、美術或音樂比賽的得獎名次等都使用等級尺度。一旦使用等級尺度，我們便不再注意各等級之間屬性的實在差異量。例如，書法比賽的前三名中，第一、二名之間的品質的差異與第二、三名之間的品質的差異，雖在等級上各有一級之差，其在實質上的差別可大可小。

三、等距尺度 (interval scale)

等距尺度是使用等距數值以表示事物的屬性在相對關係上的量數。最常見的等距尺度是溫度表。例如，攝氏溫度表上的尺度是等距的，亦即每度之間的距離完全相等。因此，攝氏 20 至 25 度之間與攝氏 25 至 30 度之間都是相等的 5 度。然而，由於等距尺度的零度是相對建立的，因此攝氏零度並不表示沒有溫度，它僅表示達到此一溫度時純水凝固成冰。由於「零」不是絕對的「無」，因此攝氏 30 度的溫度便不是攝氏 15 度溫度的兩倍。美國各級學校使用的成績等第，如 A = 4、B = 3、C = 2、D = 1、F = 0 等五級，可以歸屬於等距尺度。因為成績得「F」的學生，並不見得所學的知識或技能的量數為「0」；成績得 A 的學生，也不見得其知能為成績得 C 的學生的兩倍。因此，使用統計法處理等距尺度的資料與解釋其結果時，應特別慎重。

四、等比尺度 (ratio scale)

等比尺度包括等級與等距尺度的特點外，它具有「絕對的零」作為尺度的起點。換言之，等比尺度的「零」就是實質上的「全無」，也就是質量或屬性的不存在。從絕對零開始的數值及其獲得的比率關係，具有實質的數值意義。例如，10 元為 5 元的兩倍；20 公里為 4 公里的 5 倍。其比率關係代表屬性間的真實關係，這是它與等距尺度的最大不同之處。自然科學的測量多使用等比尺度，因此其精確性高，其意義也明確。

第三節　良好評量工具的特徵

評量工具有良莠之分，教師應明辨之。良好的測驗或量表可以協助教師達成其評量的目的；不良的測驗可能對學生的能力或成就產生誤解或曲解。有鑑於此，教師於選擇標準化測驗或自行編製測驗時，應採取

「寧缺毋濫」的原則，做謹慎的取捨。良好的評量工具有三大特徵：信度高、效度高與實用度高。

一、測驗信度的意義與估計

測驗信度 (test reliability) 為一測驗對同一受試者引起同樣反應的程度。換言之，測驗信度為測驗分數的一致性 (consistency)。教師測驗學生，均假定其所測試的結果可靠與可信，因此測驗信度非常重要。例如，知道二加三等於五的學生，每見試題 2＋3＝? 時必以 5 答之，因此其信度高。然而，若一人格量表的問題是：「你是否易於感到疲倦?」則視受試者當時的身心狀況而反應。使用信度高的測驗，即使一測再測，其結果必定相當一致。測驗信度有幾種估計方式，茲簡介於後。

㈠穩定性的評量 (stability measure)

此法以一測驗測試一組受試者，於相隔一段時間後（從幾分鐘至幾年不等），再使用同一測驗測試同一組受試者，然後以兩組分數相關係數的高低代表該測驗的穩定性的高低。此種評量穩定性的方法，稱為重測法 (test-retest method)。重測法所得的信度係數有偏高的現象，尤以速度測驗為然。

㈡等值性的評量 (equivalence measure)

許多標準測驗備有複份 (equivalent or parallel forms)。若兩套類似試題測試同一目的，則兩測驗可以稱為複份。此法將測驗的兩複份在短時間內先後測試同一組受試者，然後以兩複份分數相關係數代表測驗分數的等值性。此種評量等值性的方法，稱為複份法 (equivalent-form method)。複份法能避免重測法所難防止的記憶因素，為其一大優點。

㈢穩定性與等值性的合估 (stability and equivalence measures)

此法與等值性的評量類似，唯將兩複份測試的先後時間間隔予以延長，這一措施便多加了穩定性評量。

㈣內部一致性或同質性的評量 (internal consistency or homogeneity measure)

　　前述三種評量信度的方法均需每一受試者受試兩次，然後求兩組分數的相關。事實上，有些測驗既無複份，有時又限於情況無法要求原有受試者進行重測（例如，受試者只有一次參與受測的機會，此後各奔東西不再聚集），僅能使用一測驗對同一組受試者測試一次。為此，測驗學家另外找出一次測試結果的信度評量法，它包括三種不同的方式：分半法（又稱折半法）、寇李二氏法與阿爾發係數。

　　分半法 (split-half method) 是將測驗分成兩半評分（如單數題與偶數題），然後使用斯比公式 (Spearman-Brown Formula) 估計其信度係數。採用寇李二氏法 (Kuder-Richardson Method)，若不用電腦協助計算，可以選擇較易的 KR21 公式。此法的優點在避免將一測驗結果分半評分，但其所得的信度係數與來自分半法所得者頗為相近。阿爾發係數 (coefficient alpha) 是柯倫巴赫 (Cronbach, 1951) 所創始，其優點在可適用於多答案試題的測驗。

㈤參照標準測驗的信度估計

　　上列信度係數的估計法是完全基於傳統使用的參照常模測驗而建立。近年來有若干參照標準測驗的新信度估計法，這些方法大多採用寇李 KR20 公式或其類似的方法。

二、影響測驗信度的因素

　　影響測驗信度的因素多來自不可預測的測驗誤差 (random error)。主要的測驗誤差如下 (Chatterji, 2003)：

1. 試題過少，無法獲得持續性反應表現。
2. 做法說明的不足、不清楚或誤導。
3. 應試時間不足，無法完全測試所有受試者。
4. 考試場地所造成的分心與不穩定反應。

5. 評分者或觀察人員的主觀因素或偏見。

6. 應試者本身的不穩定反應，如失常、疾病。

三、測驗效度的意義、類別與估計

　　測驗效度 (test validity) 是指一測驗能夠真正測試該測驗所欲測試的程度。換言之，測驗效度為測驗目的達成的程度。任何測驗的編製均有明確的測試目的，但並非所有的測驗都能完成其所欲達成的目的。不能達成目的之測驗，一如不能擊中目標的槍枝，殊少用途可言。

　　一般而言，效度高的測驗，其信度亦高；信度高的測驗，其效度未必高。凡能測得所欲測試的測驗，一定有高的信度；但是，只是測試結果頗為一致的測驗，便不能保證有高的效度。例如，受試者對某一測驗一直堅持其答案（信度高），卻答非所問（效度低）。

　　不同測驗各有其不同的目的，因而其效度性質與其估計方式也不相同。主要的效度有：內容效度、標準關聯效度、構想效度與表面效度。茲分別介紹並說明其估計方式。

㈠內容效度 (content validity)

　　一測驗的內容效度是指該測驗所包含的內容，是否充分概括該測驗所欲包括的內容。簡言之，內容效度指內容的代表性。例如，本國歷史測驗便應充分概括本國史的重要內容，其各部分的比重應與課程標準所揭示的各部分比重相符合。由於成就測驗的目的在測試學生的學習成就，因此測驗內容必須與教學內容相一致，它所講求的效度便是內容效度。最通用而簡易的效度估計法，是將測驗內容依教材單元的類別與測驗目的之分類編成試題明細表 (item specification table)，以研判測驗內容的代表性，作為評估效度的基礎。表 14～1 為試題明細表之一例（請注意：本表所列測驗名稱及其內容均為虛擬者）。

表 14～1　國民中學生物測驗試題明細表

內　　容	知　識	理　解	應　用	合　計
生物的特徵、結構與分類	9%	12%	9%	30%
生命歷程、遺傳、功能與保健	12%	16%	12%	40%
環境生態的資源、運用與保持	6%	8%	6%	20%
生物研究、實驗與推廣	3%	4%	3%	10%
總　　計	30%	40%	30%	100%

　　試題明細表 14～1 中指出，有 9% 的試題 (30%×30%) 屬於測試學生對生物的特徵、結構與分類所具備的知識。同理，有 3% 的試題 (10%×30%) 屬於測試學生對生物研究、實驗與推廣所具備的應用能力。將各項試題的實際比重（百分比）與課程標準所訂定的比重相對照，就不難看出試題代表性的高低，測驗的內容效度也因而估計出來。

㈡標準關聯效度 (criterion-related validity)

　　一測驗的標準關聯效度，是指該測驗結果與另一作為標準的評量結果的相關程度。因此，一測驗效度的高低，可以使用受試者的另一評量結果作為標準，然後以兩評量結果的相關係數估計之。用以估計測驗效度的標準（例如學生的學業平均成績或從高效度測驗所得的分數），稱為效標 (criterion)。標準關聯效度必須謹慎選擇所使用的效標。若效標本身都缺乏效度，它便不能用以評估任何測驗的效度。標準關聯效度依效標是否與測驗同時獲得或於未來獲得，而有同時效度與預測效度之分。

1.同時效度 (concurrent validity)

　　一測驗的同時效度，為該測驗的結果與另一大約同時獲得的評量結果（即效標）之間的相關程度。例如，誠正國中為估計其最近編製的「誠正綜合學業成就測驗」的效度，便以該測驗與高效度的「國中標準成就測驗」同時測試所有三年級的學生，以估計該測驗的同時效度。

2.預測效度 (predictive validity)

　　一測驗的預測效度，為該測驗的結果與另一後來獲得的評量結果（即效標）之間的相關程度。預測效度效標的建立遠在測驗之後（從幾個月

到幾年不等），因此預測效度代表測驗的預測能力。假如一評量機構所編製的「大專學力性向測驗」，能成功地預測高中畢業生進入大學一年後的學業成績，則該測驗有高的預測效度。估計預測效度亦可以使用簡易的期待表 (expectancy table) 做迅速的觀察。表 14～2 為期待表之一例（本表為舉例之用，所列內容均為假設者）。

表 14～2　數學性向測驗分數與學年數學成績等第期待表

數學性向測驗分數	丁　等	丙　等	乙　等	甲　等	總　計
高分數（80 分以上）			25%	75%	100%
中等分數（60 至 79 分）	20%	40%	30%	10%	100%
低分數（60 分以下）	60%	25%	15%		100%

從表 14～2 可以清楚地看出，數學性向測驗分數高的高中畢業生，其在大學一年後的全學年數學成績有 75% 獲得甲等，其餘 25% 獲乙等。反之，數學性向測驗分數低的學生，其全學年數學成績大多數 (60%) 不及格，只有 15% 獲乙等，其餘 25% 獲丙等。數學性向測驗分數中等的學生，其全學年數學成績多數居中。可見，該數學性向測驗對受試者的大學數學成績有高度的預測效度。

(三)構想效度 (construct validity)

一測驗的構想效度（又稱建構效度），為該測驗結果可以憑其所假設的構想 (hypothetical construct) 予以解釋的程度。例如，一智力測驗的構想效度，是指受試者對試題作答的正確與否，可否被解釋為智力高低的表現。因此，一智力測驗的構想效度愈高，其評量智力的能力亦愈高。如果有人指出：「我不相信那智力測驗真能測量我的智力！」他所懷疑的便是該智力測驗的構想效度。構想效度可以從下列方法估計：(1)分析心理歷程與試題之間的關係；(2)比較兩組受試者（如高智力者與低智力者）在同一測驗（如智力測驗）上的表現差異量；(3)比較前測與後測的變化（智力變化少，成就變化可能多）；(4)求一測驗與其他類似測驗的相關等。

㈣表面效度 (face validity)

　　一測驗的表面效度是指該測驗在表面上看來可以達成其所欲測試的程度。它指受試者對測驗外觀所獲得的印象。一般而言，智力測驗與成就測驗都有相當高的表面效度。

㈤參照標準測驗的效度估計

　　參照標準測驗是以教學目的實現與否作為測驗的目的，加上它是熟練教學的產物，因此它偏重內容效度。前述內容效度的估計方法便適用於參照標準測驗。

四、影響測驗效度的因素

　　影響測驗效度的因素，多來自系統性誤差 (systematic error)。主要的測驗誤差可簡列於下 (Chatterji, 2003)。

1. 試題不真正代表所測試的構想。例如，學生對數學題中所提到的科學事例缺乏應有的概念。
2. 受試者沒機會學習所測試的內容。例如，全縣市數學會考包括幾何試題，有些學生卻沒有選修幾何課程。
3. 語文或文化的障礙。例如，試題使用流行的電腦術語，缺乏電腦知識的學童不解其意。
4. 評量情境所引起的障礙。例如，由於試題的語文結構，學生不懂題意。
5. 試題類型無法充分反映所測試的構想。例如，以選擇題測試受試者的寫作能力。
6. 試題內容或作業超越受試者的身心發展階段。例如，幼小兒童被要求在複雜的答案紙上做反應（如在適當的格子裡做不同畫記）。
7. 試題或內容的偏見。例如，試題裡有一段關於棒球賽的狀況，結果男受試者比女受試者有較佳的作答表現。
8. 測驗的使用超越該測驗的原始目的。例如，教師利用其教學使用的自編測驗作為學科能力診斷測驗，遺漏許多應包括的試題領域。

　　上述因素中，有不少是與測驗的公平性有關。公平測驗 (fair tests) 是指不偏倚、不歧視的測驗 (McMillan, 2004ab)。因此，受試者因其性別、族群、社會階層、文化背景而在測驗結果上受益或受害，便不是公平測驗，不會有可接受的效度。

五、測驗的實用度

　　一測驗的實用度 (test utility) 是指該測驗是否易於實施、是否省時、是否易於評分、是否易於解釋其結果與是否有複份可用。選擇測驗，必須先要求有滿意的信度與效度，然後考慮下列的實用度。

㈠易於實施 (ease of administration)

　　易於實施是指主試者與襄試者均能依簡明易懂的規定 (instructions) 進行測驗、監督測驗與收發試卷，受試者亦能依簡易的指示進行答卷。

㈡省　時 (time saving)

　　一般而言，介於二十分鐘至一小時長度的測驗，不僅合乎多數受試者的身心適應能力，而且其測驗長度可以保持相當高的測驗信度。在一定限度之內，測驗試題愈多，其信度亦因而愈高。

㈢易於評分 (ease of scoring)

　　實用的測驗易於評分；否則需要花費太多時間與人力去評分，而且容易造成評分與計分的錯誤。多數標準化測驗採用客觀測驗試題（如選擇題或是非題），以增加評分的客觀性，防止評分者的主見或偏見影響評分結果。

㈣易於解釋測驗結果 (ease of interpretation of test results)

　　測驗後的評分所得，稱為原始分數 (raw scores)。其本身殊少意義可言。到底考 70 分是好是壞，必須對照或比較。如果測驗附有手冊，其中有常模、原始分數與標準分數 (standard scores) 或百分等級 (percentile ranks) 的對照表，則教師可經由所得解釋其測驗結果。同時，手冊內應報告該測驗分數的標準誤 (standard error of measurement)，以協助教師做更有彈性而恰當的解釋。

㈤有複份可用 (having equivalent forms)

測驗有複份可用，可以重測學生，以瞭解學生的進步情形。有複份備用，若遇試題洩露或某轉學生已被測試過等臨時需要時，可立即換用複份，以求測驗的客觀與公正。

第四節　評量的限制與應循的評量道德

教育與心理測驗的發展與應用並非一帆風順或毫無阻力：部分是由於測驗本身的未臻理想（如間接觀察、屬性界定的困難等），部分是由於測驗使用者的誤解或濫用，也有部分是由於一般大眾對測驗的缺乏瞭解。

一、教育與心理測驗所受的批評

測驗承受不同程度的猜疑、批評、不信任、攻擊、甚至反對。有些關切與批評頗為中肯，有些批評出自疑慮，有些批評相當情緒化。茲列舉一些常見的批評如下。

㈠測試使受試者焦慮，因而導致表現失常

大多數學生認為測驗對他們有益無害，但有部分學生表示測驗若影響他們的將來（如升學、就業、升遷、領取執照等），令他們緊張與不安。使用測驗者，雖不能對受試者在正常測驗情況下所引起的焦慮負責，但若以測驗結果作為唯一的重大決定標準，便有謹慎考慮其後果的道德責任。

㈡測驗使受試者被永久分類

誤用智力測驗與人格量表，常使一些受試者背上一些「頭銜」。測驗結果，有的令人過分驕矜，有的令人沮喪與失望。因測驗結果而被稱為「天才」或「神童」，反而增加不必要的精神負擔；若被稱為「遲滯」或「低能」，只好與遲滯者為伍，只能以低能定終身。誤信測驗萬能者，常將個人的命名或分類經由測驗而合理化。

㈢測驗有時懲罰聰明而富有創造力者

有些測驗題所要求的答案過分簡易，不能測試聰明學生的心智能力；有些測驗的解答過分刻板，不能使富於創造力的學生有機會表達其創新的知識。

㈣測驗干預私事

有些人格量表的問題，常觸及令人「羞於告人」的個人祕密或私自想法。雖然測驗使用者未經受試者的同意，不得隨便洩露其測驗的結果。然而，受試者常因不能獲得「保密」的保證，因而於完成測驗後，時刻耿耿於懷。當然，測驗如須觸及個人最為敏感的私事時，主試者應對受試者說明測試目的，保證測驗結果的守密與謹慎地解釋測驗的結果。若測驗使用者將幾名智力測驗中得高分的學生名單及其智商公布，便嚴重違反其專業道德。

㈤測驗主導教學

有些測驗被稱為高賭注測驗 (high-stake testing)，是指對個人的前途或學校的前途有重大影響的測驗（如升學的學力測驗、全國性或地方性抽考或大考）。為了準備應試，不僅小考、週考、月考、期中考、期末考等頻頻舉行，甚至連教學也為應付考試而進行。許多教學本應重視實驗、觀察、記錄、解決問題、表演、討論或創新等方式，結果為了應付考試，教學便成為忙於填空格、選答案或死記瑣碎知識等活動。這就是所謂的「為考試而教學」：考試是主、教學是從。

　　上述幾點為針對教育及心理測驗所做的一般性批評。這些批評多涉及標準測驗的選擇、測試、解釋與應用，教師應於平時充實有關標準測驗及其發展的新知，並於選用標準測驗時特別謹慎。

二、協助學生減少測驗焦慮

　　測驗焦慮 (test anxiety) 為一些受試者常遭遇的難題。既然許多受試者於測試時顯得緊張、焦慮，甚至答非所問而不察，教師便應設法協助學生應試，使測驗結果能真正代表學生的知能。應試時緊張或焦慮的因素很多，教師所能協助學生的是：應試技術的改善與焦慮癥候的減少。

　　改善應試技術與考前惡補不同 (Anastasi, 1988)，前者在協助受試者控制測試時間、瞭解作答須知、採用合理的猜答策略與注意試題中的重要訊息等；後者偏重記憶與測驗內容有關的材料，其效果短暫而且偏狹。

　　一般而言，測驗焦慮可能來自成敗關鍵的壓力、試題過難的感覺與時間的壓力。艾佛遜 (Everson et al., 1991) 等提供一些減少測驗焦慮的策略：(1)減少由測驗引起的競爭與比較，採用參照標準方式評定成績；(2)增加測驗或小考次數，避免一次大考定成績的壓力；(3)改善學生的應試技術；(4)考前預告學生測驗所包括的內容與試題類別，以減少猜疑或不安；(5)使學生確實瞭解各類試題的作答方式與應考規則。

三、關係評量的不道德措施

　　評量雖有許多功能，教師應關懷的是，經由評量來檢討教學目的達到的程度，以便改善教材或教學。然而，教師常被捲入高賭注測驗的壓力旋渦中，影響其教學與評量活動。薩克斯 (Sax, 1989, 1997) 列舉教師的不道德的評量措施，其要點如下。

1. 教師只教導學生必須應試部分的課程，因而忽略沒有測驗的課程。
2. 教師藉機會接近試題，並以已知試題為主而教學。
3. 教師將標準測驗試題混進自編測驗之內，使學生獲得機密而不察。
4. 教師編製與標準測驗極相似的測驗供學生練習，以提高測驗分數。

5.教師要求可能考低分的學生不參加測驗，以提高團體分數。

6.教師認為學生對測驗已準備完善，不再教新教材，徒然浪費時光。

7.教師擅自改變測驗規定的時限或評分方式。

8.教師鼓勵學生間、班際或校際的無謂競爭，引起學生的高度焦慮。

四、關係評量的合乎道義的措施

薩克斯 (Sax, 1989, 1997) 為防止前述的不良措施，乃要求教師採取以下合乎道義的評量措施。

1.教師事先預告測驗日期、目的、內容、試題方式與準備方法。

2.教師教導學生答卷的技巧，並給予適當的練習機會。

3.教師鼓勵學生盡其所能，但避免威脅或刺激學生。

4.教師將有關測驗的資料於測驗前後妥為保管。

5.教師將學生集中測試，以免不同班級分別測驗時條件差異過大。

6.教師研究學生的測驗結果，發現其優缺點，以便改善教學。

本章內容摘要

1. 測驗是指使用作業以觀察被試者對作業的反應,以衡量其心理或教育屬性;評量是泛指依特定規則將所觀察的屬性予以量化的歷程;評鑑是指依據評量所得,對事物屬性賦予意義或價值判斷的歷程。

2. 教育及心理評量有下列特徵:量化的困難、恆等單位的意義不肯定、誤差大、間接觀察與意義的相對性。

3. 教師應具備的評量知能有:瞭解評量的功能;瞭解效度與信度;明瞭信效度在編製、選擇與使用評量工具時所扮演的角色;熟悉教師自編測驗;協助選擇標準測驗;適當地主持測驗;瞭解如何解釋測驗的分數;編製、選擇與使用測驗以外的評量工具;明瞭測驗的限制並遵守測驗的道德規範。

4. 評量的主要功能有:考選學生、決定年級或組別、診斷學習困難、瞭解教學效果、增進學習動機、進行教育研究、改善課程與教材、協助諮商與輔導、改進師資與報導教學績效。

5. 評量因形式、性質與功能不同而有下列類別:個別測驗與團體測驗、客觀測驗與主觀測驗、能力測驗與速度測驗、語文測驗與非語文測驗、紙筆測驗與操作測驗、非正式測驗與標準化測驗、最佳表現測驗與典型表現測驗、參照常模測驗與參照標準測驗,以及進展評鑑與總結評鑑。

6. 名義尺度是利用數字對人、事、物等分別予以標名;等級尺度是利用數字依序代表事物屬性的多少、大小、強弱或快慢等;等距尺度是利用等距數值以表示事物屬性在相對關係上的量數;等比尺度包括標名、等級與等距尺度的特點外,它具有絕對的零作為起點。

7. 測驗信度為一測驗對同一受試者引起同樣反應的程度,亦即測驗分數的一致性。它的估計方式有:使用同一測驗隔時重測兩次的穩定性評量;使用測驗複份先後測試的等值性評量、穩定性與等值性的合估與一測驗的內部一致性的評量。

8. 測驗效度為一測驗能夠真正測試該測驗所欲測試的程度。效度高的測驗,其信度也高;信度高的測驗,其效度未必高。

9. 測驗的內容效度為一測驗所包含的內容是否充分概括該測驗所欲包括的內容。使用測驗試題明細表可以研判一測驗內容的代表性,因而評估其效度。

10. 測驗的標準關聯效度是指一測驗結

果與另一作為標準的評量結果的相關程度。它可分為測驗與效標同時獲得的同時效度，以及以一測驗結果預測另一評量結果的預測效度。

11. 測驗的構想效度為一測驗結果可以憑其所假設的構想予以解釋的程度。智力測驗與人格測驗非常重視構想效度。

12. 測驗的表面效度為一測驗在表面上看來可以達成其所欲測試的程度。

13. 測驗的實用度泛指一測驗是否易於施測、省時、易於評分、易於解釋測驗結果與有複份可用。

14. 測驗的使用常受的批評與關切是：它使受試者焦慮、使受試者永久被分類、有時懲罰聰明而有創造力者、干預私事或主導教學。

15. 有助於減少測驗焦慮的策略有：減少由測驗引起的競爭與人際間的比較；增加測驗次數，避免一次大考的壓力；改善學生的應試技術；預告測驗包括的內容與試題形式；使學生瞭解作答方式與應考規則。

16. 教師應盡量採取合乎道德的評量措施，避免不道德的評量措施。

第 15 章 | 學業成就的評量與報告

本章大綱

©ShutterStock

與教學關係最為密切的評量措施為學業成就的評量。學業成就的評量，可以協助學校與教師甄選學生、決定學生的年級與組別、診斷學習困難、瞭解教學效果、增進學習動機、進行教學實驗或研究、協助學業輔導、改善課程與報告學校教學績效等。評量學業成就可以使用標準化成就測驗、教師自編測驗或其他非測驗性評量方式。

第一節　標準化成就測驗的選擇與使用

一、標準化成就測驗的特性

　　標準化成就測驗 (standardized achievement tests) 是指由專家或學者所編製，其測驗過程、評分手續與分數解釋均有一定的標準或規定，以評量個人學業成就的評量工具。以標準化成就測驗測試的結果，無論何時何地，均可用以比較，這是它與教師自編成就測驗的最大差異。由於測驗條件的標準化，每人對同一分數的解釋也能一致，成就評量結果的比較可以客觀，其比較的範圍（如校際、縣際或省際）與時限（如每三年一次）也更寬廣。

二、標準化成就測驗的選擇

　　不論為教學、行政或研究，若學校一旦決定選購標準化測驗，下列原則必有助於學校做明智的決定。

1. 所選擇的測驗必須能夠達成其使用測驗的目的。
2. 所選擇的測驗必須已獲得廣泛證實的高效度與高信度。
3. 所選擇的測驗必須有高度的實用性。
4. 測驗的選購是集思廣益、審慎研議的結果。

三、標準化成就測驗的類別

㈠預備度測驗 (tests of readiness)

　　此類測驗的主要目的在鑑別個人接受學校教學的能力。預備度測驗的功能有：⑴預測正式學習的成就程度；⑵診斷個人學習的優點與缺點，以便於正式學習之前進行補救教學；⑶提供全盤瞭解學生背景所需的部分資料。小學就學預備度測驗多偏重閱讀基礎的評量，其主要內容包括視覺識別、聽覺識別、文字理解、字詞與數字的認識、繪畫與抄錄等。至於中學或大學預備度測驗，則多為單一學科性向測驗或綜合性向測驗。

㈡閱讀能力測驗 (reading tests)

　　閱讀為所有學習的基礎。此類測驗的目的在評量個人的字彙、閱讀理解及閱讀速率等能力。閱讀能力測驗的主要內容有：單字字義、單字在文句中的字義、段落要義、段落內容細節、文內相關要項、段落主旨、文章隱義、段落結論、文學結構與作者的格調及意趣等。然而，不同閱讀能力測驗的內容彼此差異很大，因此選擇上應該特別謹慎。加上，影響閱讀能力的因素，如興趣、態度、閱讀材料的內容等，殊難從標準化閱讀能力測驗中獲知，教師應注意觀察與評量，以補充正式測驗的不足。

㈢綜合成就測驗 (achievement batteries)

此類測驗的目的在一次同時評量個人在不同學科的成就程度。其優點在能比較學生在不同學科上的成就差異，但有些學科的測驗內容可能不適合個別學校的特殊教學情況。綜合成就測驗多根據專家認為重要的教學目的與教學內容而編製，因而可能忽略個別學校或學區的特殊需要。許多綜合成就測驗打破學科的界限，而以精簡的綜合基本能力測驗取代。綜合基本能力測驗 (tests of basic skills) 就學習各學科的主要知能為主，評量學生在此等知能方面的成就程度。測驗所指的「基本能力」，多指閱讀能力、語文能力、數學能力與學習技術等。

在法國巴黎有個經濟合作與發展署 (Organization for Economic Co-operation and Development, OECD) 為瞭解世界各國的教育現況，於 1999 年起編製一套稱為 PISA (Programme for International Student Assessment) 的綜合成就測驗，以評量各國十五歲學生在數學、科學和閱讀能力三方面的學習成就。它每三年測試一次。最近的一次是 2015 年測試的，於 2016 年發表的測試結果，排在前三名的是新加坡、日本、南韓。臺灣的成就是：數學第四名、科學第四名、閱讀第二十三名。

㈣單科成就測驗 (a test of specific area)

此類測驗旨在評量學生在某一科目的學業成就程度。此類測驗的優點在：(1)容易選擇，幾無綜合成就測驗「拖泥帶水」的麻煩；(2)適合個別學校或教師的教學情況；(3)單科測驗較綜合測驗的分測驗為長，因而其測驗信度較高；(4)測試的安排較易，不似綜合成就測驗的費時費事。唯，使用單科成就測驗可能使各科目間的比較產生困難。此際，綜合成就測驗便有「一舉數得」的優點。

㈤診斷測驗 (diagnostic tests)

此類測驗的目的在測試個人學習的優缺點，尤以診斷缺點為主。診斷測驗與一般成就測驗不同之處有三：(1)診斷測驗包含大量試題與許多分測驗分數；(2)診斷測驗試題的編製側重學習最成功的技能與最常遭遇

的錯誤；(3)診斷測驗試題難度低，因而最起碼的錯誤都可診斷出來。事實上，診斷測驗多評量閱讀與數學兩方面的學習困難。

四、標準化成就測驗的使用

標準化成就測驗適用於一般性教育發展的評鑑。在美國，於 2001 年國會通過「無兒童落後」(No Child Left Behind, NCLB) 的教育改革法案 (PL 107–110)，規定每年測試三至八年級學生的閱讀與數學程度。原來許多州政府教育廳已經使用標準化成就測驗評量與鑑定學校的成就等級，並以評量結果作為學校認可的重要標準。如果縣級學校的測驗結果未達認可標準，先則勒令限期改善，如未如期改善，其學校便由教育廳代管以求改善（如更換校長、汰除不稱職教職員、改善教學設備等）。自從「無兒童落後」教育改革法案通過後，為了考察與瞭解各級學校的教育績效，使用標準化成就測驗已成為全國性教育評量的例行任務。

同樣地，許多國家利用前述 PISA 的測試結果作為評量教育改革成敗的參考，加拿大便是一個明顯的例子。它有所名為亞力山德拉公園 (Alexandra Park) 的學校，得知其 2015 年的測試結果，數學成績為 564 分，比新加坡的 535 分高出不少，全校師生都十分喜悅與自豪，與過去比較，進步良多。根據學生的反應，大多歸功於老師的優秀與其努力教學，老師於課後還關懷並輔導學生的功課，尤其是功課落後的學生。

第二節　教師自編成就測驗

標準化成就測驗雖有上述的優點與功能，惟它們完全不適用於日常教學評鑑之用。日常教學的目的有限，教材內容也相當狹窄，教學進度富於彈性，學習效率的評估時次也相當頻繁，因此非由教師自編其成就測驗不能適應此等教學的特殊需求。教師自編測驗 (teacher-made tests) 便是指由教師自編而適用於校內的小考、週考、月考、期中考或期末考的測驗。雖說教師自編測驗在編寫、選題、印製、填答、計時與計分手續

等不如標準測驗嚴格，但它仍然可以有優越的品質。

　　欲編製一套可用的成就測驗，不能端靠教師對教材的透澈瞭解。編製測驗必須具備一些必要的評量知能，並須按部就班地依循一定的步驟與原則進行。下列編製測驗的步驟、知識與原則，對編製測驗以達成評量的目的必有助益。

一、配合既定的教學目的

　　教師自編成就測驗的最主要目的是在評量學生的學習成就，亦即瞭解教學目的之實現程度。因此，測驗的編製便非配合既定的教學目的不可。教學目的早已於教學進行之前列述清楚，無須「重起爐灶」另行確立與教學目的相同或類似的評量目的。教師於編寫試題之前，只須將教學目的一一過目；並於試題編竣之後，概估該測驗與教學目的之配合程度。如此，以教學目的為主而編寫的測驗，方不致流於「為測驗而測驗」、「為難倒學生而測驗」、「為誰比誰聰明而測驗」或「為出題方便而測驗」等弊病。教學目的的分類與敘述已於本書第十二章介紹過。

二、使用測驗試題明細表

　　教學目的之分類旨在兼顧學生的各種認知能力而無所偏廢。然而，多數教材單元所涉及的認知能力，常因單元內容的不同而互異。有些單元偏重知識與應用；有些單元偏重理解、應用與評鑑；有些單元重視所有六種認知能力的教學與評量。因此，為使評量能夠顧及教學目的之分類、教材單元比重的不同，以及試題總數的分配等三方面的彼此契合，教師最好能事先編製如表 14～1 的試題明細表，然後依次編寫試題。成就測驗既然重視內容效度，測驗試題明細表的使用，將對教師自編成就測驗效度的增進有莫大的貢獻。

三、瞭解與編寫各種試題形式

編寫試題時，到底應選用何種試題形式（如申論式、是非式、填充式、選擇式、配合式等），並非根據試題編寫的難易或教師的偏愛而決定，而是根據何種試題形式最能從何種測驗內容引起最適切的反應，而此等反應最能代表學習目的之實現程度。換言之，最能充分評量教學目的實現程度的試題形式，便是應該選用者。正因為如此，教師自編成就測驗殊少有主觀測驗題與客觀測驗題的爭議，只問何種測驗方式最足以反應其教學成就。

測驗所使用的各種試題形式各有其獨特的功能及其優缺點。茲就常見的申論題、簡答題、填充題、是非題、選擇題與配合題等的功能、優缺點與編寫原則做簡扼的介紹。

㈠申論題 (essay test items)

申論題可以評量學生組織知識、創建新思與自由表達思想的能力。一般而言，此等能力的評量較難由其他試題形式所獲得。惟，認為只有申論題方能評量複雜的思考能力或高度的心智活動，是錯誤的見解。

1.優　點

⑴可以給予學生自由作答的機會，如抒發感觸或辯駁他人的見解。

⑵若作答必須根據學習的記憶，缺乏應有記憶資料的學生，只好放棄作答。

⑶可使用於人數較少的學習評量。

⑷可評量學生的組織與創思能力。

⑸編印試題比較省時省事。

2.缺　點

⑴評分客觀性不僅個人前後不一，甚至學科專家們的評分也難一致（評分常受評分者個人的主觀意見及受試者的字跡、文法、修辭、答案長短及作答技巧的影響）。

⑵難以包括足夠的試題以概括重要的教學內容，內容效度可能因而偏低。

⑶教師評分，費時太多。

⑷有些學生善於迂迴作答 (bluffing) 以掩飾對試題答案的無知。

⑸多數申論題的使用，不在發揮其主要功能，反而助長「死記」或「重述事實」。

⑹評分時常受連帶效應 (carryover effect) 的影響，使一題評分的高低左右下一題的評分。

3.編寫與評分原則

⑴使用申論題必須是為配合教學目的之達成。

⑵問題本身應清楚地界定所要求的答案，否則學生可能答非所問。

⑶指出答案的長度要求、分數比重與作答時限。

⑷避免多出試題讓學生從中自由選擇一些作答。

⑸多出短答題以代替少量的長答題。

⑹事先確定評分規則以處理錯別字及文法問題。

⑺一次評完所有的同一問題的答案後才評次一問題的答案。

⑻給予答案應有的回饋或實切的評語。

⑼事先備妥答案的範例。

⑽避免知道試卷上的學生姓名。

㈡簡答題 (short-answer questions)

簡答題可以評量學生對簡短而重要的知識的記憶程度。由於簡答題既要求記憶重要的知識，又能獲得相當客觀的評分，因此多為教師所樂用。簡答題的答案必須簡短明確，方能符合其所具有的特色。例如，「常人的平均體溫為攝氏幾度?」便是良好的簡答題，因其答案簡短而重要。

1.優　點

⑴試題容易編製。

⑵學生必須記憶所學，以便作答。

⑶答案容易評分。

⑷可以多出試題，以提高內容效度。

⑸節省學生書寫的時間。

2.缺 點

(1)簡答題的使用常流於零星知識的評量。

(2)有些試題可能引起不同的答案反應，或同一答案有許多不同的表達方式，因而容易影響評分的客觀性。

(3)過分偏重記憶。

3.編寫原則

(1)答案必須簡明而具體。

(2)避免直接摘自課文作為問題。

(3)以直接發問方式編寫。

(4)避免使用含有答案線索的文字。

(5)事先備妥正確答案的範本，以協助客觀評分。

(三)填充題 (completion items)

填充題可以評量學生提供適當的答案以完成句子的能力。填充題與簡答題有不同之處：受試者對前者必須考慮其答案與整個文句間的形式及內容關係，但對後者則只須給予問題正確的答案。換言之，填充題要求學生完成句子；簡答題則要求學生回答問題。若填充題所留的空白置於句子的末端，則其形式與簡答題幾乎相同。例如，「6 為 48 的＿＿＿%」為填充題；但與「6 為 48 的百分之幾?」的簡答題大同小異。

1.優 點

(1)填充題相當容易編寫。

(2)除非編寫得太差，否則學生無法胡猜。

(3)一次測驗可以包括許多題目，因而教材的取樣廣泛。

2.缺 點

(1)一個空白可能有數個近似的答案。

(2)若出題呆板或抄自課本而省略一、二字詞，則容易造成學生死記或強記的現象。

(3)善於應試的學生常借試題文法或修辭上的關係，推敲或揣測答案，而非靠真知實學（如「臺灣北部的最大都市是＿＿＿」）。

3.編寫原則

⑴將空白置於句中或句尾，避免置於文句的起點。

⑵不應直接抄錄課文後移去幾個字作為空白，以防止學生死背課文。

⑶空白的長短不因答案的長短而變化，以免提供作答線索。

⑷防止測試瑣屑知識（如「欲成功解決問題，必須遵循　　　個步驟」）。

㈣是非題 (true-false items)

　　是非題可以評量學生對其所學正確辨識的能力。提供「是」的題目，旨在要求學生「再認」或「肯定」其學習；提供「非」的題目，旨在混淆學而不得或知而不澈的學生。因此，是非題必須是非清楚、對錯分明；舉凡不能分辨絕對是非者，不宜使用是非題。

1.優　點

⑴是非題相當容易編寫。

⑵由於一試題僅涉及一概念，因此可以廣泛取材，以提高內容效度。

⑶容易計分。

2.缺　點

⑴是非題多以敘述事實為試題內容，因此容易鼓勵學生強記或死記所學。

⑵為避免是非不明的爭議，教師常乾脆直接抄錄課文。

⑶是非題猜對的機率有 50%，即使學生不知答案，仍有猜中一半的機會，但我們難以肯定學生是否真猜。

3.編寫原則

⑴避免測試瑣屑知識。

⑵少使用負面敘述（如「鄭成功退守臺灣不是為了反清復明」）。

⑶不得在一試題內包括兩個涉及是非的概念。

⑷避免將「意見」本身納入是非的判定範圍內。

⑸應該「是題」與「非題」大約各半，不應全是或全非。

⑹避免使用「絕對」、「從未」、「所有」、「沒有」、「相當」等暗示答案的線索。

⑺即使是「非題」也應讀來頗似「是題」，別因為是「非題」而草率從事。

⑻不應玩弄文字以混淆是非。

㈤選擇題 (multiple-choice items)

選擇題可以評量學生理解、解釋、再認、比較與辨識所學的能力。迄今為止，幾乎所有標準化成就測驗與性向測驗都採用選擇題為主要題式。選擇題答案的編寫可採用兩種方式：一為正誤式、一為比較式。若選擇題所列的四個答案中，只有一個是對的，其餘都是錯的，這便是正誤式答案法；若選擇題所列的四個答案中，只有一個答案為最佳的，其餘都居次，這便是比較式答案法。比較式答案法，要求學生依試題內所載明的標準選擇最佳的答案，學生必須閱讀與比較所有答案以便決定取捨，因此它比正誤法較能評量高度的心智能力與認知技巧。至於編寫可以選擇一個以上答案的組合式答案法，由於牽涉題目得分比重、部分知識比重與瑣屑的評分，已經殊少使用。

1.優　點

⑴選擇題可採取多種形式以評量學生由淺近至艱深的成就程度。

⑵測驗內容取樣廣泛。

⑶評分容易而客觀。

⑷使用比較答案法，可以評量學生比較所學與評判所學的能力。

⑸每題待選的答案有四、五個之多，可以大量減少猜測中答的機會。

⑹可以做系統的試題分析，以診斷學生學習的得失。

2.缺　點

⑴欲編好選擇題，既費時又費思。

⑵常有因編寫不慎以致一題竟有兩個答案都對者。

⑶無法測試學生的語文組織與表達的能力。

由於許多大學教授抱怨大學生的寫作能力欠佳，美國的 SAT (Scholastic Assessment Test) 乃於近年來在選擇題外加上寫作題，以測試語文組織與表達能力。

3.編寫原則

⑴試題主幹 (stem) 應盡量包括有意義的問題或敘述。

⑵少用負面敘述方式。

⑶正確答案必須是絕對正確或最佳答案。

⑷盡量使不正確的答案酷似正確。

⑸避免在試題主幹內提供正確答案的線索（例如，「下列測驗中，何者為智力測驗?」是主幹，其五個答案中有一個是「魏氏智力量表」）。

⑹避免上下題相互關聯。

⑺避免錯誤答案明顯地離譜而無法被接受，只好挑選正確答案卻不知該答案為何正確。

⑻避免抄襲片斷課文作為正確答案，以防止學生過分依賴或背誦課文。

㈥配合題 (matching items)

　　配合題可以評量學生對字詞、文法、日期、事件、地點、人物、定義、公式、原則等關係的瞭解與聯結能力。配合題可以說是選擇題的一種變體，將性質屬於同一類的項目列於一邊，將性質屬於另一類但與前述項目相關聯的項目列於另一邊，令學生根據事先確定的關係（如「事件對發生日期」）做適當的配合。

1.優　點

⑴配合題易於編寫。

⑵可以評量學生的簡易觀念的聯結能力。

⑶可以大量減低猜中答案的機會。

2.缺　點

⑴使用過頻可能鼓勵考前強記或死記。

⑵受試者於尋求適當的項目相配合時，常需做無謂的重複閱讀。

3.編寫原則

⑴在同一邊的項目中，切忌將屬於不同類的項目混在一起。

⑵試題所包括的配對數不宜過多。

⑶排在右邊的「反應項目」的個數，應該多於排放左邊的「主項目」的個數，以便避免一對一的配合。

⑷同一項目中的試題應依序安排，避免雜亂。

⑸於作答說明中，應指明兩邊項目的關聯性質，以指導作答時的思考方向。

⑹若一邊使用 1, 2, 3……，另一邊則使用 A, B, C…… 以資區別。

四、編排試題與撰寫試題做法說明

　　試題編寫完畢之後，應做適當的選擇與編排，並提供試題做法說明。選擇試題旨在挑選最能測試教學目的達成的程度。選擇與編排試題可依下列原則進行：⑴配合單元教學目的；⑵注意取樣的代表性，測試重要的教學內容；⑶選擇難度適中的試題；⑷同類試題形式編排在一起（是非題歸是非題，填充題歸填充題）；⑸同一單元或內容的試題編排在一起（如植物歸植物，動物歸動物）並盡量由易而難排列；⑹一試題與其答案應編印在同一頁上；⑺要有充分的空間作答；⑻每一試題形式應有淺近易懂的做法說明。

五、施　測

　　實施成就測驗時，應讓所有受試者於最佳的條件下，表現其最高的學習成就。不僅測驗的物質環境應力求適當，測驗的心理環境亦應力求合理。一般人多注意測驗的物質環境，如光線、通風、氣溫、音量等；反而忽略心理環境的可能影響。施測時，緊張與焦慮為最影響成就評量的心理因素。教師若於考前警告、威脅或恐嚇學生「只許成功、不准失敗」，或於測驗時不停地催促學生，則緊張與焦慮使學生無法從容應試。即使輕鬆的說一句「試題不難」，也可能使挨不過開始幾道題目的學生緊張起來。因此，考前除鼓勵學生「盡其在我」以外，不說「廢話」；考試時不催促、不打岔、不暗示。

六、評　分

　　評分應求簡易與客觀。是非題、填充題、選擇題與配合題等為客觀測驗題，其評分既簡易又客觀，因此評分問題較少。申論題的評分主觀成分高，因而可靠性大受影響。申論題的評分原則已於前述，不再重複。
　　是非題與選擇題都有猜對的機率，因此有人主張使用校正公式

(correction formula)，以剔除由猜測而答對的分數。校正猜測的公式可以
具體地列舉於下：

是非題	應得分數＝答對分數－答錯分數
三選一選擇題	應得分數＝答對分數－（答錯分數／2）
四選一選擇題	應得分數＝答對分數－（答錯分數／3）
五選一選擇題	應得分數＝答對分數－（答錯分數／4）

　　從上列公式可以看出，答對分數與答錯分數相關聯，但應得分數與
空而不答的題數無關。是非題的答案，不是「是」便是「非」，因此瞎猜
而答對的機率為二分之一，答錯的機率亦為二分之一。若有 10 題是非
題，某生答對 5 題，答錯 5 題，正與瞎猜的機率相同，因而對錯相抵消，
結果得分等於 0。這便是「校正」猜測的基本道理。同理，五選一的選擇
題，瞎猜而答對的機率為五分之一，猜錯的機率為五分之四。若有 30 題
選擇題，某生答對 18 題，答錯 12 題，則該生可能猜對 3 題 (12 ÷ 4 = 3)，
因此其應得分數為 18 題－3 題＝15 題，而不是原有的 18 題。若逐用前
面所列之五選一選擇題校正公式，應得：18 －(12/4) = 15。

　　不使用校正，學生的得分有普遍偏高的現象；但從統計研究來看，
校正與否很少改變學生成就的相對位置。況且，從測驗的實際情況觀察，
並非所有的猜測為瞎猜；並非所有錯答一定來自瞎猜未中的結果。因此，
一般教師自編成就測驗很少使用校正猜測公式。有些標準測驗，由於是
速度測驗，為防止受試者於交卷前匆匆瞎猜以增加答對率，乃聲明使用
校正公式，以收嚇阻瞎猜之效。

七、分析試題難度與鑑別力

　　試題難度 (item difficulty) 與試題鑑別力 (item discriminating power)
的分析，因測驗的不同而有差異。

(一)參照常模測驗的試題分析

　　參照常模測驗的試題難度，是整個測驗得分高的學生與得分低的學

生通過某試題百分比的平均值。若班上 45 名學生參加測驗，選擇 27%（12 名）的高分者與 27%（另 12 名）的低分者，然後統計他們對各試題的答卷記錄。茲舉一選擇題為例：

表 15～1　高、低分者在一試題上的回答記錄

答案	A*	B	C	D
12 名高分者	5	5	0	2
12 名低分者	2	4	0	6

* 正確答案

由表 15～1 可以看出，12 名高分者中有 5 名選擇正確答案，其答對率為 5 ÷ 12 = .42（弱）；另 12 名低分者中有 2 名選擇正確答案，其答對率為 2 ÷ 12 = .17（弱）。本試題難度為兩個答對率的平均值，以百分數表示之，即 (.42 + .17)/2 × 100 = 29 (%)。我們將上述計算過程以公式表示於下：

$$P = \frac{P_H + P_L}{2} \times 100$$

P 為試題難度，P_H 為高分者答對率，P_L 為低分者答對率

若一試題，不論是高低分者，均無人答對，其試題難度為 0 (%)；若一試題，不論是高低分者，全答對該試題，則其試題難度為 100 (%)。可知，P 值愈小，試題愈難；P 值愈大，試題愈易；P 值居中，則試題難度適中。上列 P 值為 29%，顯示該試題對 45 名學生來說，比較困難。

　　參照常模測驗的試題鑑別力，是試題區別高分者與低分者的能力。換言之，試題鑑別力為對一試題測驗高分者答對率與低分者答對率的差異值。若以表 15～1 資料計算，該試題鑑別力為 .42 − .17 = .25。若以公式代表試題鑑別力的求法，則為：

$$D = P_H - P_L \qquad D \text{ 為試題鑑別係數}$$

若一試題，只有全部高分者答對 ($P_H = 1.00$)，低分者無人答對 ($P_L = 0$)，其鑑別係數為 1.00 − 0 = 1.00；若一試題，高低分者答對人數相同 ($P_H = P_L$)，則該試題的鑑別係數為 0；若有一試題，竟發生高分者答對率比低

分者答對率還低的情形 ($P_H < P_L$)，則該試題有負鑑別力 (negative discriminating power)。試題的鑑別係數愈高愈理想；反之，負鑑別係數表示高分者對試題產生相當嚴重的誤解。

　　從表 15～1 的 24 名受試者對正確答案以外的作答記錄來看，可以瞭解答案編寫的良莠。答案 B 雖非正確答案，它竟誘引 5 名高分者選取之，卻只誘引 4 名低分者選取之，可見此一答案有反常的誘引效果，應做必要的修改。對於正確答案一無所知的學生，理想的非正確答案必定是「似是」而非，以誘其選擇；但學有心得的學生，多能將之識破而迴避。至於答案 C，不論高低分者均避而不選，可知其錯誤顯而易見、「乏人問津」，亦應重新改寫或捨棄。答案 D 為最理想的非正確答案，它給予高分者少量的誘引，卻使多數低分者趨而選之。

㈡參照標準測驗的試題分析

　　參照標準測驗的試題著重能否評量教學效率，因此其分析的重點為測驗對教學效果的敏度。它比較學生在每一試題教學前的先測 (pretest) 與教學後的後測 (posttest) 的變化。由於參照標準測驗旨在評量學生是否於教學後答對所有的試題（或至少 90% 的試題），因此每個學生的試題反應都在分析之列。表 15～2 為某些試題先後測常遭遇的不同變化。表內資料是為協助說明試題分析之用。

表 15～2　教學前後測試時學生的正 (+) 誤 (−) 試題反應

試　題	第1題		第2題		第3題		第4題		第5題	
先後測	先	後	先	後	先	後	先	後	先	後
劉明理	−	+	+	−	−	−	+	+	−	+
錢和生	−	+	+	−	−	+	+	+	+	+
曹　傑	−	+	+	−	−	+	+	+	+	+
魏學維	−	+	+	−	−	+	+	+	+	−
張凱時	−	+	+	−	−	+	+	+	−	+

　　由表 15～2 的資料，可以對五個試題做下列的分析。

　　第 1 題：合乎理想——教學前沒人答對，教學後全體答對；教學有效，

有高試題敏度。

第 2 題：嚴重缺陷——教學前人人答對，教學後竟全體答錯；可能是誤教或誤學。

第 3 題：試題太難——或許教學無效。

第 4 題：試題過易——教學前後學生都答對。

第 5 題：有效試題——教學前有些答對者，教學後則多數答對；顯示教學有效，學生進步。

　　針對個別試題先後測的比較與研判，柯里斯賓 (Kryspin & Feldhusen, 1974) 提出一個簡易的計算公式，以求試題對教學效率的敏度係數。其公式為：

$$S = \frac{R_A - R_B}{T}$$

S 為試題對教學效果的敏度係數

R_A 為一試題後測答對人數 (A : After)

R_B 為一試題先測答對人數 (B : Before)

T 為參加先後測的總人數

　　使用上一公式於表 15～2 的資料可得：

第 1 題：$S = \dfrac{5 - 0}{5} = 1.0$

第 2 題：$S = \dfrac{0 - 5}{5} = -1.0$

第 3 題：$S = \dfrac{0 - 0}{5} = 0$

第 4 題：$S = \dfrac{5 - 5}{5} = 0$

第 5 題：$S = \dfrac{4 - 2}{5} = .40$

這五個 S 值與稍前的觀察分析對照，不難領會正負 S 值及其大小的意義：正值表示試題能測出教學的效果，負值表明試題或教學有檢討的必要；高值表示試題非常理想，低值表示試題過難或過易。

第三節　評量成就的新趨勢

　　評量成就的傳統方式有二：標準化成就測驗與教師自編成就測驗。這些測驗固然相當客觀、公正，但它們偏重認知的評量。我們深知教學的目的，不僅要求學生有所「知」，而且要求學生能夠「行」。既要評量從課堂上「學到什麼」，也該評量在實際生活中「能做什麼」或「做了什麼」。實作評量與以實作為基礎的檔案評量便在這種要求下成為學生成就評量的新趨勢 (Burz & Marshall, 1996; Maki, 2001; Popham, 2005)。

一、實作評量

㈠實作評量的意義

　　實作評量 (performance assessment) 是評量個人或團體在實際生活或真實世界中的具體操作與表現。它包括學生在學科上（如音樂、藝術、勞作、舞蹈、體育等）的表現或展示、論文、計畫、演說、實驗、寫作、紀錄片、自我評析、發明等 (McMillan, 2004ab; Popham, 2014)，如學生為鄉土歷史而搜集的口述歷史、為宣傳預防禽流感而自做的海報、參與科學競賽的實驗報告等。

㈡實作評量的特徵

　　實作評量有異於傳統的測驗，它具有以下幾個主要特徵。

1.實作的結果是開放的

　　傳統成就測驗的答案是既定的，但實作的結果是開放的，是由學生依據實作的目的而定的。例如，學生的美術創作、寫作創作、工藝創作等，都是開放的，因此它們的評量雖有可循的標準，卻沒有固定的答案。

2.實作評量是直接的

　　實作評量以「做」的質與量代表「知識」或「技能」的質與量，有

別於由紙筆測驗所推論的「知識」或「技能」的質與量。因此，實作評量又稱為直接評量 (direct assessment) 或另類評量 (alternative assessment)，它是所謂的真實評量運動 (authentic assessment movement) 的主幹。

3.實作評量注重高階層或複雜的心智活動

學生的在校學習牽涉多方高階或複雜的身心活動，如寫作、音樂、舞蹈、演說、實驗、報告等，因此一般的紙筆測驗無從評量個人在這方面的高階或複雜的心智活動。

4.實作評量是歷程與結果並重的

實作評量不僅要知道學生實際操作的結果，也要觀察獲得結果的操作歷程。優異的操作技巧與熟練而有效的操作歷程，產生理想的結果。因此，在評量實作表現時，歷程與結果同樣受到重視。

5.實作評量與日常生活的情境是相關的

閱讀報告、歌唱、舞蹈、實驗、工藝創作等是在實際生活情境下進行的，評量它們就是評估學生學以致用的程度，也考驗教師的教學與生活實境的配合程度。

6.實作評量的進行，學生是有選擇餘地的

一般測驗時學生的反應或應答方式，除填充題或簡答題外，殊少有選擇餘地。即使是選擇題，答案也是固定的、事先決定的。但是於實作評量時，只要合乎評量的目的與計分的規則，學生可以決定如何呈現其實作的歷程與結果，如何讓評量者接收其運作與成品。因此學生有某些程度的選擇餘地。

事實上，實作評量並不是一種嶄新的評量模式，學校裡的美術、音樂、工藝、勞作、體育等科目早已使用實作評量，而且經驗豐富。但對國英數理化等學科而言，除紙筆評量之外殊少使用實作評量，為瞭解學生能以紙筆測驗結果呈現其「已知」的程度之外，也希望藉實作評量來表達其「能行」的程度，因此我們稱它為新的評量趨勢。

㈢**實作評量的實施要點**

1.把評量的目的向學生說明清楚。

2.要把被評量的作品事先明確地界定。

3.要把評量計分法事先說明清楚。

4.被評量的作品必須與教學相關或是教學的結果。

5.鼓勵學生發問或做必要的說明。

㈣實作評量的成效

實作評量為實踐「知行合一」的理想教學，並且希望藉以補足單獨紙筆測驗的偏失。至目前為止，實作評量確實擴大教學評量的領域，也受到許多師生的接納與好評。惟，有限的作品、評量信度（分數穩定性或一致性）不足、其效度（分數與測量目的之相關）有待提升，加上評量費時又費事，因此實作評量尚未達到與紙筆測驗充分合作以評量學生的學習成就 (Linn, 1994; Cheung, 1995)。

二、檔案評量

㈠檔案評量的意義

學生在一定期間內（如學期、學年），依一定的程序與標準所獲得的學科表現或展示（如音樂、藝術、勞作、舞蹈、體育等）、論文、計畫、演說、實驗、寫作、紀錄片、自我評析、發明等結果或作品，成為檔案 (portfolios)。將取得的檔案依一定的標準與規則予以評分，稱為檔案評量 (portfolio assessment)。由此可見，檔案評量是一種以實作為基礎的評量措施。

㈡檔案評量的優點

檔案評量有下列優點 (Arter & Spandel, 1992)。

1.檔案可以提供完成作品所經歷的程序記錄，如學習目標達成之前逐步改善的記錄。

2.檔案成為記錄特定技能成長時序的特有工具，如寫作文稿的初稿、修訂稿與完成稿的進展情形。

3.檔案可與教學相整合，使評量成為持續性的作業。

4.學生可參與檔案的規劃。

㈢檔案評量應循的規則

茲將檔案評量所應循的規則 (Chatterji, 2003; Ormrod, 2003) 列舉如下。

1.採用檔案評量的目的必須很清楚。

2.必須指出作品選擇的標準。

3.檔案評量的程序必須適合學生、目的與學習結果。

4.檔案評量必須指出，由誰設計評量、由誰選擇作品、由誰評分與產生作品的條件。

5.必須搜集足夠的作品，以確保評量的信度。

6.不同類型的作品必須有不同的計分法。

7.在選擇檔案作品內容上，必須有學生的參與和合作。

㈣檔案評量的計分法

計分法 (scoring rubrics) 是判定實作品質的計分規則。評定實作是根據事前訂定的標準而計分的，不是實作之間相互比較而計分的。實作若依其組成部分分別計分，稱為分析性計分 (analytic rubrics)；實作若依其整體品質計分，稱為整體計分 (holistic rubrics)。檔案評量的計分法可大別為三 (Airasian, 1996)：數字式評定量表、圖示式評定量表與描述式評定量表。

1.數字式評定量表 (numerical rating scale)

此法以圈選數字代表目標行為的質或量。例如：

若以 **4** 代表行為經常 (always) 呈現

　　 3 代表行為通常 (usually) 呈現

　　 2 代表行為偶爾 (seldom) 呈現

　　 1 代表行為未曾 (never) 呈現

　 A. 兒童所書寫的文字工整

4　3　2　1

2.圖示式評定量表 (graphic rating scale)

此法在代表目標行為的線段上，以打×表示行為的質或量。例如：

A. 兒童所書寫的文字工整

　　　經常　　　　通常　　　　偶爾　　　　未曾

3.描述式評定量表 (descriptive rating scale)

此法在目標行為的描述線段上，以打×代表最適當的行為描述。例如：

A. 兒童所書寫的文字工整

　　經常端正　　　　多數工整　　　　大多歪斜
　　　　　　　　　　偶爾傾斜　　　　東倒西歪

　　有些檔案的作品非常複雜，不是正確、完整、優異、美好等幾個用詞可以充分描述不同等級的實作表現，必須對高低不同等級的實作做區別性的仔細描述，以便評分者依不同等級的描述做忠實的、客觀的評分。然而編寫既仔細又具高信度、高效度的描述不僅要依靠該類作品的專家，而且編製也非常費時。這就大大地影響檔案評量的發展。

(五)檔案評量有待克服的問題

　　檔案評量試圖彌補傳統上以測驗為唯一評量工具的缺陷，擴大評量的視野與內容。但這一新的嘗試、另類的做法，雖獲得教育界的支持 (Cofin, 1996)，仍有下列問題，有待克服 (Haertel, 1999; Snowman & Biehler, 2006)。

1. 實作評量費時費事 (Airasian, 2005)，教師既要評分，又要指出實作的優缺點，以便改善學生的學習。教師的負擔與責任因而大大地加重。
2. 與父母溝通實作評量的結果，不似傳統評量的簡易。
3. 檔案評量的信度偏低，尤以評量者之間的低一致性與有限的作品量。
4. 有限作品的檔案評量，只能對近似的作品予以預測，其應用價值有限。

5.為了迎接賭注性測驗的挑戰，許多學校重新回頭應付每年舉辦的大型紙筆測驗，這就大大地影響學校在實作與檔案評量上的實質進展。

電子檔案 (electronic portfolio) 或電腦操作檔案 (computer-based portfolio) 是利用電腦作為存檔、編組與評量實作材料的工具，以協助教師進行檔案評量。目前在美國比較著名的電子檔案有 Grady Profile, Hyper-Studio, FileMaker Pro 等 (Santrock, 2006)。它們也被用來協助學生準備就業 (Kabler, 1997)。

第四節　成績的評定與報告

一、評定成績的目的

評定學生的在校成績為教師的例行工作，為學生與家長所關心的事，它有四個清楚的目的 (Airasian, 2005)：⑴在行政上，評定學生的成就、決定學生的地位（如升留級、取得的學分數）；⑵在資訊上，向學生、家長、申請入學的學校報告學生的成就，學生達成學習目標的程度；⑶在動機上，希望藉由成績的評定來提升學習動機（要好成績，避免壞成績）；⑷在輔導上，協助學生選課、升學或準備就業。

二、評定成績的方式

㈠參照常模評定成績

此法又稱相對標準法。使用此法時，教師應事先決定各成績等第分配的百分比。等第分配通常採用常態分配機率，並轉換成適合班級或年級的實際人數分配。使用此法時，教師先將學生的各項測驗、作業、檔案等評量的總結果依序排列，然後依分配表決定其等第。若成績等第為甲、乙、丙、丁、戊五等，請看下列分配百分比。

等　第	戊	丁	丙	乙	甲
百分比	7%	24%	38%	24%	7%

由於等第分配的百分比相當固定（班班如此、校校如此），因而可以遏止「等第膨脹」(grade inflation) 的現象（多給甲乙，少給丁戊）。然而，它有許多顯而易見的缺點：⑴有些測驗的編製與使用並不一定產生「常態」的分數分配；⑵平均成績彼此不同的班級也得用同樣的等級分配，並不合理（「此甲」非「彼甲」）；⑶由於等第只表明在班級（或年級）內的相對位置，他人無法確定等第所代表的學習程度（得「甲」的學生到底「懂多少」?）；⑷等第來自相互比較，因此難免有學生（甚至家長）之間的「惡性」競爭，也帶給教師莫大的壓力；⑸不論學生多用功、多賣力，每班級都有失敗者，學生的緊張、焦慮，甚至失望可想而知。

㈡參照標準評定成績

此法又稱絕對標準法。使用此法之前，必須讓學生知道，每次測驗、作業或報告都有一定的通過標準。若使用及格 (Pass) 與不及格 (Failure)，則及格標準可能訂在 60% 的正確答題率。換言之，考 50 題的測驗，答對 30 題或更多便得「及格」，否則「不及格」。這種二分法也有使用「滿意」(Satisfactory) 與「不滿意」者 (Unsatisfactory)。此法多使用於學校的非主修或非必修課程上，選修那些課程主要是為試探興趣、選擇輔系或乾脆充數（學分）。但若使用甲、乙、丙、丁、戊五等第，則標準必須細分以相配合。下列為常見的等第與答對率的標準。

甲等 (A)：優異──95% 至 100% 的正確答案百分比

乙等 (B)：良好──85% 至 94% 的正確答案百分比

丙等 (C)：中等──75% 至 84% 的正確答案百分比

丁等 (D)：欠佳──65% 至 74% 的正確答案百分比

戊等 (F)：低劣──低於 65% 的正確答案百分比

此法的特點有：⑴等第代表個人的學習效果，若以上述標準為例，得「甲」者的所知有 95% 以上的正確性，每個得「甲」者都是如此，其

意義明確而且容易溝通；(2)使用及格、不及格的做法，但提升及格的正確答案百分比（如 90%），則可以配合精通學習 (mastery learning) 教學法；(3)標準既定，學生的學習是以達到其標準（A、B 或 C）為目的，不必擔心他人的成就影響自己的等第，因而幾乎沒有學生間的競爭，也因此有些學生合作學習，以共同提高其成績。

此法也有值得商榷之處：到底標準是如何訂定的？如果標準過高，如何處理？如果標準過低，是否助長等第膨脹？教材單元難度互異，固定標準是否過於僵固，缺乏彈性？

三、評定成績的原則

不論學校採用何種方式評定學生的成績，為使學生、家長及有關教師均能瞭解成績等第所代表的真正意義，下列的成績評定原則十分有用：(1)成績的等第必須代表教學目的的達成程度；(2)評定成績所依據的分數或資料，必須得自高效度的評量工具；(3)評定成績時充分考慮各教材單元的相對比重，必要時有些單元應予加權；(4)學業成績應包括所有的學習評量結果，如測驗、實作評量與檔案評量、特殊貢獻（課外或校外學科競賽）等；(5)避免無關因素（如學生性別、家庭背景、在校言行禮儀等）干擾學業成績的評定。

至於家庭作業是否應納入為成績的一部分，對此見仁見智。認為家庭作業既然是學習或練習的一部分，就應包括在成績裡。然而，家庭作業的品質與評量容易受到學生家庭背景的影響（如父母從旁幫忙或代勞），對富裕家庭的子女比較有利，因而建議學業總成績迴避家庭作業。

四、成績的報告

學習成績是教師、學生與家長互助合作的結果，因此教師有義務向學生及家長做必要的溝通或報告。在此建議，成績的報告分兩階段執行：(1)師生一起檢討；(2)向家長報告。

㈠師生一起檢討

1.師生圓桌會議

　　圓桌會議的成員應包括導師、任課老師、課堂助理與所有同班同學，必要時可邀相關主任參加。會前允許有段充分的時間（如 24 小時），讓學生參看教師分發給自己的成績單。目前成績單 (report card) 已從單一性的學科成績等第的報告，逐漸進步到多樣性教學活動成果的報告。多樣性成績報告 (multiple marking and reporting) 是指一報告包括學科成績、學科教學目的、學生的努力程度記錄、學生的個性及其社會化特徵、學生的學習與工作習慣，以及家長評語或建議欄等。其目的在使學生及其家長對教師所給予學生的成就報告，能有一個整體性的概念，並且能獲得改善學生學習的必要資料。由於此種報告包括教師對學生多方行為的觀察與記錄，因此學生與家長對成績等第本身有較佳的認識。例如，小凱的作文成績是「丁」；范老師在小凱的學習習慣一欄的報告中記錄道：「小凱已有七次在作文課時到處走動、東張西望，然後頻頻與後座交談，因而有六次沒有在預定時間內交出作品。」如此，報告給予等第很好的註解。

　　會議不應拘泥於形式，教師可先敘述自己的教學理念、檢討自己在教學成果與對待學生的優缺點，並邀請在座師生進行誠懇的討論。學生對成績單上的評語如有不明白、覺得不合適或需要修正、補充之處，不妨提出來討論。

2.師生個別談話

　　有些學生的情況比較特殊，需要與教師做一對一的個別交談。它可由教師邀約，也可由學生登記參加。師生面對面交談，往往比較可以獲取較佳的結果，因為學生可以親身感到來自教師的真誠與壓力，比較容易吐露真情。例如，聰明的學生劉素向老師列舉一大堆學業不佳的負面理由，老師立即嚴肅地對他說：「素兒，我非常愛你、疼你、也指望你充分發展你的潛能，成為同學們的榜樣，也讓大家為你感到驕傲。剛剛聽你的說詞，我太失望、太難過了。對不起，我一會兒回來再續談。」這時留在座位的劉素，必定會因老師帶著情緒的忠言而有所反應。事實上，個別談話在學業諮商或臨床諮商裡非常有效，教師不妨善用。

㈡向家長報告

一般學校內部都設有親師會 (parent-teacher conference)，提供家長與教師面對面的溝通機會，家長可藉此機會表達他們對教育子女的看法，向教師請教其子女所面臨的學習問題，教師亦應利用此機會與家長討論如何改善學生的學習成就。親師會的特點是，它可以涉及個別學生的獨特問題。

向家長報告學生在校行為，嘉勉獎勵的言辭只要適宜，學生與家長都頗歡迎接受。然而若需報告學生在校有待改善之行為時，用字遣詞則應盡量積極，避免消極。美國某公立學校提醒教師，於其報告學生在校的言行時，使用較積極的語詞。茲節錄一些並略予修飾於下（請對照兩邊的用詞）。

表 15～3　教師使用語詞比較

消極語詞	積極語詞
懶	動起來可以做得更多
吹牛或自誇	干擾教室秩序
不合作	應該學習與人合作
作　弊	自己該做的卻依靠他人
愚　蠢	有人協助會表現更佳
偷　竊	未經允許
沒興趣	喪失挑戰性
固　執	堅持己見
說　謊	有誇張趨向
浪費時間	可以改善時間的利用
草　率	可以做得更精緻
失　敗	未達要求的標準
工作品質差	低於他平時的表現
愛搗蛋	嘗試引人注意

試想，身為學生或家長若看到右欄的教師評語，豈不是更願意合作，以改善學生的行為。使用積極用語，也可以顯示教師關切他人的感受與可能反應，這應該是教師表現其待人處世的良機。

本章內容摘要

1. 學業成就的評量，可以協助學校與教師甄選學生、決定學生的年級與組別、診斷學習困難、瞭解教學效果、增進學習動機、進行教學實驗或研究、協助學業輔導、改善課程與報告學校教學績效等。

2. 標準化成就測驗是指由專家或學者所編製，其測驗過程、評分手續與分數解釋均有一定的標準或規定，以評量個人學業成就的工具。其選擇應考慮：測驗的目的、信度、效度與實用性。

3. 主要的標準化成就測驗有：學習預備度測驗、閱讀能力測驗、綜合成就測驗、單科成就測驗與診斷測驗。

4. 教師自編測驗是指由教師自己編製以適用於校內的小考、週考、月考、期中考或期末考的測驗。其編製包括：配合既定的教學目的，使用測驗試題明細表，瞭解與編寫各種試題形式，編排試題與撰寫試題做法說明、施測與評分。

5. 常用的試題有：申論題、簡答題、填充題、是非題、選擇題與配合題等，不同試題形式各有其功能與優缺點。

6. 使用校正猜測的公式原是為剔除受試者瞎猜而得的分數；但由於校正後殊少改變學生成就的相對位置，因而它

已逐漸少用。

7. 試題分析多指試題難度與試題鑑別力；前者代表一試題通過人數的比例，後者代表一試題優劣兩組受試者通過的差異。

8. 實作評量包括學生在學科上（如音樂、藝術、勞作、舞蹈、體育等）的表現或展示、論文、計畫、演說、實驗、寫作、紀錄片、自我評析、發明等。

9. 實作評量的主要特徵是：開放、直接、歷程與結果並重。

10. 依一定的程序與標準所獲得的檔案，如音樂、藝術、勞作、舞蹈、體育、論文、計畫、演說、實驗、寫作、紀錄片、自我評析、發明等學生的作品予以系統地評分，稱為檔案評量。

11. 檔案評量的優點有：可以提供完成作品所經歷的程序記錄；成為記錄特定技能成長時序的特有工具；可與教學相整合，使評量成為持續性的作業；學生可參與檔案的規劃。

12. 檔案評量所應循的規則有：目的必須很清楚；必須指出作品選擇的標準；程序必須適合學生、目的與學習結果；必須指出由誰設計評量、由誰選擇作品、由誰評分與產生作品的條件；必須搜集足夠的作品，

以確保評量的信度；不同類型的作品必須有不同的計分法；在選擇檔案作品內容上，必須有學生的參與和合作。

13. 檔案評量的計分法可大別為三：數字式評定量表、圖示式評定量表與描述式評定量表。

14. 檔案評量所面臨的問題有：實作評量費時費事，教師的負擔與責任加重；與父母溝通實作評量的結果，不似傳統評量的簡易；評量的信度偏低；有限作品的檔案評量，其應用價值有限。

15. 評定學生成績可以參照常模或參照標準；前者根據全班學生學業成就的相對表現，後者根據事先確定的分數與等第標準。

16. 成績的評定原則是：成績必須代表教學目的達成的程度；所依據的分數須來自高信效度的評量工具；充分考慮教材單元的比重；包括所有的評量結果。

17. 成績報告應盡量採用多樣性成績報告，以包括學科成績、學科教學目的、學生的努力程度、學生的個性與社會化特徵，以及家長的評語與建議等。

18. 書寫成績報告應使用積極性詞句，以達成獎勵與改善學習的目的。

第 16 章 | 初級敘述統計概念

本章大綱

©ShutterStock

評量的基本特徵為量化。評量的結果有許多量數有待整理，否則不僅個別量數缺乏意義，一大堆量數也無法明確地敘述受試變項。因此，統計學 (statistics) 已被廣泛地使用，以協助評量資料的整理、分析、敘述與解釋。使用統計法，若其目的僅限於瞭解受試者的屬性，稱為敘述統計 (descriptive statistics)。若受試團體為代表其母群 (population) 的樣本 (sample)，其評量目的在瞭解母群的屬性，而非樣本本身的屬性，則稱為推論統計 (inferential statistics)。

　　本章介紹與評量密切相關的敘述統計，如平均數、標準差、標準分數（如 Z 分數、T 分數、GRE 分數）、百分等級、相關係數等。如你對推論統計有興趣，可參閱教育或社會統計學或一般統計學。為使本書讀者獲得基本統計的完整概念，本章所採用的量數均力求簡易，希望讀者舉一反三。由於電腦的普遍使用，多數繁雜的計算都已交由電腦統計程式（如 SPSSPC+、BMDP、SAS、SYSTAT 等）代勞，不僅結果精確，印出圖表精美，而且速度快。

第一節　測驗的分數及其序列

　　某一數學測驗共有十五試題，每答對一題獲一分。某國中八年級孝班共有十名學生由隨機抽樣參加測驗，其結果如下（以甲至癸代表十名學生，以數字代表得分）。

學　生	甲	乙	丙	丁	戊	己	庚	辛	壬	癸
分　數	8	12	11	6	15	10	5	12	9	14

　　從上列資料，若說甲生獲 8 分，乙生獲 12 分，乙生較甲生多獲 4 分，我們沒有表達什麼有意義的訊息。若將十名學生的分數依其數值的高低排列，必有助於瞭解全班十名學生的相對成就。茲將分數依其數值的高低重新排列（稱為排名，ranking）。

學　生	戊	癸	乙	辛	丙	己	壬	甲	丁	庚
分　數	15	14	12	12	11	10	9	8	6	5
名　次	1	2	3.5	3.5	5	6	7	8	9	10

　　由於乙與辛同分，因此其名次為第 3、4 名的平均名次。以本次測驗的成就而言，乙生超越十分之六的考生，甲生則只超越十分之二的考生。若換算為百分等級 (percentile rank)，乙生得分的百分等級為 60，即 (6 ÷ 10) × 100，甲生的百分等級則為 20，即 (2 ÷ 10) × 100。換言之，若有一百名屬於同一母群的學生應試，乙生的分數將較其中六十名為優。其他學生的名次一覽便知，其百分等級亦容易由換算而得。可知，將分數依其數值排列，決定其名次，並換算成百分等級，可使分數的意義更為顯明。

第二節　平均數、標準差、常態分配與標準分數

一、平均數 (mean, M, average)

　　平均數為分數相加的總和除以分數個數所得的數值。若以前述十名學生的測驗分數為例，該十名學生分數的平均數為：

$$M = \frac{8 + 12 + 11 + 6 + 15 + 10 + 5 + 12 + 9 + 14}{10} = \frac{102}{10} = 10.2$$

其計算的歷程可以歸納為下列統計公式：

$$M = \frac{\sum X}{N}$$ 　　M 為平均數；$\sum X$ 為分數總和

　　　　　　　　N 為分數個數。

十名學生數學測驗分數的平均數為 10.2，它是十名學生數學測驗成就的代表數值，也可以作為推論孝班全班學生數學測驗分數的最佳數值。

二、標準差 (standard deviation, SD, σ)

標準差為各分數與其平均數的差數平方之和的平均值的平方根。除非全體受試者均得同分，否則各分數與平均數常有不同的差異數值。再以前述十名學生的測驗分數為例，其標準差的原始分數統計法是：

$$
\begin{aligned}
SD &= \sqrt{\frac{N\sum X^2 - (\sum X)^2}{N^2}} \\
&= \sqrt{\frac{10(8^2 + 12^2 + 11^2 + \cdots + 9^2 + 14^2) - (8 + 12 + 11 + \cdots + 9 + 14)^2}{10^2}} \\
&= \sqrt{\frac{956}{100}} \\
&= \sqrt{9.56} \qquad\qquad \sum X^2 \text{ 為各分數平方的總和} \\
&= 3.09 \qquad\qquad\quad (\sum X)^2 \text{ 為各分數總和的平方}
\end{aligned}
$$

十名學生的數學測驗分數的標準差為 3.09，它代表分數的變異量。因此，分數愈參差不齊，其標準差也愈大；反之，分數愈彼此近似，其標準差必愈小。班級內的學生，其學習能力是否整齊，其學習成就是否相若，均可使用標準差衡量。

若教師於進行教學研究而需要三個等組時，他應先行比較三組能力的平均數與標準差。須知，平均數相似的三組測驗分數，可能有相當不同的標準差。例如，下列三組學生能力的平均數相同，但其標準差互異。

	A 組	B 組	C 組
	8	10	14
	8	9	10
	8	8	9
	8	8	5
	8	5	2
平均數	8	8	8
標準差	0	1.67	4.15

　　三組的平均數完全相同，但標準差相差很大。A 組學生能力一致，B 組學生的能力略微整齊，C 組學生的能力彼此差距頗大，三組便不是等組。我們千萬不可只以平均數作為鑑定等組的標準，我們應該同時比較各組的標準差。

三、常態分配 (normal distribution)

　　常態分配為一種理論性次數或機率的分配形式。其分配的曲線圖式，稱為常態曲線 (normal curve)。常態曲線（如圖 16～1）的特徵有：形如「鐘狀」(bell-shaped)，與平均數上下兩邊平衡對稱 (symmetrical)。許多教育及心理測驗結果的分數分配，常有近乎常態分配的傾向。若測驗的結果類似常態分配，我們多藉適用於常態分配的統計方法予以處理與解釋。

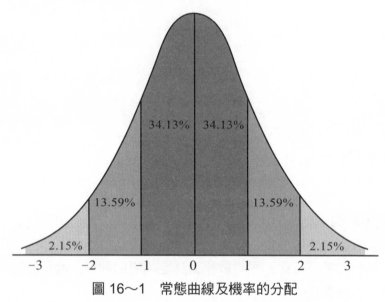

圖 16～1　常態曲線及機率的分配

　　依圖 16～1 的機率分配，約有 68%（即 34.13% + 34.13%）的受試者，其分數在平均數加、減一個標準差之內；約有 95%（即 13.59% + 34.13% + 34.13% + 13.59%）的受試者，其分數在平均數加、減兩個標準差之內；約有 99.7%（即 2.15% + 13.59% + 34.13% + 34.13% + 13.59% + 2.15%）的受試者，其分數在平均數加、減三個標準差之內。因此，在常態分配之下，幾乎所有受試者的分數都在平均數加、減三個標準差之內。

　　例如，一測驗有一百名學生受試，其平均數為 52，其標準差為 10，而且其分數的分配情形近似常態分配。依常態分配的機率推論，約有 68 名（約三分之二）學生的分數介於 42 與 62 之間；約有 95 名學生的分數介於 32 與 72 之間；幾乎全體學生的分數介於 22 與 82 之間。可見，在此一測驗上考 22 分幾乎為不能再低的分數；考 42 分較 16 名為佳；考 52 分則與平均數相同而居中；考 62 分較 84 名為優；考 82 分則幾乎無出其右者。通常，統計書內均有附表，可以查對常態曲線下的面積，但須先將個別分數換算成標準分數。

四、標準分數 (standard scores)

標準分數為由原始分數換算而成的可資比較的量數。儘管標準分數有不同形式，它們與原始分數、平均數與標準差三者有關。常見的標準分數有 Z 分數、T 分數、九分數與 GRE 分數等。

㈠ Z 分數 (Z-score)

Z 分數為最基本的標準分數。其他標準分數均由 Z 分數衍生而來。Z 分數為個別分數與平均數的差異數除以標準差而得的數值。其統計公式為：

$$Z = \frac{X - M}{SD}$$

例如，育武考 57 分，立男考 47 分，全班分數的平均數為 52 分，標準差為 10 分，則二人 Z 分數各為：

$$Z（育武）= \frac{57 - 52}{10} = \frac{5}{10} = .5$$

$$Z（立男）= \frac{47 - 52}{10} = \frac{-5}{10} = -.5$$

育武的 Z 分數為 .5，亦即他的分數比班級平均數高出 .5 個標準差。查對常態曲線下的面積表，顯示育武的分數超過約 69% 的同班同學。然而，立男的 Z 分數為 –.5，亦即他的分數比班級平均數低 .5 個標準差。複查對常態曲線下的面積表，顯示立男的分數只超過 31% 的同班同學。若以育武與立男的分數直接比較，則育武比立男多出 10 分；但以兩人所超越人數的百分比相較，則育武比立男多超過 38%。

　　Z 分數不僅可以用作同一測驗的不同分數的比較，它亦可以用作同一個人在不同測驗上得分的比較。例如，秀慧參加五科採用不同量表的測驗，其各科得分，各科班級平均數與標準差，及由得分換算而成的 Z 分數列舉如下：

表 16~1　秀慧的得分及其 Z 分數

	國 文	英 語	史 地	數 學	理 化
秀慧的得分	76	80	110	63	50
班級平均數	65	74	100	52	44
班級標準差	13	12	14	10	8
秀慧的 Z 分數	.85	.50	.71	1.10	.75

由表 16~1 秀慧的 Z 分數可以看出，其最佳的測驗分數為數學，然後依序為國文、理化、史地、英語。若不用 Z 分數，則史地得最高分，容易被誤解為考得最好的一科。國文與數學得分雖各比其班級平均高 11 分，然而數學分數的標準差較小（大家的分數較近似），因此其 11 之差較國文的 11 之差為優。因此，只將得分與平均數比較以觀察其差異量，並不能完全確定其意義；唯有將得分換算成 Z 分數或其他標準分數，各科得分方能做客觀的比較。

㈡ T 分數 (T-score)

T 分數為 Z 分數的延伸。原始分數改為 Z 分數後，由於分數超過平均數者得「正」的 Z 分數，得分低於平均數者得「負」的分數，因此正負互見，不僅容易混淆，而且為統計上的計算增添麻煩。為維持 Z 分數的優點，減少正負數值的不便，T 分數將平均數固定為 50，其標準差為 10。其統計公式為：

$$T = 50 + 10Z$$

若以 T 分數表示，育武與立男的 T 分數各為：

$$T（育武）= 50 + 10(.5) = 55$$
$$T（立男）= 50 + 10(-.5) = 45$$

若同樣以分數表示，秀慧的五科 T 分數為：國文 58.5、英語 55.0、史地 57.1、數學 61.0 與理化 57.5。可知，T 分數相當實用。若使用 T 分數報告成績，教師可讓學生及其家長知道，T 分數的平均數為 50，其他分數

介於 20 與 80 之間。

㈢其他標準分數

九分數 (stanine) 為另一標準分數：除 1 分與 9 分外，其餘每分占 0.5 個標準差。此量表的平均數為 5，標準差為 2，因此各分數在常態曲線下的機率為：1 與 9 各 4%、2 與 8 各 7%、3 與 7 各 12%、4 與 8 各 17%、5 則為 20%。

GRE 分數採用 500 為平均數與 100 為標準差。其統計公式為：

$$GRE = 500 + 100Z$$

可知，GRE 的各分測驗分數介於 200 分與 800 分之間，以 500 分為平均值。多數美國大學研究所，要求申請入學者送交 GRE 分數，作為評選學生的參考。

第三節　百分等級

百分等級 (percentile rank, PR) 是指某得分之下分數個數的百分比。例如，育武考 57 分，班上 45 名學生中有 31 名的分數低於 57 分，因此育武得分之下分數個數的百分比為：

$$PR = \frac{31}{45} \times 100 = 69$$

百分等級的優點為易於解釋。姑不論育武的分數為何，若其百分等級為69，則我們可以斷定，他的表現超過三分之二的同班同學。若聯招錄取率為 45%，則有 55% 的考生要落榜。若育武的聯考分數的百分等級亦為69，則他必定榜上有名。過去聯招使用最低錄取分數，事實上與百分等級的觀念類似。就以 45% 的錄取率為例，百分等級 55 的聯考分數，便可以決定為最低錄取分數。

第四節　相關與相關係數

　　相關法為估計一組受試者的兩項不同評量結果的消長關係。例如，身高與體重便有某些程度的相關，身長高則較重，身長矮則較輕，當然也有例外。

一、相關的種類

㈠正相關 (positive correlation)

　　若同一組受試者的兩評量結果，其數值互做同方向的變異，則兩評量的關係為正相關。例如，若數學測驗分數與理化測驗分數有正相關，則數學測驗得分高者，其理化測驗得分亦高；反之，數學測驗得分低者，其理化測驗得分亦低。代表相關程度的數值，稱為相關係數 (correlation coefficient)。正相關係數以「+」號表示，正相關係數通常將其正 (+) 號省略，但其意義不變。正相關係數自 0 至 +1.0 不等，0 代表無相關，+1.0 代表正完全相關。

㈡負相關 (negative correlation)

　　若同一組受試者的兩評量結果，其數值互做反方向的變異，則兩評量的關係為負相關。例如，若智力測驗分數與迷津測驗錯誤分數有負相關，則智力測驗得分愈高者，其在迷津測驗的錯誤分數愈低；反之，智力測驗得分愈低，其迷津測驗錯誤分數愈高。負相關係數以「−」號表示，其程度自 0 至 −1.0 不等，以 −1.0 代表負完全相關。

二、相關係數的求法

　　相關係數的求法主要有二：一為皮爾遜的積差相關法，一為司比爾

曼的等級相關法。前者適用於分數，後者適用於等級。

㈠皮爾遜的積差相關法 (Pearson's product-moment correlation)

積差相關係數為一組受試者的一評量結果的 Z 分數乘以另一評量結果的 Z 分數之積的總和的平均值。其統計公式為：

$$r = \frac{\sum Z_x Z_y}{N}$$

此一公式能給予讀者積差相關的完整概念。但是，由於計算時頗為冗雜（Z 分數常正負互見，而且小數頻頻），因而由此一公式演變而得其他公式，以利演算。其中最直接而精確的公式稱為原始分數法 (raw score method)。其公式如下：

$$r = \frac{N\sum XY - (\sum X)(\sum Y)}{\sqrt{[N\sum X^2 - (\sum X)^2][N\sum Y^2 - (\sum Y)^2]}}$$

例如，參與高中學力測驗的十份國文作文試卷，由汪、徐二教師分別獨立評分（亦即不讓彼此知道其評分結果），以研究二者評分的相關或一致性 (inter-rater reliability)。茲列舉評分結果與其計算步驟於下：

表 16～2　皮爾遜積差相關係數求法一例

學　生	汪氏評分 (X)	徐氏評分 (Y)	X^2	Y^2	XY
黃	14	15	196	225	210
蔡	8	10	64	100	80
李	3	5	9	25	15
熊	12	6	144	36	72
劉	15	14	225	196	210
陳	8	12	64	144	96
魯	4	8	16	64	32
朱	7	10	49	100	70
卓	10	12	100	144	120
高	3	2	9	4	6

N = 10　$\sum X = 84$　$\sum Y = 94$　$\sum X^2 = 876$　$\sum Y^2 = 1038$　$\sum XY = 911$

將表 16～2 的資料代入原始分數計算公式，應得：

$$r = \frac{(10)(911) - (84)(94)}{\sqrt{[(10)(876) - (84)^2][(10)(1038) - (94)^2]}}$$

$$= \frac{1214}{\sqrt{2630976}}$$

$$= \frac{1214}{1622}$$

$$= .75$$

相關係數 r = .75，已達 .05 的顯著水準（亦即 95% 的信心程度）。因此，汪、徐二教師對十份國文作文試卷評閱的一致性相當高，其客觀性可以肯定。當然，兩人的評分愈近似，其評分客觀性愈高，我們便可以相信他們評分的可靠性。

㈡司比爾曼的等級相關法 (Spearman's rank-order correlation)

等級相關法適用於：兩評量均使用等級者；一評量使用等級，另一評量的分數可改為等級者。若在同一評量中有許多同分者，或個數 (N) 過大者，等級者不宜使用。等級相關係數的求法為：

$$\rho = 1 - \frac{6\sum D^2}{N(N^2 - 1)} \qquad \sum D^2 \text{ 為兩評量等級差異的平方之和}$$

例如，某教學多年、平時注意學生心智活動的老師，欲測試其判斷學生智力的「慧眼」，對十一名學生的智力依等級由高而低排列，然後與檔案中學生的魏氏兒童智力量表的智商相對照。茲列出資料，並計算其相關係數。

表 16～3　司比爾曼等級相關係數求法一例

學　生	教師判定智力等級	魏氏量表智商	智商等級	等級差異	等差平方
陳	1	127	1	0	0
宋	2	110	3	-1	1
黎	3	115	2	1	1
齊	4	102	5	-1	1
黃	5	107	4	1	1
趙	6	100	6	0	0
鄧	7	96	7	0	0
李	8	92	9	-1	1
王	9	95	8	1	1
劉	10	84	11	-1	1
吳	11	87	10	1	1

N = 11　　　　　　　　　　　　　　　　　　　　　　　$\sum D^2 = 8$

將表中的資料代入等級相關公式，則為：

$$\rho = 1 - \frac{(6)(8)}{(11)[(11)^2 - 1]}$$

$$= 1 - \frac{48}{1320}$$

$$= 1 - .04$$

$$= .96$$

由於 .96 是高度的等級相關係數，該教師對學生智力區辨的慧眼得到支持。換言之，該教師對學生智力的判斷與高效度的魏氏量表有幾乎同等的功效。

本章內容摘要

1. 分數依其數值的高低排列後，個別分數因其所處的相對位置而產生意義。分數排名後，一分數以其名次除以總個數再乘以一百，則成為該分數的百分等級。

2. 平均數為分數的總和除以分數個數所得的數值。平均數是一種集中量數，它是一群分數值的最佳代表。

3. 標準差是各分數與其平均數的差數平方之和的平均值的平方根，它代表分數的變異度。分數愈參差不齊，其標準差愈大；分數彼此愈近似，其標準差愈小。

4. 常態分配為一種理論性次數或機率的分配形式。其分配的曲線圖式，稱為常態曲線。常態分配曲線之下，約68% 的個數在平均數加減一個標準差之內；約 95% 的個數在平均數加減兩個標準差之內；約 99.7% 的個數在平均數加減三個標準差之內。

5. Z 分數是最基本的標準分數。它是一分數與平均數之差異量除以標準差而得的值。使用 Z 分數，各學科成績得分都可以相互比較。由 Z 分數衍生的標準分數有 T 分數、九分數與 GRE 分數等。

6. 若同一組受試者有兩個變量值，其數值的相互消長關係便是兩變項的相關。相關有正負之分，亦有高低之別。估計相關係數的方法有二：皮爾遜的積差相關法與司比爾曼的等級相關法。

參考資料

Ackerman, P., Beier, M., & Boyle, M. (2005). Working memory and intelligence: The same or different constructs? *Psychological Bulletin, 131* (1), 30–60.

Adams, A., Carnine, D., Gersten, R. (1982). Instructional strategies for studying content area texts in the intermediate grades. *Reading Research Quarterly, 18,* 27–53.

Adams, G. L., Engelmann, S. (1996). *Research on direct instruction: 25 years beyond DISTAR.* Seattle, WA: Educational Achievement Systems.

Aiken, L. R. (2003). *Psychological testing and assessment* (11th ed.). Boston: Allyn & Bacon.

Airasian, P. W. (1996). *Assessment in the classroom.* NY: McGraw-Hill.

Airasian, P. W. (2005). *Classroom assessment* (5th ed.). NY: McGraw-Hill.

Alberto, P., & Troutman, A. (1999). *Applied behavior analysis for teachers* (5th ed.). Columbus, OH: Charles E. Merrill.

Alberto, P., & Trouttman, A. (2013). *Applied behavior analysis for teachers* (9th ed.). Upper Saddle River, NJ: Pearson.

Alexander, G. A., Graham, S., & Harris, K. R. (1998). A perspective on strategy research: Progress and prospects. *Educational Psychology Review, 10* (2), 129–154.

Allison, B. N., & Schultz, J. B. (2001). Interpersonal identity formation during early adolescence. *Adolescence, 36,* 509–523.

American Psychiatric Association (2000). *Diagnostic and statistical manual of mental disorders* (4th ed.). Washington, DC: Author.

American Psychological Association (1997). *Learner-centered psychological principles: A framework for school redesign and reform.* Washington, DC: Author.

Ames, C. (1992). Classrooms: Goals, structures, and student motivation. *Journal of Educational Psychology, 84* (3), 261–271.

Anastasi, A. (1980). Abilities and the measurement of achievement. In W. B. Schrader (Ed.), *New directions for testing and measurement* (No. 5). San Francisco: Jossey-Bass.

Anastasi, A. (1988). *Psychological testing* (6th ed.). NY: Macmillan.

Anderman, E., Gray, D., & Chang, Y. (2013). Motivation and classroom learning. In W. Reynolds, G. Miller, & I. Weiner (Eds.), *Handbook of psychology* (Vol. 7, 2nd ed.) (99–116). Hoboken, NJ: Wiley.

Anderman, E. M., Wolters, C. A. (2006). Goals, values, and affect: Influences on student motivation. In P. A. Alexander, P. H. Winne (Eds.), *Handbook of educational psychology* (pp. 369–389). Mahwah, NJ: Lawrence Erlbaum.

Anderson, C., & Smith, E. L. (1987). Teaching science. In V. Richardson-Koehler (Ed.), *Educators' handbook: A research perspective* (pp. 84–111). NY: Longman.

Anderson, J. R. (1990). *Cognitive psychology and its implications* (3rd ed.). NY: W. H. Freeman.

Anderson, J. R. (1995). *Learning and memory: An integrated approach.* NY: John Wiley & Sons.

Anderson, L. W., & Krathwohl, D. R. (Eds.) (2001). *A taxonomy for learning, teaching, and assessing.* NY: Longman.

Applebee, A. N., Langer, J. A., Nystrand, M., & Gamoran, A. (2003). Discussion-based approaches to developing understanding: Classroom instruction and student performance in middle and high school English. *American Educational Research Journal, 40* (3), 685–730.

Arnold, M. L. (2000). Stage, sequence, and sequels: Changing conceptions of morality, post-Kohlberg. *Educational Psychology Review, 12* (4), 365–383.

Aronson, E. E., Blaney, N., Stephan, C., Sikes, J., & Snapp, M. (1978). *The jigsaw classroom.* Beverly Hills, CA: Sage.

Arter, J. A., & Spandel, V. (1992). Using portfolios of student work in instruction and assessment. *Educational Measurement: Issues and Practice, 11*, 36–44.

Atkinson, J. W. (1964). *An introduction to motivation.* Princeton, NJ: Van Nostrand.

Atkinson, M. L. (1984). Computer-Assisted Instruction: Current State of the Art. *Computers in the Schools, 1*, 91–99.

Atkinson, R. C., & Shiffrin, R. M. (1968). Human memory: A proposed system and its control processes. In K. W. Spence & J. T. Spence (Eds.), *The psychology of learning and motivation: Advances in research and theory* (Vol. 2). NY: Academic Press.

August, D., & Hakuta, K. (1997). *Improving schooling for language-minority children: A research agenda.* Washington DC: National Research Council.

Aviram, A. (2000). From "computers in the classroom" to mindful radical adaptation by education systems to the emerging cyber culture. *Journal of Educational Change, 1* (4), 331–352.

Bachman, J. G., and O'Malley, P. M. (1986). Self-Concepts, Self-Esteem, and Educational Experiences: The Frog Pond Revisited (Again). *Journal of Personality and Social Psychology, 35*, 35–46.

Baddeley, A. (1990). *Human memory: Theory and practice.* Boston: Allyn & Bacon.

Baddeley, A. D. (1988). Cognitive psychology and human memory. *Trends in Neuroscience, 11,* 176–181.

Baddeley, A. D. (1992). Working memory. *Science, 255,* 356–559.

Baer, J. (1997). *Creative teachers, creative students.* Boston: Allyn & Bacon.

Bahrick, H. P., Hall, L. K., & Berger, S. A. (1996). Accuracy and distortion in memory for high school grades. *Psychological Science, 7,* 265–271.

Baker, E.L., O'Neil, H.F., & Lim, R.L. Policy and validity prospects for Performance-based assessment. *American Psychologist*, 1983, Vol. 48, No. 12, 1210–1218.

Baker, L. (1985). Differences in the standards used by college students for evaluating their comprehension of expository prose. *Reading Research Quarterly, 20,* 297–313.

Bandura, A.(1973). *Aggression: A social learning analysis.* Englewood Cliffs, NJ: Prentice-Hall.

Bandura, A. (1977). *Social learning theory.* Englewood Cliffs, NJ: Prentice-Hall.

Bandura, A. (1986). *Social foundations of thought and action: A social-cognitive theory.* Englewood Cliffs, NJ: Prentice-Hall.

Bandura, A. (1997). *Self-efficacy: The exercise of control.* NY: Freeman.

Bandura, A. (2000). Exercise of human agency through collective efficacy. *Current Directions in Psychological Science, 9,* 75–78.

Bandura, A. (2004, May). *Toward a psychology of human agency.* Paper presented at meeting of the American Psychological Society, Chicago.

Bandy, T., & Moore, K. (2011). What works for promoting and enhancing positive social skills: Lessons from experimental evaluations of programs and interventions. Retrieved from www.childtrends.org.

Banks, J. A., Banks, C. A. M. (Eds.) (1995). *Handbook of research on multicultural education.* NY: Macmillan.

Banks, S. (2012). *Classroom assessment: Issues and practices* (2nd ed.). Long Grove, IL: Waveland.

Barr, R. (1987). Content coverage. In M. J. Dunkin(Ed.), *International encyclopedia of teaching and teacher education*. NY: Pergamon.

Baumeister, R. F. (1989). The optimal margin of illusion. *Journal of Social and Clinical Psychology, 8,* 176–189.

Baumrind, D. (1971). Current patterns of parental authority. *Developmental Psychology Monographs, 4* (1, Pt. 2), 1–103.

Baumrind, D. (1989). Rearing competent children. In W. Damon (Ed.), *Child development today and tomorrow*. San Francisco: Jossey-Bass.

Baumrind, D. (1991). Parenting styles and adolescent development. In R. M. Lerner, A. C. Peterson, & J. Brooks-Gunn (Eds.), *Encyclopedia of adolescence*. NY: Garland.

Bay, M., Staver, J., Bryan, T., & Hale, J. (1992). Science instruction for the mildly handicapped: Direct instruction versus discovery teaching. *Journal of Research in Science Teaching, 29,* 555–570.

Becker, H. J. (2001, April). *How are teachers using computers in instruction?* Paper presented at the annual meeting of the American Educational Research Association, Seattle, WA.

Bee, H., & Boyd, D. (2010). *Lifespan development*. Boston: Pearson.

Bellezza, F. S. (1984). The self as a mnemonic device: The role of internal cues. *Journal of Personality and Social Psychology, 47,* 506–516.

Bellezza, F. S. (1992). Recall of congruent information in the self-reference task. *Bulletin of the Psychonomic Society, 30,* 275–278.

Bellezza, F. S. (1996). Mnemonic method to enhance storage and retrieval. In E. Bjork & R. Bjork (Eds.), *Handbook of perception and cognition* (Vol. 10). San Diego, CA: Academic Press.

Bellezza, F. S., & Hoyt, S. K. (1992). The self-reference effect and mental cueing. *Social Cognition, 10,* 51–78.

Benjafield, J. G. (1992). *Cognition*. Englewood Cliffs, NJ: Prentice-Hall.

Benjafield, J. G. (1997). *Cognition*. Upper Saddle River, NJ: Prentice-Hall.

Berk, I. E. (2001). *Development through the lifespan* (2nd ed.). Boston: Allyn & Bacon.

Berliner, D. C. (2006). Educational psychology: Searching for essence throughout a century of influence. In P. A. Alexander & P. H. Winne (Eds.), *Handbook of educational psychology* (pp. 3–27). Mahwah, NJ: Lawrence Erlbaum.

Bennett, D. (2012). How "flipping" the classroom can improve the traditional lecture. *The Chronical of Higher Education*. Feb. 19, 2012.

Beyer, B. (1988). Developing a scope and sequence for thinking skills instruction. *Educational Leadership, 45* (7), 26–30.

Bialystok, E. (1999). Cognitive complexity and attentional control in the bilingual mind. *Child Development, 70*, 636–644.

Bialystok, E. (2001). *Bilingualism in development: Language, literacy, and cognition.* NY: Cambridge University Press.

Bitter, G. G., & Pierson, M. E. (2005). *Using technology in the classroom* (6th ed.). Boston: Allyn & Bacon.

Bjorklund, D. F. (2000). *Children's thinking* (3rd ed.). Belmont, CA: Wadsworth.

Bloom, B. S. (1964). *Stability and change in human characteristics.* NY: Wiley.

Bloom, B. S., Engelhart, M. B., Furst, E. J., Hill, W. H., & Krathwohl, D. (1956). *Taxonomy of educational objectives. The classification of educational goals. Handbook I: Cognitive domain.* NY: Longmans Green.

Bonney, C., & Sternberg, R. (2011). Learning to think critically. In R. Mayer & P. Alexander (Eds.), *Handbook of research on learning and instruction* (pp. 166–196). New York, NY: Routledge.

Bornstein, N. H. (Ed.) (1995). *Handbook of parenting* (Vols. 1–3). Mahwah, NJ: Erlbaum.

Bouchard, T. J., Jr. (1995). Longitudinal studies of personality and intelligence: A behavior genetic and evolutionary psychology perspective. In D. H. Saklofske & M. Zeidner (Eds.), *International handbook of personality and intelligence.* NY: Plenum.

Bouchard, T. J., Jr. (1996). IQ similarity in twins reared apart: Finding and responses to critics. In R. Sternberg & C. Grigorenko (Eds.), *Intelligence: Heredity and environment.* NY: Cambridge University Press.

Bouchard, T. J., Jr., & McGue, M. (1981). Familial studies of intelligence. *Science, 212*, 1055–1059.

Bransford, J. D., & Stein, B. S. (1993). *The ideal problem solver* (2nd ed.). NY: W. H. Freeman.

Bredderman, T. (1983). Activity science — the evidence shows it matters. *Science and*

Children, 20 (1), 39–41.

Bronfenbrenner, U. (1995). Developmental ecology through space and time: A future perspective. In P. Moen, G. H. Elder, & K. Luscher (Eds.), *Examining lives in context*. Washington, DC: American Psychological Association.

Bronfenbrenner, U. (2000). Ecological theory. In A. Kazdin (Ed.), *Encyclopedia of psychology*. Washington DC: American Psychological Association.

Bronfenbrenner, U. (2004). *Making human beings human*. Thousand Oaks, CA: Sage.

Brooks, J. G., & Brooks, M. G. (2001). *In search of understanding: The case for constructivist classrooms*. Upper Saddle River, NJ: Merrill.

Brophy, J. E., & Good, T. L. (1986). Teacher behavior and student achievement. In M. C. Wittrock (Ed.), *Handbook of research on teaching* (3rd ed., pp. 328–375). NY: Macmillan.

Brown, A. L., & Campione, J. C. (1996). Psychological learning theory and the design of innovative environments. In L. Schuable & R. Glaser (Eds.), *Contributions of instructional innovation to understanding learning*. Mahwah, NJ: Erlbaum.

Brown, P., Keenan, J. M., & Potte, G. R. (1986). The self-reference effect with imagery encoding. *Journal of Personality and Social Psychology, 51,* 897–906.

Bruner, J. S. (1962). *The process of education*. Cambridge, MA: Harvard University Press.

Bruner, J. S. (1966). *Toward a theory of instruction*. Cambridge: Harvard University Press.

Bruner, J. S. (1986). *Actual minds, possible worlds*. Cambridge, MA: Harvard University Press.

Buehler, R., Griffin, D., & Ross, M. (1994). Exploring the "planning fallacy": Why people underestimate their task completion times. *Journal of Personality and Social Psychology, 67,* 366–381.

Burz, H. L., & Marshall, K. (1996). *Performance-based curriculum for mathematics: From knowing to showing*. ERIC Document Reproduction Service, No. ED400194.

Cahill, L. (1994). (Beta)-adrenergic activation and memory for emotional events. *Nature, 371,* 702–704.

Calabrese, R. L., & Schumer, H. (1986). The effects of service activities on adolescent alienation. *Adolescence, 21,* 675–687.

Campbell, F. A., & Ramey, C. T. (1994). Effects of early intervention on intellectual and academic achievement: A follow-up study on children from low-income families.

Child Development, 65, 684–698.

Canter, L., & Canter, M. (2002). *Assertive discipline: Positive behavior management for today's schools.* Seal Beach, CA: Lee Canter & Associates.

Capron, C., & Duyme, M. (1989). Assessment of effects of socio-economic status on IQ in a full cross-fostering study. *Nature, 340,* 552–554.

Carew, T. J. (1996). Molecular enhancement of memory formation. *Neuron, 16,* 5–8.

Casanova, U. (1987). Ethnic and cultural differences. In V. Richardson-Koehler (Ed.), *Educators' handbook: A research perspective* (pp. 370–393). White Plains, NY: Longman.

Case, R. (1998). The development of conceptual structures. In W. Damon (Ed.), *Handbook of child psychology* (pp. 851–898). Hoboken, NJ: Wiley.

Cattell, R. B. (1971). *Abilities: Their structure, growth, and action.* Boston: Houghton Mifflin.

Cattell, R. B. (1987). *Intelligence: Its structure, growth and action.* Amsterdam: North-Holland.

Chambers, B., Cheung, A., Gifford, R., Madden, N., & Slavin, R. E. (2004). Achievement effects of embedded multimedia in a Success for All reading program. Manuscript submitted for publication.

Chambers, B., Cheung, A., Slavin, R., Smith, D., & Laurenzano, M. (2010). *Effective early childhood programmes: A best-evidence synthesis.* York, England: Institute for Effective Education, University of York.

Chao, R. (2001). Extending research on the consequences of parenting style for Chinese Americans and European Americans. *Child Development, 72,* 1832–1843.

Charles, C. M. (1985). *Building classroom discipline.* NY: Longman.

Charles, C. M. (2002). *Essential elements of effective discipline.* Boston: Allyn & Bacon.

Chatterji, M. (2003). *Designing and using tools for educational assessment.* Boston: Allyn & Bacon.

Cheng, P. W., Holyoak, K. J., Nisbett, R. E., & Oliver, L. M. (1986). Pragmatic versus syntactic approaches to training deductive reasoning. *Cognitive Psychology, 18,* 293–328.

Chomsky, N. (1959). Review of Skinner's verbal behavior. *Language, 35,* 26–58.

Chomsky, N. (1965). *Aspects of the theory of syntax.* Cambridge, MA: MIT Press.

Chomsky, N. (1986). *Knowledge of language: Its nature, origin and use*. NY: Praeger.

Cochran-Smith, M. (1991). Word processing and writing in elementary classroom: A critical review of related literature. *Review of Educational Research, 61* (1), 107–155.

Cognition and Technology Group at Vanderbilt (1997). *The Jasper Project*. Mahwah, NJ: Erlbaum.

Cohen, N. J.,& Eichenhaum, H.(1993). *Memory, amnesia, and the hippocampal system*. Cambridge MA: MIT Press.

Coie, J. D., Terry, R., Lenox, K., Lochman, J., & Hyman, C. (1995). Childhood peer rejection and aggression as predictors of stable patterns of adolescent disorder. *Development and Psychopathology, 7,* 697–714.

Cooper, H., & Valentine, J. C. (2001). Using research to answer practical questions about homework. *Educational Psychologist, 36* (3), 143–153.

Corno, L., & Kanfer, R. (1993). The role of volition in learning and performance. *Review of Research in Education, 19*, 301–341.

Covaleskie, J. F. (1992). Discipline and morality: Beyond rules and consequences. *The Educational Forum, 56* (2), 52–60.

Covington, M. (1984). The self-worth theory of achievement motivation. *Elementary School Journal, 85*, 5–20.

Covington, M. (1992). *Making the grade*. Cambridge: Cambridge University Press.

Covington, M., & Omelich, C. L. (1984). An empirical examination of Weiner's critique of attribution research. *Journal of Educational Psychology, 76*, 1214–1225.

Cowan, N. (1995). *Attention and memory: An integrated framework*. NY: Oxford University Press.

Craik, F. I. M. (1979). Levels of processing: Overview and closing comments. In L. S. Cermak & F. I. M. Craik (Eds.), *Levels of processing in human memory* (pp. 447–461). Hillsdale, NJ: Erlbaum.

Craik, F. I. M. (2000). Memory: Coding processes. In A. Kazdin (Ed.), *Encyclopedia of psychology*. Washington, DC: American Psychological Association.

Craik, F. I. M., Tulving, E. (1975). Depth of processing and the retention of words in episodic memory. *Journal of Experimental Psychology: General, 104*, 268–294.

Crawford, J. (2004). *Educating English learners: Language diversity in the classroom*. Los Angeles: Bilingual Education Services.

Crick, F. (1994). *The astonishing hypothesis: The scientific search for the soul.* NY: Scribner's.

Crisman, F., & Mackey, J. (1990). A comparison of oral and written techniques of concept instruction. *Theory and Research in Social Education, 18,* 139–155.

Crisp, R., & Turner, R. N. (2011). Cognitive adaptation to the experience of social and cultural diversity. *Psychological Bulletin, 137,* 242–266.

Cronbach, L. J. (1951). Coefficient alpha and the internal structure of tests. *Psychometrica, 16,* 297–334.

Crowder, R. G. (1982). Decay of auditory memory in vowel discrimination. *Journal of Experimental Psychology: Learning, Memory, and Cognition, 8,* 153–162.

Cruickshank, D. (1990). *Research that informs teacher and teacher educators.* Bloomington, In Phi Delta Kappa Educational Foundation.

Cuban, L. (2001). *Oversold and underused: Computers in the classroom.* Cambridge, MA: Harvard University Press.

Curwin, R., & Mendler, A. (1988). Packaged discipline programs: Let the buyer beware. *Educational Leadership, 46,* 68–71.

Dansereau, D. F. (1988). Cooperative learning strategies. In C. E. Weinstein, E. T. Goetz, & P. A. Alexander (Eds.), *Learning and study strategies.* Orlando, FL: Academic Press.

Darwin, C. J., Turvey, M. T., & Crowder, R. G. (1972). An auditory analogue of the Sperling partial report procedure: Evidence for brief auditory storage. *Cognitive Psychology, 3,* 255–267.

Daum, I., & Schugens, M. M. (1996). On the cerebellum and classical conditioning. *Psychological Science, 5,* 58–61.

David, J. (2010). Some summer programs narrow learning gaps. *Educational Leadership, 68* (3), 78–80.

Davidson, A. L., Phelan, P. (1999). Students' multiple worlds: An anthropological approach to understanding students' engagement with school. In T. Urdan (Ed.), *Advances in motivation and achievement* (Vol. 11, pp. 233–273). Stamford, CT: JAI.

Deary Jong, T. (2011). Instruction based on computer simulations. In R. Mayer & P. Alexander (Eds.), *Handbook of research on learning and instruction* (446–466). New York, NY: Routledge.

Deary, I. J., Ramsay, H., Wilson, J. A., & Riad, M. (1988). Stimulated salivation: Correlations with personality and time of day effects. *Personality and Individual Differences, 9,* 903–909.

Delclos, V. R., & Harrington, C. (1991). Effects of strategy monitoring and proactive instruction on children's problem-solving performance. *Journal of Educational Psychology, 83,* 35–42.

Dembo, M, & Eaton, M. (2000). Self-regulation of academic learning in middle-level schools. *Elementary School Journal, 100* (5), 472–490.

Dempster, F. N., & Korkill, A. J. (1999). Interference and inhibition in cognition and behavior: Unifying themes for educational psychology. *Educational Psychology Review, 11* (1), 1–74.

Deslauriers, L., Schelew, E., & Wieman, C. (2011). Improved learning in a large-enrollment physics class. *Science, 332,* 862–864.

DeVries, R. (1997). Piaget's social theory. *Educational Researcher, 26* (2), 4–17.

Dewey, J. (1933). *How we think.* Boston: Heath.

DeZolt, D. M., & Hull, S. H. (2001). Classroom and school climate. In J. Worrell (Ed.), *Encyclopedia of women and gender.* San Diego: Academic Press.

Dunn, R., Beaudry, J. S., & Klavas, A. (1989). Survey of research on learning styles. *Educational Leadership, 47* (7), 50–58.

Dweck, C. S. (2002). The development of ability conceptions. In A. Wigfield & J. S. Eccles (Eds.), *Development of achievement motivation.* San Diego: Academic Press.

Ebeling, D. G. (2000). Adapting your teaching to any learning style. *Phi Delta Kappan, 82* (3), 247–248.

Eberstadt, M. (2003). The child-fat problem. *Policy Review, 117,* 3–19.

Eckensberger, L. H. (1994). Moral development and its measurement across cultures. In W. J. Lonner & R. S. Malpass (Eds.), *Psychology and culture* (pp. 75–79). Boston: Allyn & Bacon.

Eich, E. (1995). Searching for mood dependent memory. *Psychological Science, 6,* 67–75.

Eisenberg, N., Martin, C. L., & Fabes, R. A. (1996). Gender development and gender effects. In D. C. Berliner & R. C. Calfee (Eds.), *Handbook of educational psychology.* NY: Macmillan.

Emmer, E., & Aussiker, A. (1987). *School and classroom discipline programs: How well do they work?* Paper presented at the annual meeting of American Educational Research Association, Washington, DC.

Emmer, E., Evertson, C., & Worsham, M. (2003). *Classroom management for secondary teachers* (6th ed.). Boston: Allyn & Bacon.

Englert, C. S., Berry, R., & Dunsmore, K. (2001). A case study of the apprenticeship process. *Journal of Learning Disabilities, 34,* 152–171.

Entwisle, D., Alexander, K., & Olson, L. (2010). Socioeconomic status: Its broad sweep and long reach in education. In J. Meece & J. Eccles (Eds.), *Handbook of research on schools, schooling, and human development,* 237–255. New York, NY: Routledge.

EPIE Institute (1993). *The latest and best of TESS: The educational software selector.* Hampton Bays, NY: The EPIE Institute.

Epstein, J. L. (2001). *School, family, and community partnerships.* Boulder, CO: Westview Press.

Erikson, E. H. (1974). *Dimensions of a new identity: Jefferson Lectures, 1973.* NY: W. W. Norton.

Erikson, E. H. (1982). *The life cycle completed: A review.* NY: Simon.

Everson, H., Tobias, S., Hartman, H., & Gourgey, A. (1991, April). *Test anxiety in different curricular areas: An exploratory analysis of the role of subject matter.* Paper presented at the annual meeting of the American Educational Research Association, Chicago.

Evertson, C. M., & Emmer, E. T. (2013). *Classroom management for elementary teachers* (9th ed.). Saddle River, NJ: Pearson.

Evertson, C., Emmer, E. T., Worsham, M. (2003). *Classroom management for elementary teachers* (6th ed.). Boston: Allyn & Bacon.

Eysenck, H. J. (1982). *Personality, genetics, and behavior.* NY: Praeger.

Eysenck, H. J. (1990). Biological dimensions of personality. In Lawrence A. Pervin (Ed.), *Handbook of personality: Theory and research.* NY: Guilford Press.

Fabes, R. A., Martin, C. L., & Hanish, L. D. (2003). Young children's play qualities in same-, other-, and mixed-sex peer groups. *Child Development, 74* (3), 921–932.

Feigenbaum, P. (2002). Private speech: Cornerstone of Vygotsky's theory of the development of higher psychological processes. In D. Robbins & A. Stetsenko (Eds.), *Voices within Vygotsky's non-classical psychology: Past, present, and future* (pp.

161–174). NY: Nova Science.

Feynman, R. P. (1985). *Surely you're joking, Mr. Feynman*. NY: Norton.

Firestein, R. L., & McCowan, R. J. (1988). Creative problem solving and communication behaviors in small groups. *Creativity Research Journal, 1*, 106–114.

Fitzpatrick, M. (2012). Classroom lectures go digital. *The New York Times*, June 24, 2012.

Flavell, J. (1992). Cognitive development: Past, present, and future. *Developmental Psychology, 28*, 998–1005.

Flavell, J. H. (1963). *The developmental psychology of Jean Piaget*. Princeton, NJ: Van Nostrand.

Flavell, J. H. (1987). Speculations about the nature and development of metacognition. In F. E. Weinert & R. H. Kluwe (Eds.), *Metacognition, motivation, and understanding*. Hillsdale, NJ: Erlbaum.

Flavell, J. H. (1999). Cognitive development. *Annual Review of Psychology* (Vol. 50). Palo Alto, CA: Annual Reviews.

Flynn, J. R. (1987). Massive IQ gain in 14 nations: What IQ test really measure. *Psychological Bulletin, 101,* 171–191.

Fox, N. E., & Ysseldyke, J. E. (1997). Implementing inclusion at the middle school level: Lessons from a negative example. *Exceptional Children, 64* (1), 81–98.

Fredricks, J. A., Blumenfeld, P. C., & Paris, A. H. (2004). School engagement: Potential of the concept, state of the evidence. *Review of Educational Research, 74* (1), 59–109.

Frederiksen, N. (1984). Implications of cognitive theory for instruction in problem solving. *Review of Educational Research, 54*, 363–407.

Fuchs, L., Fuchs, D., Finelli, R., Courey, S., Hamlett, C., Sones, E., & Hope, S. (2006). Teaching third graders about real-life mathematical problem solving: A randomized controlled study. *The Elementary School Journal, 106* (4), 293–312.

Fuster, J. M. (1995). *Memory in the cerebral cortex*. Cambridge, MA: MIT Press.

Gage, N. L., & Berliner, D. C. (1988, 1992). *Educational psychology*. Boston, MA: Houghton Mifflin.

Gagne, E. D., Yekovich, C. W., & Yekovich, F. R. (1993). *The cognitive psychology of school learning* (2nd ed.). NY: Harper Collins.

Garber, H. L. (1988). *The Milwaukee Project: Preventing mental retardation in children at risk*. Washington, DC: American Association of Mental Retardation.

Garcia, R. (1991). *Teaching in a pluralistic society* (2nd ed.). NY: Harper Collins.

Gardner, H. (1999). Are there additional intelligences? In J. Kane (Ed.), *Education, information, and transformation: Essays on learning and thinking* (pp. 111–131). Upper Saddle River, NJ: Prentice-Hall.

Gardner, H. (2000). *Intelligence reframed: Multiple intelligences for the 21ˢᵗ century.* NY: Basic Books.

Gelman, R. (2000). Domain specificity and variability in cognitive development. *Child Development, 71*, 854–856.

Gelman, R., & Brenneman, K. (1994). Domain specificity and cultural variation are not inconsistent. In L. A. Hirschfeld & S. Gelman (Eds.), *Mapping the mind: Domain specificity in cognition and culture.* NY: Cambridge University Press.

Gick, M. L. (1986). Problem-solving strategies. *Educational Psychologist, 21* (1, 2), 99–102.

Gilligan, C. (1982). *In a different voice.* Cambridge, MA: Harvard University Press.

Gilligan, C. (1998). *Minding women: Reshaping the education realm.* Cambridge, MA: Harvard University Press.

Gilligan, S. G., & Bower, G. H. (1984). Cognitive consequences of emotional arousal. In C. Izard, J. Kagan, & R. Zajonc (Eds.), *Emotions, cognition and behavior* (pp. 547–588). NY: Cambridge University Press.

Ginott, H. (1965). *Between parent and child.* NY: Macmillan.

Ginott, H. (1972). *Teacher and child.* NY: Macmillan.

Ginott, H. G., Ginott, A., & Goddard, H. W. (2003). *Between parent and child* (Revised and updated). NY: Three Rivers Press.

Glaconia, R. M., & Hedges, L. V. (1982). Identifying features of effective open education. *Review of Educational Research, 52*, 579–602.

Glasson, G. E. (1989). The effects of hands-on and teacher demonstration laboratory methods on science achievement in relation to reasoning ability and prior knowledge. *Journal of Research in Science Teaching, 26* (2), 121–131.

Gobet, F., & Simon, H. A.(1996). Recall of random and distorted chess position: Implications for the theory of expertise. *Memory and Cognition, 24*, 493–503.

Gold, P. E. (1993). *Cognitive enhancers in animal and humans: From hormones to brains.* Paper presented at the annual meeting of the American Psychological Society,

Chicago, IL.

Goleman, D., Kaufman, P., & Ray, M. (1993). *The creative spirit*. NY: Plume.

Good, T. L., & Brophy, J. (1987). *Looking in classrooms* (4th ed.). NY: Harper & Row.

Good, T. L., & Brophy, J. (1995). *Contemporary educational psychology*. NY: Longman.

Good, T. L., & Brophy, J. (2003). *Looking in classrooms* (9th ed.). Boston: Allyn & Bacon.

Good, T. L., Brophy, J. (2008). *Looking in classrooms* (10th ed.). Boston, MA: Allyn & Bacon.

Gordon, T. (1981). Crippling our children with discipline. *Journal of Education, 163,* 228–243.

Goswami, U. (2004). Neuroscience and education. *British Journal of Educational Psychology, 74* (1), 1–14.

Grabe, M., & Grabe, C. (1995). *Integrating technology for meaningful learning*. Boston: Houghton Mifflin.

Grabe, M., & Grabe, C. (2004). *Integrating technology for meaningful learning*. Boston: Houghton Mifflin.

Greene, R. L. (1992). *Human memory: Paradigms and paradoxes*. Hillsdale, NJ: Erlbaum.

Greenstein, L. (2012). *Assessing 21st century skills: A guide to evaluating mastery and authentic learning*. Thousand Oaks, CA: Corwin.

Groisser, P. (1964). *How to use the fine art of questioning*. NY: Teachers' Practical Press.

Gronlund, N. E. (2000). *How to write and use instructional objectives* (6th ed.). Upper Saddle River, NJ: Prentice-Hall.

Gronlund, N. E., & Brookhart, S. M. (2009). *Gronlund's writing instructional objectives* (8th ed.). Upper Saddle River, NJ: Pearson.

Grossen, B. J. (2002). The BIG Accommodation model: The direct instruction model for secondary schools. *Journal of Education for Students Placed at Risk, 7* (2), 241–263.

Gutek, G. L. (1992). *Education and schooling in America* (3rd ed.). Boston: Allyn & Bacon.

Haertel, E. H. (1999). Performance assessment and educational reform. *Phi Delta Kappan, 80,* 662–666.

Halpern, A. R. (1986). Memory for tune titles after organized or unorganized presentation. *American Journal of Psychology, 49,* 57–70.

Halpern, A. R., & LaMay, M. L. (2000). The smarter sex: A critical review of sex differences in intelligence. *Educational Psychology Review, 12* (2), 229–246.

Halpern, D. F. (2006). Assessing gender gaps in learning and academic achievement. In P. A. Alexander & P. H. Winne (Eds.), *Handbook of educational psychology* (pp. 635–653). Mahwah, NJ: Lawrence Erlbaum.

Hamachek, D. (1995). *Psychology in teaching, learning, and growth.* Boston: Allyn & Bacon.

Hamburg, D. A. (1997). Meeting the essential requirements for healthy adolescent development in a transforming world. In R. Takanishi & D. Hamburg (Eds.), *Preparing adolescents for the 21st century.* NY: Cambridge University Press.

Hamilton, R., & Ghatala, E. (1994). *Learning and instruction.* NY: McGraw-Hill.

Harter, S. (1990). Issues in the assessment of self-concept of children and adolescents. In A. LaGreca (Ed.), *Through the eyes of a child* (pp. 292–325). Boston: Allyn & Bacon.

Hartup, W. W. (1983). Peer relations. In P. H. Mussen (Ed.), *Handbook of child Psychology* (4th ed., Vol. 4). NY: Wiley.

Hartup, W. W. (1989). Social relationships and their developmental significance. *American Psychologist, 44*, 120–126.

Havighurst, R. S. (1972). *Developmental Tasks and Education* (3rd ed.). NY: David McKay.

Havighurst, R. S. (1980). More thoughts on developmental tasks. *Personnel and Guidance Journal, 58*, 330–335.

Hawkins, J., Kosterman, R., Catalono, R., Hill, K., & Abbott, R. (2008). Effects of social development intervention in childhood fifteen years later. *Archives of Pediatrics and Adolescence Medicine, 162*, 1133–1141.

Hay, K. E., & Barab, S. A. (2001). Constructivism in practice: A comparison and contrast of apprenticeship and constructionist learning environments. *The Journal of the Learning Sciences, 10* (3), 281–322.

Hengeller, S. W. (1989). *Delinquency in adolescence.* Newburry Park, CA: Sage.

Hickey, D. T., Moore, A. L., & Pellegrino, J. W. (2001). The motivational and academic consequences of elementary mathematics environments: Do constructivist innovations and reforms make a difference? *American Educational Research Journal, 38*, 611–652.

Hidi, S. (2001). Interest, reading, and learning: Theoretical and practical considerations.

Educational Psychology Review, 13 (3), 191–209.

Hidi, S., & Ainley, M. (2002). Interest and adolescence. In F. Pajares & T. Urdan (Eds.), *Academic motivation of adolescents* (pp. 247–275). Greenwich, CT: Information Age Publishing.

Hill, J. R. (1987). Research on adolescents and their families: Past and prospect. In C. E. Irwin, Jr. (Ed.), *Adolescent social behavior and health.* San Francisco: Jossey-Bass.

Hoffer, T. B. (1992). Middle school ability grouping and student achievement in science and mathematics. *Educational Evaluation and Policy Analysis, 14* (3), 205–227.

Hoge, D. R., Smit, E. K., & Hanson, S. L. (1990). School experiences predicting changes in self-esteem of sixth- and seventh-grade students. *Journal of Educational Psychology, 82,* 117–126.

Hong, L. K. (2001). Too many intrusions on instructional time. *Phi Delta Kappan, 82* (9), 712–714.

Hughes, F. P., & Noppe, L. D. (1991). *Human development across the life span.* NY: Macmillan.

Hung, D. (2002). Situated cognition and problem-based learning: Implications for learning and instruction with technology. *Journal of Interactive Learning Research, 13* (4), 393–414.

International Society for Technology in Education (2000). *National educational technology standards for students: Connecting curriculum and technology.* Eugene, OR: Author.

Isen, A. M. (1984). Toward understanding the role of affect in cognition. In R. S. Wyer & T. K. Srull (Eds.), *Handbook of social cognition* (pp. 174–236). Hillsdale, NJ: Erlbaum.

Jansari, A., & Parkin, A. J. (1996). Things that go bump in your life: Explaining the reminiscence bump in autobiographical memory. *Psychology and Aging, 11,* 85–91.

Jensen, A. R. (1969). How much can we boost IQ and scholastic achievement? *Harvard Educational Review, 39,* 1–123.

John-Steiner, V., & Mahn, H. (2003). Sociocultural contexts for teaching and learning. In W. M. Reynolds & G. E. Miller (Eds.), *Handbook of Psychology: Vol. 7. Educational Psychology* (pp. 125–151). Hoboken, NJ: Wiley.

Johnson-Laird, P. N. (1988). *The computer and the mind.* Cambridge, MA: Harvard University Press.

Johnson, D. W., & Johnson, F. P. (2003). *Joining together: Group theory and group skills* (7th ed.). Boston: Allyn & Bacon.

Johnson, D. W., & Johnson, R. T. (1991). *Teaching students to be peacemakers*. Edina, MN: Interaction.

Johnson, D. W., & Johnson, R. T. (1994). *Learning together and alone* (4th ed.). Boston: Allyn & Bacon.

Johnson, D. W., & Johnson, R. T. (1999). *Learning together and alone: Cooperative, competitive, and individualistic learning* (4th ed.). Upper Saddle River, NJ: Prentice-Hall.

Johnson, D. W., & Johnson, R. T. (2002). *Multicultural education and human relations*. Boston: Allyn & Bacon.

Johnson, M. K., Beebe, T., Mortimer, J. T., & Snyder, M. (1998). Volunteerism in adolescence: A process perspective. *Journal of Research in Adolescence, 8*, 309–332.

Johnson, M., & Ward, P. (2001). Effects of classwide peer tutoring on universal properties of language: The status of subjacency in the acquisition of a second language. *Cognition, 39*, 215–258.

Jones, V., & Jones, L. (2013). *Comprehensive classroom management: Creating communities of support and solving problems* (10th ed.). Upper Saddle River, NJ: Pearson.

Jussim, L., & Eccles, J. (1995). Naturally occurring interpersonal expectancies. In N. Eisenberg (Ed.), *Social development: Review of personality and social psychology, 15* (pp. 74–108). Thousand Oaks, CA: Sage.

Kabler, P. (1997, November 14). School officials work bugs out of computer act. *Charleston Gazette*, p. C1.

Kagan, J. (1964). Impulsive and reflective children. In J. D. Krumbolz (Ed.), *Learning and the educational process*. Chicago: Rand McNally.

Kagan, S., & Knight, G. (1981). Social motives among Anglo-American and Mexican-American children. *Journal of Research in Personality, 15*, 93–106.

Kahneman, D., & Tversky, A. (1996). On the reality of cognitive illusions. *Psychological Review, 103,* 582–591.

Kail, R. (1990). *The development of memory in children* (3rd ed.). San Francisco: Freeman.

Kamii, C. (2000). *Young children reinvent arithmetic: Implications of Piaget's theory* (2nd ed.). NY: Teachers College Press.

Kane, M. S., Hambrick, D. Z., Conway, A. R. A. (2005). Working memory capacity and fluid intelligence are strongly related concepts: Comment on Ackerman, Beier, & Boyle (2005). *Psychological Bulletin, 131* (1), 66–71.

Karweit, N., and Slavin, R. E. (1981). Measurement and modeling choices in studies of time and learning. *American Educational Research Journal, 18*, 157–171.

Kassin, S. (1998). *Psychology*. Upper Saddle River, NJ: Prentice-Hall.

Kavale, K. A. (2002). Mainstreaming to full inclusion: From orthogenesis to pathogenesis of an idea. *International Journal of Disability, Development and Education, 49* (2), 201–214.

Kazdin, A. E. (2001). *Behavior modification in applied settings* (6th ed.). Belmont, CA: Wadsworth.

Kelly, K. R., & Jordan, L. K. (1990). Effects of academic achievement and gender on academic and social self-concept: A replication study. *Journal of Counseling and Development, 69*, 173 –177.

Kendel, L. R., & Schwartz, J. H. (1982). Molecular biology of learning: Modulation if transmitter release. *Science, 218,* 433–434.

Kibler, R. J., Barker, L. L., & Miles, D. T. (1970). *Behavioral objectives and instruction.* Boston: Allyn & Bacon.

King, A. (1990). Enhancing peer interaction and learning in the classroom through reciprocal questioning. *American Educational Research Journal, 27*, 664–687.

Kohlberg, L. (1973). Continuities in childhood and adult moral development. In P. B. Baltes & K. W. Schaie (Eds.), *Life-Span development psychology: personality and socialization.* NY: Academic Press.

Kohlberg, L. (1984). Essays on moral development. Vol. 2, *The psychology of moral development.* San Francisco: Harper & Row.

Kohn, A. (1993). Rewards versus learning: A response to Paul Chance. *Phi Delta Kappan, 74* (20), 783–787.

Kolb, B., & Whishaw, I. (2011). *An introduction to brain and behavior* (3rd ed.). New York, NY: Worth.

Kosslyn, S. M. (1994). *Image and brain: The resolution of the imagery debate.* Cambridge, MA: MIT Press.

Kounin, J. S. (1970). *Discipline and group management in classrooms*. NY: Holt, Rinehart & Winston.

Kozma, R. B. (1994). Will media influence learning? Reframing the debate. *Educational Technology Research and Development, 42* (2), 7–19.

Krathwohl, C. R., Bloom, B. S., & Masia, B. B. (1964). *Taxonomy of educational objectives, Handbook II: Affective domain*. NY: Mckay.

Kristof, N. D. (2009, April 15). How to raise our IQ. *The New York Times*.

Krulik, S., & Rudnick, J. A. (1993). *Reasoning and problem solving: A handbook for elementary school teachers*. Boston: Allyn & Bacon.

Krupa, D. J., Thompson, J. K., & Thompson, R. F. (1993). Localization of a memory trace in the mammalian brain. *Science, 260,* 989–991.

Kuhn, D. (1999). A developmental model of critical thinking. *Educational Researcher, 28,* 16–25.

Kulik, J. A. (2003). *Effects of using instructional technology in elementary and secondary schools: What controlled evaluation studies say. SRI Project Number P10446.001.* Arlington, VA: SRI International.

Lamon, M., Secules, T., Petrosino, A. J., Hackett, R., Bransford, J. D., & Goldman, S. R. (1996). Schools for thought. In L. Schauble & R. Glaser (Eds.), *Innovations in learning*. Mahwah, NJ: Erlbaum.

Leadbeater, B. (1991). Relativistic thinking in adolescence. In R. M. Learner, A. C. Paterson & J. Brooks-Gunn (Eds.), *Encyclopedia of adolescence*. NY: Garland Publishing.

LeDoux, J. E. (1996). *The emotional brain*. NY: Simon & Schuster.

Lee, D. L., & Belfiore, P. J. (1997). Enhancing classroom performance: A review of reinforcement schedules. *Journal of Behavioral Education, 7,* 205–217.

Lepper, M. R., Ross, L., and Lau, R. R. (1986). Persistence of inaccurate beliefs about the self: Perseverance effects in the classroom. *Journal of Personality and Social Psychology, 50,* 42–491.

Lewandowsky, S., & Li, S. C. (1995). Catastrophic interference in neural networks: Causes, solutions, and data. In F. N. Dempster & C. J. Brainerd (Eds.), *Interference and inhibition in cognition* (pp. 329–361). San Diego, CA: Academic Press.

Limber, S. P. (2004). Implementation of the Olweus Bullying Prevention Program in

American Schools: Lessons learned from the field. In D. L. Espelage & S. M. Swearer (Eds.), *Bullying in American schools*. Mahwah, NJ: Erlbaum.

Linville, P. W., Fischer, G. W., & Fischhoff, B. (1992). Perceived risk and decision-making involving AIDS. In J. B. Pryor & G. D. Reeder (Eds.), *The social psychology of HIV infection*. Hillsdale, NJ: Erlbaum.

Lipsitt, L. P. (December, 1971). Babies: They're a lot smarter than they look. *Psychology Today*, 70–72; 88–89.

Lockhart, R. S., & Craik, F. I. M. (1990). Levels of processing: A retrospective commentary on a framework for memory research. *Canadian Journal of Psychology, 44*, 87–112.

Lynch, G., & Staubli, U. (1991). Possible contributions of long-term potentiation to the encoding and organization of memory. *Brain Research Reviews, 16*, 204–206.

Ma, X. (2002). Bullying in middle school: Individual and school characteristics of victims and offenders. *School Effectiveness and School Improvement, 13*, 63–89.

Mager, R. (1993). *Preparing instructional objectives* (2nd ed.). Belmont, CA: Lake.

Maher, F. A., & Ward, J. V. (2002). *Gender and teaching*. Mahwah, NJ: Erlbaum.

Maki, P. L. (2001). From standardized tests to alternative methods. *Change, 33* (2), 28–31.

Marcia, J. E. (1980). Identity in adolescence. In J. Adelson (Ed.), *Handbook of adolescent psychology*. NY: Wiley.

Marcia, J. E. (1991). Identity and self-development. In R. M. Learner, A. C. Peterson, & Brook-Gunn (Eds.), *Encyclopedia of adolescence*. NY: Garland Publishing.

Marcia, J. E. (1999). Representational thought in ego identity, psychotherapy, and psychosocial developmental theory. In I. E. Sigel (Ed.), *Development of mental representation: Theories and application* (pp. 391–414). Mahwah, NJ: Erlbaum.

Marks, H., Doane, K., & Secada, W. (1998). Support for student achievement. In F. Newmann et al. (Eds.), *Restructuring for student achievement: The impact of structure and culture in 24 schools*. San Francisco: Jossey-Bass.

Marsh, H. W. (1987). The big-fish-little-pond effect on academic self-concept. *Journal of Educational Psychology, 79*, 280–295.

Marsh, H. W. (1990a). A multidimensional, hierarchical model of self-concept: Theoretical and empirical justification. *Educational Psychology Review, 2*, 77–172.

Marsh, H. W. (1990b). Influences of internal and external frames of reference on the formation of math and English self-concepts. *Journal of Educational Psychology, 82,* 107–116.

Marsh, H. W., Kong, C., & Hau, K. (2000). Longitudinal multilevel models of the big-fish-little-pond effect on academic self-concept: Counterbalancing contrast and reflected-glory effects in Hong Kong schools. *Journal of Personality & Social Psychology, 78,* 337–349.

Marsh, R. S., & Raywid, M. A. (1994). How to make detracking work. *Phi Delta Kappan, 76* (4), 314–317.

Marshall, H. (1981). Open classroom: Has the term outlived its usefulness? *Review of Educational Research, 51,* 181–192.

Marshall, H. (1997). Learner-centered psychological principles: Guidelines for teaching educational psychology in teacher education programs. In N. Lambert & B. McCombs (Eds.), *How students learn: Reforming schools through learner-centered education. Washington, DC: American Psychological Association.*

Martin, A., & Dowson, M. (2009). Interpersonal relationships, motivation, engagement, and achievement: Yields for theory, current issues, and educational practice. *Review of Educational Research, 79* (1), 327–365.

Martin, G., & Pear, J. (2012). *Behavior modification: What it is and how to do it* (9th ed.). Upper Saddle River, NJ: Pearson.

Marton, F., Hounsell, D. J., & Entwistle, N. J. (1984). *The experiences of learning.* Edingburgh: Scottish Acadmic Press.

Maslow, A. H. (1962, 1968). *Toward a psychology of being.* Princeton, NJ: Van Nostrand.

Maslow, A. H. (1987). *Motivation and personality* (3rd ed.). NY: Harper & Row.

Matlin, M. W. (1998). *Cognition.* NY: Harcourt Brace.

Mayer, R. E. (2001). What good is educational psychology? The case of cognition and instruction. *Educational Psychologist, 36* (2), 83–88.

Mayer, R. E., & Wittrock, M. C. (1996). Problem-solving transfer. In D. Berliner & R. Calfee (Eds.), *Handbook of educational psychology* (pp. 47–62). NY: Macmillan.

Mayer, R. E., & Wittrock, M. C. (2006). Problem solving. In P. A. Alexander & P. H. Winne (Eds.), *Handbook of educational psychology* (pp. 287–303). Mahwah, NJ: Lawrence Erlbaum.

Mazur, J. E. (2002). *Learning and behavior* (5th ed.). Upper Saddle River, NJ: Prentice-

Hall.

McClelland, J. L., & Rumelhart, D. E. (1986). *Parallel distributed processing: Explorations in the microstructure of cognition.* Cambridge, MA: MIT Press.

McClelland, J. L., McNaughton, B. L., & O'Reilly, R. C. (1995). Why there are complementary learning systems in the hippocampus and neocortex: Insights from the successes and failures of connectionist models of learning and memory. *Psychological Review, 102,* 419–457.

McCormick, C., Dimmitt, C., & Sullivan, F. (2013). Metacognition, learning, and instruction. In W. Reynolds, G. Miller, & I. Weiner (Eds.), *Handbook of psychology* (Vol. 7, 2nd ed., 69–98). Hoboken, NJ: Wiley.

McDaniel, T. (1989). The discipline debate: A road through the thicket. *Educational Leadership, 47,* 81–82.

McGue, M., Bouchard, T. J., Jr., Iacono, W. G., & Lykken, D. T. (1993). Behavioral genetics of cognitive ability: A life-span perspective. In R. Plomin & G. E. McClearn (Eds.), *Nature, nurture, and psychology.* Washington, DC: American Psychological Association.

McMillan, J. H. (2004a). *Classroom assessment: Principles and practice for effective instruction.* Boston: Pearson.

McMillan, J. H. (2004b). *Educational research* (4th ed.). Boston: Allyn & Bacon.

Meek, C. (2003). Classroom crisis: It's about time. *Phi Delta Kappan, 84* (8), 592–595.

Midgley, C. (2001). A goal theory perspective on the current status of middle level schools. In T. Urdan & F. Pajares (Eds.), Adolescence and education: Vol. 1. *General issues in the education of adolescents* (pp. 33–59). Greenwich, CT: Information Age Publishers.

Mock, D. R., & Kauffman, J. M. (2002). Preparing teachers for full inclusion: Is it possible? *The Teacher Educator, 37* (3), 202–215.

Morris, M. W., & Nisbett, R. E. (1993). Tools of the trade: Deductive schemas taught in psychology and philosophy. In R. E. Nisbett (Ed.), *Rules for reasoning* (pp. 228–256). Hillsdale, NJ: Erlbaum.

Moscovitch, M., & Winocur, G. (1992). The neuropsychology of memory and aging. In F. I. Craik, & T. A. Salthouse (Eds.), *The handbook of aging and cognition* (pp. 315–372). Hillsdale, NJ: Erlbaum.

Moss, C., Brookhart, S., & Long, B. (2011). Knowing your learning target. *Educational Leadership*, *68* (6), 66–69.

Murphy, B. C., Eisenberg, N. (2002). An Integrative examination of peer conflict: Children's reported goals, emotions, and behavior. *Social Development*, *11* (4), 534–557.

Myers, D. G. (1998). *Psychology* (5th ed.). NY: Worth.

NAASP. (1997). Students say: What makes a good teacher? *Schools in the Middle*, 15–17.

Neill, A. S. (1960). *Summerhill: A radical approach to child rearing.* NY: Hart.

Neill, S. B., Neill, G. W. (1990). *Only the best: Preschool-grade 12.* NY: R. R. Bowker.

Neuman, S. (2010). Empowered－after school. *Educational Leadership*, *67* (7), 30–36.

Newbern, D., Dansereau, D. F., Patterson, M. E., & Wallace, D. S. (1994, April). *Toward a science of cooperation.* Paper presented at the annual meeting of the American Educational Research Association, New Orleans, LA.

Nickerson, R. S., & Adams, M. J. (1979). Long-term memory for a common object. *Cognitive Psychology, 11,* 287–307.

Nicoll, G. (2001). A three-tier system for assessing concept map links: A methodological study. *International Journal of Science Education, 23* (8), 863–875.

Nilsson, L. G. (1992). Human learning and memory: A cognitive perspective. In M. R. Rosenzweig (Ed.), *International psychological science* (pp. 75–101). Washington, DC: American Psychological Association.

Nisbett, R. E., & Ross, L. (1980). *Human inference: Strategies and shortcomings of social judgment.* Englewood Cliffs, NJ: Prentice-Hall.

Nzinger-Johnson, S., Baker, J., & Aupperlee, J. (2009). Teacher-parent relationships and school involvement among racially and educationally diverse parents of kindergarteners. *The Elementary School Journal*, *110* (1), 81–91.

Oakes, J. (1985). *Keeping track: How school structure inequality.* New Haven: Yale University Press.

Okagaki, L., & Sternberg, R. J. (Eds.) (1991). *Directors of development: Influences on the development of children's thinking.* Hillsdale, NJ: Lawrence Erlbaum.

Ormrod, J. E. (2003). *Educational psychology: Developing learners* (4th ed.). Upper Saddle River, NJ: Pearson Education.

Ormrod, J. E., Anderman, E. M., Anderman, L. (2017). *Educational psychology:*

Developing learners (9th ed.). Saddle River, NJ: Pearson.

Osborn, A. F. (1963). *Applied imagination* (3rd ed.). NY: Scribner's.

Paivio, A. (1995). Imagery and memory. In M. S. Gazzaniga (Ed.), *The cognitive neurosciences* (pp. 977–986). Cambridge, MA: MIT Press.

Palmere, M., Benton, S. L., Glover, J. A., & Ronning, R. (1983). Elaboration and recall of main ideas in prose. *Journal of Educational Psychology, 75,* 898–907.

Paris, S. G., & Cunningham, A. E. (1996). Children becoming students. In D. Berliner R. Calfee (Eds.), *Handbook of educational psychology* (pp. 117–146). NY: Macmillan.

Paris, S. G., & Paris, A. H. (2001). Classroom applications of research on self-regulated learning. *Educational Psychologist, 36* (2), 89–101.

Patterson, G. R., Debaryshe, B. D., & Ramsey, E. (1989). A developmental perspective on antisocial behavior. *American Psychologist, 44* (2), 329–335.

Pavlov, I. (1927). *Conditional Reflexes.* London: Oxford University Press.

Peltier, G. L. (1991). Why do secondary schools continue to track students? *Clearing House, 64* (4), 246–247.

Perkins, D. N. (1992). *Smart schools: From training memories to educating minds.* NY: Free Press/Macmillan.

Perry, N. E., Turner, J. C., & Meyer, D. K. (2006). Classrooms as contexts for motivating learning. In P. A. Alexander & P. H. Winne (Eds.), *Handbook of educational psychology* (pp. 327–348). Mahwah, NJ: Lawrence Erlbaum.

Petersen, C. P. (1979). *Problem solving among the aged.* Unpublished doctoral dissertation, University of Nebraska.

Piaget, J. (1952). *The origins of intelligence in children.* NY: International Universities Press.

Piaget, J. (1965). *The moral judgment of the child.* Glencoe, IL: Free Press.

Piaget, J. (1968). *On the development of memory and identity.* Worcester, MA: Clark University Press.

Piaget, J. (1969). *The mechanisms of perception* (G. N. Seagrim, Trans.). London: Routledge & Kegan Paul.

Piaget, J. (1970). *Psychology and epistemology.* NY: Viking Press.

Piechowski, M. M. (1991). Emotional development and emotional giftedness. In N. Colangelo & G. A. Davis (Eds.), *Handbook of gifted education.* Boston: Allyn &

Bacon.

Pillemer, D. B., Picariello, M. L., Law, A. B., & Reichman, J. S. (1996). Memories of college: The importance of educational episodes. In D. C. Rubin (Ed.), *Remembering our past: Studies in autobiographical memory* (pp. 318–337). NY: Cambridge University Press.

Pintrich, P. R. (2003a). A motivational science perspective on the role of student motivation in learning and teaching contexts. *Journal of Educational Psychology, 95* (4), 667–686.

Pintrich, P. R. (2003b). Motivation and classroom learning. In W. M. Reynolds & G. E. Miller (Eds.), *Handbook of psychology: Vol. 7. Educational psychology* (pp. 103–122). Hoboken, NJ: Wiley.

Pintrich, P. R., & Schunk, D. H. (2002). *Motivation in education: Theory, research, and applications* (2nd ed.). Upper Saddle River, NJ: Prentice-Hall.

Plomin, R., & Rende, R. (1991). Human behavioral genetics. In M. R. Rosenzweig & L. W. Porter (Eds.), *Annual review of psychology* (Vol. 42, pp. 161–190). Palo Alto, CA: Annual Reviews.

Plucker, J. A., Beghetto, R. A., & Dow, G. T. (2004). Why isn't creativity more important to educational psychologists? Potentials, pitfalls, and future directions in creativity research. *Educational Psychologist, 39*, 83–96.

Pokey, S., & Siders, J. A. (2001). Authentic assessment for intervention. *Intervention in School and Clinic, 36*, 163–167.

Poole, I., & Evertson, C. (2012). Am I the only one struggling with classroom management? *Better: Evidence-based education, 5* (1), 6–7.

Popham, W. J. (2002). *Classroom assessment* (3rd ed.). Boston: Allyn & Bacon.

Popham, W. J. (2005). *Classroom assessment* (4th ed.). NY: McGraw-Hill.

Popham, W. J. (2014). *Classroom assessment: What teachers need to know* (7th ed.). Upper Saddle River, NJ: Pearson.

Powell, J. P., & Anderson, L. W. (1985). Humor and teaching in higher education. *Studies in Higher Education, 10*, 79–90.

Pressley, M., Borkowski, J. G., & Schneider, W. (1989). Good information processing: What it is and what education can do to promote it. *International Journal of Educational Research, 13*, 857–867.

Qin, Z., Johnson, D. W., & Johnson, R. T. (1995). Cooperative versus competitive efforts and problem solving. *Review of Educational Research, 65* (2), 129–143.

Radosevich, D., Vaidyanathan, V., & Yeo, S. (2004). Relating goal orientation to self-regulatory processes: A longitudinal field test. *Contemporary Educational Psychology, 29* (3), 207–229.

Ranzijn, F. (1991). The sequence of conceptual information in instruction and its effects on retention. *Instructional Science, 20,* 405–418.

Redl, F., & Wattenberg, W. W. (1959). *Mental hygiene in teaching.* NY: Harcourt, Brace & World.

Render, G. F., Padilla, J. N. M., & Krank, H. M. (1989). What research really shows about assertive discipline. *Educational Leadership, 46* (6), 72–75.

Renzulli, J. S., Gentry, M., & Reis, S. M. (2003). *Enrichment clusters: A practical plan for real-world, student-driven learning.* Mansfield Center, CT: Creative Learning Press.

Reynolds, A. (1992). What is competent beginning teaching? A review of the literature. *Review of Educational Research, 62,* 1–35.

Robinson, F. P. (1970). *Effective study.* NY: Harper & Row.

Robinson, J.P., & Lubienski, S. T. (2011). The development of gender achievement gaps in mathematics and reading during elementary and middle school: Examining direct cognitive assessment and teacher ratings. *American Educational Research Journal, 48* (2), 268–302.

Rodkin, P. (2011). Bullying—and the power of peers. *Educational Leadership, 69* (1), 10–17.

Rogers, K. B. (2009, April). *Academic acceleration and giftedness: The research from 1990 to the present: A best evidence synthesis.* Paper presented at the annual meeting of Educational Research Association, San Diego, CA.

Rogers, T. B. (1983). Emotion, imagery, and verbal codes: A closer look at an increasingly complex interaction. In J. Yuille (Ed.), *Imagery, memory, and cognition* (pp. 285–305). Hillsdale, NJ: Erlbaum.

Rogers, T. B., Kuiper, N. A., & Kirker, W. S. (1977). Self-reference and the encoding of personal information. *Journal of Personality and Social Psychology, 35,* 677–688.

Rogoff, B. (1990). *Apprenticeship in thinking: Cognitive development in social context.* NY: Oxford University Press.

Rogoff, B., & Chavajay, P. (1995). What's become of research on the cultural basis of cognitive development? *American Psychologist, 50* (10), 859–877.

Rogoff, B., Turkanis, C. G., & Barlett, L. (Eds.) (2001). *Learning together: Children and adults in a school community.* NY: Oxford University Press.

Rosenshine, B. (1988). Explicit teaching. In D. Berliner & B. Rosenshine (Eds.), *Talks to teachers* (pp. 75–92). NY: Random House.

Rosenthal R., & Jacobson, L. (1968). *Pygmalion in the classroom.* NY: Holt, Rinehart & Winston.

Rosenthal R., & Stevens, R. (1986). Teaching functions. In M. Wittrock (Ed.), *Handbook of research on teaching* (3rd ed.) (pp. 376–391). NY: Macmillan.

Ross, M. (1989). The relation of implicit theories to the construction of personal histories. *Psychological Review, 96,* 341–357.

Rothenberg, J. (1989). The open classroom reconsidered. *Elementary School Journal, 90,* 69–86.

Rotter, J. (1980). Interpersonal trust, trustworthiness, and gullibility. *American Psychologist, 35,* 1–7.

Rowe, M. (1986). Wait-time: Slowing down may be a way of speeding up! *Journal of Teacher Education, 37,* 43–50.

Rubin, D. C. (1995). *Memory in oral traditions: The cognitive psychology of epic, ballads, and counting-out rhymes.* NY: Oxford University Press.

Rubin, D. C., & Kozin, M. (1986). Vivid memories. *Cognition, 16,* 81–95.

Rubin, D. C., & Wenzel, A. E. (1996). One hundred years of forgetting: A quantitative description of retention. *Psychological Review, 103,* 734–760.

Rubin, K. H. (2000). Peer relation. In A. Kazdin (Ed.), *Encyclopedia of psychology.* Washington DC: American Psychological Association.

Rubin, K. H., Bukowski, W., & Parker, J. G. (1998). Peer interactions, relationships, and groups. In W. Damon (Ed.), *Handbook of child psychology* (5th ed., Vol. 3). NY: Wiley.

Ruggiero, V. R. (1988). *Teaching thinking across the curriculum.* NY: Harper & Row.

Ruggiero, V. R. (2004). *The art of thinking: A guide to critical and creative thought* (7th ed.). NY: Pearson Longman.

Ryan, R. M., & Deci, E. L. (2000a). Intrinsic and extrinsic motivation: Classic definitions and new directions. *Contemporary Educational Psychology, 25*, 54–67.

Ryan, R. M., & Deci, E. L. (2000b). Self-determination theory and the facilitation of intrinsic motivation, social development, and well-being. *American Psychologist, 55*, 68–78.

Sadka, D., & Zittleman, K. (2009). *Still failing at fairness: How gender bias cheat girls and boys and what can do about it.* New York, NY: Charles Scribner.

Sadker, M., Sadker, D. (1994). *Failing at fairness: How American schools cheat girls.* NY: Scribner's.

Sahlberg, P. (2012). Finland's success is no miracle. *Education Week*, 41.

Salganik, M. W. (1980, January 27). Teachers busy teaching make city's 16 "best" schools stand out. *Baltimore Sun*, p. A4.

Santrock, J. W. (2006). *Educational psychology* (2nd ed.). NY: McGraw-Hill.

Sapon-Shevin, M. (1996). Full inclusion as disclosing tablet: Revealing the flaws in our present system. *Theory into Practice, 35* (1), 35–41.

Sarafino, E. (2012). *Applied behavior analysis: Principles and procedures in behavior modification.* Boston, MA: John Wiley.

Sawchuk, S. (2012). Among top performing nations, teacher quality, status entwined. *Education Week*, 12–14.

Sax, G. (1989). *Principles of educational and psychological measurement and evaluation.* Belmont, CA: Wadsworth.

Sax, G. (1997). *Principles of educational and psychological measurement and evaluation* (4th ed.). Belmont, CA: Wadsworth.

Schacter, D. L. (2001). *The seven sins of memory: How the mind forgets and remembers.* Boston, MA: Houghton Mifflin.

Schauble, L. (1990). Belief revision in children: The role of prior knowledge and strategies for generating evidence. *Journal of Experimental Child Psychology, 49*, 31–57.

Schiff, M., Duyme, M., Dumaret, A., Steward, J., Tomkiewicz, S., & Feingold, J. (1978). Intellectual status of working class children adopted early into upper middle-class families. *Science, 200*, 1503–1504.

Schneider, W. (1993). Variety of working memory as seen in biology and in connectionist/control architectures. *Memory & Cognition, 21*, 184–192.

Schneider, W., & Pressley, M. (1997). *Memory development between 2 and 20* (2nd ed.). Mahwah, NJ: Erlbaum.

Schooler, J. W., Ohlsson, S., & Brooks, K. (1993). Thoughts beyond words: When language overshadows insight. *Journal of Experimental Psychology: General, 122,* 166–183.

Schraw, G., & Lehman, S. (2001). Situational interest: A review of the literature and directions for future research. *Educational Psychology Review, 13* (1), 23–52.

Schunk, D. (2012). *Learning theories: An educational perspective* (6th ed.). Boston, MA: Allyn & Bacon.

Schunk, D. H. (1987). Peer models and children's behavioral change. *Review of Educational Research, 57* (2), 149–174.

Schunk, D. H. (1989a). Self-efficacy and achievement behaviors. *Educational Psychology Review, 1,* 173–208.

Schunk, D. H. (1989b). Social cognitive theory and self-regulated learning. In B. J. Zimmerman & D. H. Schunk (Eds.), *Self-regulated learning and academic achievement: Theory, research, and practice.* NY: Springer-Verlag.

Schunk, D. H. (1995). Inherent details of self-regulated learning include student perceptions. *Educational Psychologist, 30,* 213–216.

Schunk, D. H., & Zimmerman, B. J. (2003). Self-regulation and learning. In W. M. Reynolds & G. E. Miller (Eds.), *Handbook of psychology: Vol. 7. Educational psychology* (pp. 59–78). Hoboken, NJ: Wiley.

Schunk, D. H., & Zimmerman, B. J. (2006). Competence and control beliefs: Distinguishing the means and ends. In P. A. Alexander & P. H. Winne (Eds.), *Handbook of educational psychology* (pp. 349–367). Mahwah, NJ: Lawrence Erlbaum.

Schunk, D., Zimmerman, B. (2013). Self-regulation and learning. In W. Reynolds, G. Miller, & Weiner (Eds.), *Handbook of psychology* (Vol. 7, 2nd ed., pp. 45–69), Hoboken, NJ: Wiley.

Scoville, W. B., & Milner, B. (1957). Loss of recent memory after bilateral hippocampal lesions. *Journal of Neurology, Neurosurgery, and Psychiatry, 20,* 11–19.

Searleman, A., & Herrmann, D. (1994). *Memory from a broader perspective.* NY: McGraw-Hill.

Selman, R. L. (1980). *The growth of interpersonal understanding: Developmental and clinical analyses.* NY: Academic Press.

Service, R. F. (1994). Will a new type of drug make memory-making easier? *Science, 266,* 218–219.

Sharan, Y., & Sharan, S. (1992). *Expanding cooperative learning through group investigation.* NY: Teachers College Press.

Sharp, V. (2005). *Computer education for teachers* (5th ed.). NY: McGraw-Hill.

Shaughnessy, J., & Zechmeister, E. (1992). Memory monitoring accuracy as influenced by the distribution of retrieval practice. *Bulletin of the Psychonomic Society, 30,* 125–128.

Shavelson, R. J., & Bolus, R. (1982). Self-concept: The interplay of theory and methods. *Psychology, 74,* 3–17.

Shayer, M. (1997). Piaget and Vygotsky: A necessary marriage for effective educational interventions. In L. Smith, J. Dockrell, & P. Tomlinson (Eds.), *Piaget, Vygotsky, and beyond.* London: Routledge.

Siegler, R. S. (1998). *Children's thinking* (3rd ed.). Upper Saddle River, NJ: Prentice-Hall.

Simon, H. A. (1957). *Models of man.* NY: Wiley.

Simon, H. A. (1989). The scientist as a problem solver. In D. Kiahr and K. Kotovsky (Eds.), *Complex information processing: The impact of Herbert Simon.* Hillsdale, NJ: Erlbaum.

Simonton, D. K. (2000). Creativity: Cognitive, personal, developmental, and social aspects. *American Psychologist, 55,* 151–158.

Sirin, S. (2003, April). *Socioeconomic status and academic achievement: A meta-analysis review of research, 1990–2000.* Paper presented at the annual meeting of the American Educational Research Association, Chicago, IL.

Skinner, B. F. (1938). *Behavior of organisms.* NY: Appleton-Century-Crofts.

Skinner, B. F. (1948). *Walden two.* NY: Macmillan.

Skinner, B. F. (1951). How to teach animals. *Scientific American, 185,* 26–29.

Skinner, B. F. (1968). *The technology of teaching.* NY: Appleton-Century-Crofts.

Skinner, B. F. (1979). *The shaping of a behaviorist.* NY: Knopf.

Slamecka, N. J., & Graf, P. (1978). The generation effect: Dilineation of a phenomenon. *Journal of Experimental Psychology: Human Learning and Memory, 4,* 592–604.

Slavin, R. E. (1990). Achievement effects of ability grouping in secondary schools: A best-evidence synthesis. *Review of Educational Research, 60,* 471–500.

Slavin, R. E. (1994). *Using student team learning* (4th ed.). Baltimore: Johns Hopkins University.

Slavin, R. E. (1995a). *Cooperative learning: Theory, research, and practice* (2nd ed.). Boston: Allyn & Bacon.

Slavin, R. E. (1995b). Cooperative learning and intergroup relations. In J. Banks (Ed.), *Handbook of research on multicultural education*. NY: Macmillan.

Slavin, R. E. (2006). *Educational psychology: Theory and practice* (8th ed.). Boston: Allyn & Bacon.

Slavin, R. E. (2008). Comprehensive school reform. In C. Ames, D. Berliner, J. Brophy, L. Corno, & M. McCaslin (259–266). Thousand Oaks, CA: Sage.

Slavin, R. E. (2015). *Educational Psychology* (11th ed.). Upper Saddle River, NJ: Pearson.

Slavin, R. E., & Madden, N. A. (1999). Effects of bilingual and English as a second language adaptations of Success for All on the reading achievement of students acquiring English. *Journal of Education for Students Placed at Risk, 4* (4), 393–416.

Slavin, R. E., Hurley, E. A., & Chamberlin, A. (2003). Cooperative learning and achievement: Theory and research. In W. M. Reynolds & G. E. Miller (Eds.), *Handbook of psychology: Vol. 7. Educational psychology* (pp. 177–198). Hoboken, NJ: Wiley.

Slavin, R. E., Madden, N. A., Chambers, B., & Haxby, B. (Eds.) (2009). *Two million children: Success for, All.* Thousand Oaks, CA: Corwin.

Smith, R. W., & Kounios, J. (1996). Sudden insight: All-or-none processing revealed by speed-accuracy decomposition. *Journal of Experimental Psychology: Learning, Memory, and Cognition, 22,* 1443–1462.

Snow, R. E. (1995). Pygmalion and intelligence. *Current Directions in Psychological Science, 4,* 169–171.

Snowman, J., & Biehler, R. (2006). *Psychology applied to teaching.* Boston, MA: Houghton Mifflin.

Sousa, D. (2011). *How the brain learns* (4th ed.). Thousand Oaks, CA: Corwin.

Spearman, C. (1927). *The abilities of man: Their nature and measurement.* NY: Macmillan.

Sperling, G. (1960). The information available in brief visual presentations. *Psychological Monographs, 74,* 1–29.

Spurlin, J. E., Dansereau, D. F., Larson, C. O., & Brooks, L. W. (1984). Cooperative learning strategies in processing descriptive text: Effects of role and activity level of the learner. *Cognition and Instruction, 1*, 451–463.

Squire, K. (2011). *Video games and learning: Teaching and participatory culture in the digital age.* New York, NY: Teachers College Press.

Squire, L. R. (1987). *Memory and brain.* NY: Oxford University Press.

Squire, L. R. (1992). Memory and the hippocampus: A synthesis from findings with rats, monkeys, and humans. *Psychological Review, 99,* 195–231.

Sroufe, L. A. (1983). Infant-caregiver attachment and patterns of adaptation in preschool: The root of maladaptation. In M. Perlmutter (Ed.), *Minnesota Symposia on Child Psychology: Development and policy concerning children with special needs.* Hillsdale, NJ: Erlbaum.

Sroufe, L. A., Carlson, E., & Shulman, S. (1993). Individuals in relationships: Development from infancy through adolescence. In D. C. Funder, R. D. Park, C. Tomlinson-Keasey, & K. Widaman (Eds.), *Studying lives through time: Personality and development* (pp. 315–342). Washington, DC: American Psychological Association.

Steinberg, L. (2002). *Adolescence* (6th ed.). NY: McGraw-Hill.

Steinberg, L., & Morris, A. S. (2001). Adolescent development. In S. T. Fiske, D. L. Schacter, & C. Zahn-Waxler (Eds.), *Annual Review of Psychology* (pp. 83–110). Stanford, CA: Annual Reviews.

Stelmack, R. M., Houlihan, M., & McGarry-Roberts, P. A. (1993). Personality, reaction time, and event-related potentials. *Journal of Personality and Social Psychology, 65,* 399–409.

Sternberg, R. (1988). *The triarchic mind.* NY: Viking.

Sternberg, R. J. (1994). Allowing for thinking styles. *Educational Leadership, 53* (2), 36–40.

Sternberg, R. J. (1998a). *In search of the human mind.* Fort Worth, TX: Harcourt Brace.

Sternberg, R. J. (1998b). Abilities are forms of developing expertise. *Educational Researcher, 27* (3), 11–20.

Sternberg, R. J. (2002a). Intelligence: The triarchic theory of intelligence. In J. W. Guthrie (Ed.), *Encyclopedia of education* (2nd ed.). NY: Macmillan.

Sternberg, R. J. (2002b). Raising the achievement of all students: Teaching for successful intelligence. *Educational Psychology Review, 14* (4), 383–393.

Sternberg, R. J. (2003). Construct validity of the theory of successful intelligence. In R. J. Sternberg, J. Lautrey, & T. I. Lubart (Eds.), *Models of intelligence: International perspectives* (pp. 55–77). Washington, DC: American Psychological Association.

Sternberg, R. (2008). Applying psychological theories to educational practice. *American Educational Research Journal, 45* (1), 150–165.

Sternberg, R. J., & Davidson, J. E. (Eds.) (1995). *The nature of insight.* Cambridge, MA: MIT Press.

Stewat, V. (2010). Raising teacher quality around the world. *Educational Leadership, 68* (4), 16–20.

Stipek, D. J. (1996). Motivation and instruction. In D. C. Berliner, R. C. Calfee (Eds.), *Handbook of educational psychology* (pp. 85–113). NY: Macmillan.

Stipek, D. J. (2002). *Motivation to learn: Integrating theory and practice* (4th ed.). Boston: Allyn Bacon.

Stockard, J. (2010). Promoting reading achievement and countering the "Fourth grade slump"; The impact of Direct Instruction on reading achievement in fifth grade. *Journal of Education for Students Placed at Risk, 15* (3), 218–240.

Swick, D., & Knight, R. T. (1997). Event-related potentials differentiate the effects of aging on work and nonword repetition in explicit and implicit memory tasks. *Journal of Experimental Psychology: Learning, Memory and Cognition, 23,* 123–142.

Symons, C. S., & Johnson, B. T. (1997). The self-reference effect in memory: A meta-analysis. *Psychological Bulletin,* in press.

Tappan, M. B. (1998). Sociocultural psychology and caring pedagogy: Exploring Vygotsky's "hidden curriculum." *Educational Psychologist, 33* (1), 23–33.

Tennyson, R. D., & Park, O. (1980). The teaching of concepts: A review of instructional design literature. *Review of Educational Research, 50,* 55–70.

Terman, L. M., & Merrill, M. A. (1960). *The Stanford Intelligence Scale.* Boston: Houghton Mifflin.

Thomas, E. J., & Robinson, H. A. (1972). *Improving reading in every class: A source book for teacher.* Boston: Allyn & Bacon.

Thorndike, E. L. (1913). *Educational psychology*, Vol. 2: *The psychology of learning.* NY: Bureau of Publications, Teachers College, Columbia University.

Thurstone, L. L. (1938). *Primary mental abilities.* Chicago: University of Chicago Press.

Tobias, S. (1979). Anxiety research in educational psychology. *Journal of Educational Psychology, 71,* 573–582.

Tobias, S. (1985). Computer-assisted instruction. In M. C. Wang and H. J. Walberg (Eds.), *Adapting instruction to individual differences.* Berkeley, CA: McCutchan.

Tobin, K. (1987). The role of wait time in higher cognitive learning. *Review of Educational Research, 56,* 69–95.

Tobin, K., and Capie, W. (1982). Relationships between classroom process variables and middle school science achievement. *Journal of Educational Psychology, 74,* 441–454.

Topping, K. J., Peter, C., Stephan, P., & Whale, M. (2004). Cross-age peer tutoring of science in the primary school: Influence of scientific language and thinking. *Educational Psychology, 24,* 57–75.

Torrance, E. P. (1986). Teaching creative and gifted learners. In M. Wittrock (Ed.), *Handbook of research on teaching* (3rd ed.). NY: Macmillan.

Tulving, E. (1985). How many memory systems are there? *American Psychologist, 40,* 385–398.

Tulving, E. (1993). What is episodic memory? *Current Direction in Psychological Science, 2,* 67–70.

Turiel, E. (1998). The development of morality. In W. Damon & N. Eisenberg, *Handbook of child psychology: Social, emotional, and personality development* (pp. 863–932). NY: Wiley.

Veenman, M. (2011). Learning to self-monitor and self-regulate. In R. Mayer & P. Alexander (Eds.), *Handbook of research on learning and instruction* (197–218). New York, NY: Routledge.

Vygotsky, L. S. (1956). *Mind in society: The development of higher psychological processes.* Cambridge, MA: Harvard University Press.

Vygotsky, L. S. (1962). *Thought and language.* Cambridge, MA: MIT Press.

Vygotsky, L. S. (1978). *Mind in society: The development of higher mental processes.* Cambridge, MA: Harvard University Press.

Vygotsky, L. S. (1986). *Thought and language* (A. Kozulin Trans.). Cambridge, MA: MIT Press.

Walker, J. E., & Shea, T. M. (1991). *Behavior management: A practical approach for educators* (5th ed.). NY: Macmillan.

Wason, P. C. (1960). On the failure to eliminate hypotheses in a conceptual task. *Quarterly Journal of Experimental Psychology, 12,* 129–140.

Waxman, H., & Walberg, H. (Eds.) (1991). *Effective teaching: Current research.* Berkeley: McCutchan.

Wechsler, D. (2003). *Wechsler intelligence scale for children－IV.* NY: Psychological Corporation.

Weiner, B. (2000). Motivation: An overview. In A. Kazdin (Ed.), *Encyclopedia of psychology.* Washington, DC: American Psychological Association.

Weiner, B. (2010). The development of an attribution-based theory of motivation: A history of ideas. *Educational Psychologist, 45* (1), 28–36.

Weinert, F. E., & Helmke, A. (1995). Learning from wise Mother Nature or Big Brother Instructor: The wrong choice as seen from an educational perspective. *Educational Psychologist, 30,* 135–142.

Weingartner, H., Rudorfer, M. V., Buchsbaum, M. S., & Linnoila, M. (1983). Effects of serotonin on memory impairments produced by ethanol. *Science, 221,* 472–473.

Weisberg, R. W. (1992). Metacognition and insight during problem solving: Comment on Metcalfe. *Journal of Experimental Psychology: Learning, Memory, and Cognition, 18,* 426–431.

Wentzel, K. R. (1997). Student motivation in middle school: The role of perceived pedagogical caring. *Journal of Educational Psychology, 89,* 411–419.

Wigfield, A., & Eccles, J. S. (1994). Children's competence beliefs, achievement values, and general self-esteem: Change across elementary and middle school. *Journal of Early Adolescence, 14,* 107–138.

Wigfield, A., & Eccles, J. S. (2000). Expectancy-value theory of achievement motivation. *Contemporary Educational Psychology, 25* (1), 68–81.

Wigfield, A., & Harold, R. (1992). Teacher beliefs and children's achievement self-perceptions: A developmental perspective. In D. Schunk & J. Meece (Eds.), *Student perceptions in the classroom* (pp. 95–121). Hillsdale, NJ: Erlbaum.

Wigfield, A., Eccles, J. S., & Rodriguez, D. (1998). The development of children's motivation in school contexts. In P. D. Pearson & A. Iran-Najad (Eds.), *Review of research in education* (pp. 73–118). Washington, DC: American Educational Research Association.

Williams, J. E. (1995, April). *Use of learning and study skills among students differing in self-regulated learning efficacy*. Paper presented at the annual meeting of the American Educational Research Association, San Francisco, CA.

Wilson, E. O. (1975). *Sociobiology: The new synthesis*. Cambridge, MA: Belkap Press Harvard University Press.

Winn, I. J. (2004). The high cost of uncritical thinking. *Phi Delta Kappan, 85*, 496–497.

Winne, P. H. (1995). Inherent details in self-regulated learning. *Educational Psychology, 30*, 173–187.

Winne, P. H. (1997). Experimenting to bootstrap self-regulated learning. *Journal of Educational Psychology, 89* (3), 397–410.

Winne, P. H. (2001). Self-regulated learning viewed from models of information processing. In B. J. Zimmerman & D. H. Schunk (Eds.), *Self-regulated learning and academic achievement*. Mahwah, NJ: Erlbaum.

Witkin, H. A., Moore, C., Goodenough, D. R., & Cox, R. W. (1977). Field-dependent and field-independent cognitive styles and their educational implications. *Review of Educational Research, 47*, 1–64.

Wittmer, D. S., & Honig, A. S. (1994). Encouraging positive social development in young children. *Young Children, 49*, 4–12.

Woolfolk, A. E. (2004). *Educational psychology* (9th ed.). Boston: Allyn & Bacon.

Wynn, R. L. & Fletcher, P. C. (1987). Sex role development and early educational experiences. In D. B. Carter (Ed.), *Current conceptions of sex roles and sex typing*. NY: Praeger.

Yates, M. (1995, March). *Community service and political-moral discussions among Black urban adolescents*. Paper presented at the meeting of the Society for Research in Child Development, Indianapolis.

Yeung, A. S., McInerney, D. M., Russell-Bowie, D., Suliman, R., Chui, H., & Lau., I. C. (2000). Where is the hierarchy of academic self-concept? *Journal of Educational Psychology, 92*, 556–567.

Yonezawa, S., Wells, A. S., & Serna, I. (2002). Choosing tracks: "Freedom of choice" in detracking schools. *American Educational Research Journal, 39* (1), 37–67.

Ysseldyke, J. E., & Algozzine, B. (1995). *Special Education: A practical approach for teachers* (3rd ed.). Boston: Houghton Mifflin.

Zacks, J. M., & Tversky, B. (2001). Event structure in perception and conception. *Psychological Bulletin, 127*, 3–12.

Zajonc, R. B. (1976). Family configuration and intelligence. *Science, 192*, 227–236.

Zajonc, R. B., & Mullally, P. R. (1997). Birth order: Reconciling conflicting effects. *American Psychologist, 52,* 685–699.

Zimmerman, B. J. (2000). Attending self-regulation: A social cognitive perspective. In M. Boekaerts, P. R. Pintrich, & M. Zeidner (Eds.), *Handbook of self-regulation* (pp. 13–39). San Diego, CA: Academic Press.

Zimmerman, B. J. (2002a). Achieving self-regulation: The trial and triumph of adolescence. In F. Pajares & T. Urdan (Eds.), *Academic motivation of adolescents* (pp. 1–27). Greenwich, CT: Information Age Publishing.

Zimmerman, B. J. (2002b). Becoming a self-regulated learner: An overview. *Theory into Practice, 41*, 64–70.

Zimmerman, B. J., & Kitsantas, A. (2002). Acquiring writing revision and self-regulatory skill through observation and emulation. *Journal of Educational Psychology, 94* (2), 660–668.

Zimmerman, B. J., & Schunk, D. H. (Eds.) (2011). *Handbook of self-regulation of learning and performance.* New York, NY: Routledge.

圖片來源

漢英對照索引

五　劃

七　劃

九　劃

英漢對照索引

A

Q

R

教育社會學（修訂四版）
陳奎憙／著

本書主要是為準備從事教育工作的教育院系學生而寫，也可供社會學系學生與在職教師閱讀、研究參考之用。書中除詳細介紹「教育社會學理論」、「教育的社會環境」、「教育機會均等」等主題，亦運用現代社會科學理論來分析「教育制度」、「學校社會組織」與「班級社會體系」，更具體探討「教學方法」、「教育專業」、「師生關係」、「青少年次文化」等重要議題。本書歷經多次修訂，在既有的主題架構下更新書中資料，使內容更為周全以符合時代性，是為新版特色。

教育概論（增訂三版）
張鈿富／著

教育概論是探討教育學的入門，為所有預備進入教育專業的人士，必須修讀的基礎課程。本書根據新進的教育政策重新增訂，分別探討：教育學風貌、優良教師的特質與教師角色、師資培育與專業發展、時代轉變下的學生特質與教師管教問題，並檢視教育政策中的改革構想與現況；末篇則以若干重要教育主題為延伸探討，是觸發讀者思考教育問題的最佳素材。

本書除了可讓讀者對教育有基本的認識外，更適合修讀教育相關科系的學生自行研讀與應考之用，作者期望藉由此書，引發社會大眾對於教育現況更進一步的思考。

教育測驗與評量
涂金堂／主編

本書特點有三：

1.提供完整且詳實的測驗編製歷程，讓教師在自編成就測驗時，可以參考本書的相關章節，深入瞭解教育測驗的精髓。

2.教育測驗與評量中的核心概念，例如難度、鑑別度、效度、信度、標準分數等，都涉及到數字的運算，本書提供實際的計算方式，讓學習者更清楚每個概念的意涵。

3.近年來教學評量強調多元評量，本書亦針對其中的實作評量、檔案評量與情意評量，提供豐富的實際範例，協助讀者創發出屬於自己的多元評量。

心理學導論（增訂四版）
溫世頌／著

心理學是研究人類行為與心理歷程的一門科學，學習心理學有助於瞭解、預測與同理人們的心理與行為。本書首先從歷史發展的觀點簡介各心理學派的理論，並透過言簡意賅、生動活潑的文字，帶領讀者認識重要的心理學議題，以及主要心理學家的思想主張與其重大影響。本書提供新近的研究資料與生活實例，是學習心理學的最佳入門書。

輔導原理與實務（三版）

劉焜輝／主編

輔導的原理是一貫的，有其恆久性，輔導的技巧卻是不斷充實的，應具有彈性。本書在協助讀者瞭解輔導的內涵，啟發讀者思考輔導的本質。本書的特點約有下列三項：(1)內容的完整性：全書十四章，涵蓋輔導學領域的理論與實務。(2)資料的精確性：撰稿者均為教育心理與輔導研究所科班出身，長年從事輔導理論的研究和輔導實務的探討。(3)立足於國情：改進國內相關書籍大多偏重輔導理論而忽略實務的介紹，並特別針對國內輔導現況進行探討。本書可作為有志於輔導工作者之入門書籍，亦能補足現代教師和從事輔導工作者不可缺少之知識。

心理與教育統計學（修訂三版）

余民寧／著

「心理與教育統計學」是心理學門與教育學門研究領域中，基礎方法學的課程之一，亦是一門「學習如何以簡馭繁」的科學。本書作者藉由深入淺出的文字、難易適中的範例，詳細介紹本書的三大系統知識：描述統計、推論統計和實驗設計，並透過重點提示、範例說明、電腦習作與報表解讀、摘要整理、自我測驗等單元設計，讓讀者對各種常用的統計工具，都有完整而明確的概念。本書除能有效奠定量化研究能力的基礎外，更可作為日後學習進階統計學的準備，是協助您掌握第一手研究結果無往不利的左右手。

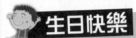